全国技工院校汽车维修专业模块化教材
（中级技能层级）

混合动力汽车构造与维修

（第二版）

胡克晓◎主编

中国劳动社会保障出版社

简介

本书主要内容包括概述、混合动力系统构造与工作原理、丰田普锐斯混合动力系统构造与维修、比亚迪秦 DM 混合动力系统构造与维修、宝马 X6 混合动力系统构造与维修等。学习本书可以帮助学生更加全面地了解混合动力汽车相关知识，提高专业技能水平，为后续专业学习奠定扎实基础。

本书由胡克晓任主编，刘振革任副主编，房宏威、单萍、师甜、刘谦参与编写，陈金伟、陈社会审稿。

图书在版编目（CIP）数据

混合动力汽车构造与维修 / 胡克晓主编. --2 版. 北京：中国劳动社会保障出版社，2024. --（全国技工院校汽车维修专业模块化教材）. -- ISBN 978-7-5167-6624-8

Ⅰ. U469.7

中国国家版本馆 CIP 数据核字第 20243YG004 号

中国劳动社会保障出版社出版发行

（北京市惠新东街 1 号　邮政编码：100029）

*

北京市科星印刷有限责任公司印刷装订　　新华书店经销

787 毫米 ×1092 毫米　16 开本　13.75 印张　260 千字

2024 年 10 月第 2 版　　2026 年 1 月第 3 次印刷

定价：29.00 元

营销中心电话：400-606-6496

出版社网址：https://www.class.com.cn

https://jg.class.com.cn

前　言

为了适应汽车行业的发展现状，更好地满足全国技工院校汽车维修专业的教学需求，全面提升教学质量，我们组织全国有关学校的一线教师和行业、企业专家，在充分调研企业用人需求和学校教学情况、吸收借鉴各地技工院校教学改革成功经验的基础上，根据人力资源社会保障部颁布的《全国技工院校专业目录》及相关教学文件，对全国技工院校汽车维修专业教材进行了修订和新编。

本次修订（新编）工作的重点主要有以下几个方面。

科学规划教学模块

本套教材采用“模块化”体系构建，划分为基础模块、发动机模块、底盘模块、电气模块、维护与诊断模块、选修模块等六大模块，教学操作性好，可满足技工院校汽车维修专业的教学需求。

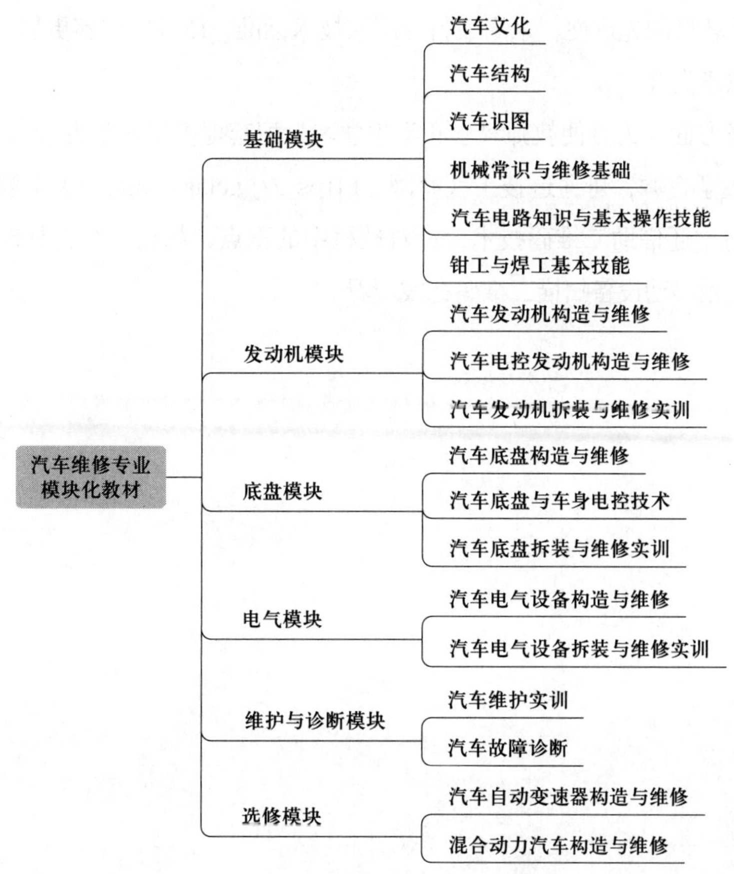

突出职业教育特色

坚持以能力为本位，突出职业教育特色。通过行业、企业调研，掌握企业对汽车维修专业人才的岗位需求和技能要求，确定人才培养目标，构建科学合理的课程体系。根据课程教学目标，合理确定学生应具备的知识与能力结构；充分考虑企业生产实际，选择当前市面上广泛使用的汽车车型进行教学。

根据汽车维修专业毕业生就业岗位的实际需要和行业发展趋势，合理确定学生应具备的能力和知识结构，对教材内容及其深度、广度、难度进行了调整。同时，进一步突出实际应用能力的培养，以满足社会对技能型人才的需求。

创新教材内容形式

在编写模式上，根据技工院校学生认知规律，以完成具体工作任务为主线组织教材内容，将理论知识的讲解与工作任务载体有机结合，激发学生的学习兴趣，提高学生的实践能力。

在教材内容的表现形式上，较多地利用实物照片和表格等形式将知识点生动地展示出来，力求让学生更直观地理解和掌握所学内容。部分教材采用四色印刷，图文并茂，增强了教材内容的表现效果，提高了教材的可读性，更符合学生的阅读习惯。

根据相关专业领域的最新发展，在教材中充实新知识、新技术、新设备、新材料等方面的内容，体现教材的先进性。采用最新的国家技术标准，使教材内容更加科学和规范。

提供丰富教学资源

在教学服务方面，为方便教师教学和学生学习，配套提供了教学设计方案、电子课件、习题册答案等教学资源，可通过技工教育网（https://jg.class.com.cn）下载使用。除此之外，在部分教材中还借助二维码技术，针对教材中的重点、难点内容，制作了微视频等多媒体资源，可使用移动设备扫描二维码在线观看。

编者

2024 年 4 月

目 录

第一章 概述

第二章 混合动力系统构造与工作原理

第三章 丰田普锐斯混合动力系统构造与维修

第四章 比亚迪秦 DM 混合动力系统构造与维修

第五章 宝马 X6 混合动力系统构造与维修

第一章 概　述

第一节　汽车工业面临的挑战

学习目标

1. 了解汽车工业发展引发的各方面问题。
2. 了解汽车尾气的主要成分及其危害。

自内燃机汽车问世以来，汽车工业迅猛发展，对人类社会产生了深远影响。一方面，汽车工业的发展推动了人类文明进步，为人们的生活提供了便利。另一方面，日益增多的汽车也给人类带来了沉重的能源、环境和交通安全等问题，这也是汽车工业发展面临的巨大挑战。

一、能源问题

能源是经济发展的重要基础和主要动力来源。近百年来，工业社会的发展主要建立在石化能源基础之上，然而，石油是宝贵的不可再生能源，根据国际汽车制造商协会（OICA）和国际能源署（IEA）提供的数据，截至 2021 年底，全球汽车保有量已突破 15 亿辆，每年消耗石油超过 50 亿吨，约占全球石油消耗的 60%。如果继续以这样的方式消耗石油能源，那么它枯竭的时间也就不远了。

在我国，随着国民经济的持续快速发展，石油消费量也在不断攀升，由于我国是一个石油进口大国，所以石油供需受国际市场影响很大，对能源安全带来了巨大挑战。

二、环境问题

1. 汽车尾气的主要成分

汽车尾气是城市环境污染的主要因素之一，其主要成分包含碳氧化合物（CO_x）、氮氧化合物（NO_x）、碳氢化合物（HC）、硫化物（主要是 SO_2）、碳烟、细颗粒物（PM2.5）以及其他有害物质等。如果汽车燃用的是含铅汽油，则汽车尾气中还会含有铅化合物。

2. 汽车尾气的危害

CO_x 主要是一氧化碳（CO）和二氧化碳（CO_2）。CO 极易与人体血液中的血红蛋白结合，使血红蛋白失去携氧能力，从而造成人体中毒，严重时还会引发死亡；CO_2 是地球大气中的主要温室气体之一，温室气体会导致全球气候变暖，即“温室效应”。

NO_x 主要是一氧化氮（NO）和二氧化氮（NO_2）。NO 与人体血红蛋白结合的能力比 CO 更强，人体吸入后会产生与 CO 同样的中毒症状；NO_2 吸入人体后，会侵入人体肺脏深处的毛细血管，从而引发肺水肿，同时还会刺激人眼和鼻黏膜，导致眼睛不适和嗅觉麻痹等。

HC 是汽车发动机燃料未燃尽分解产生的，人体如果吸入较高浓度的 HC，会出现头晕、恶心等中毒症状。此外，HC 和 NO_x 在阳光作用下，还会生成有害的光化学烟雾，会对人的眼睛、呼吸道以及皮肤等造成强烈刺激。

硫化物主要是 SO_2，有强烈刺激性气味，过量吸入会使人中毒。若大气中 SO_2 浓度过高，还会形成“酸雨”，腐蚀生物，并使土壤和水源酸化，破坏生态环境。

碳烟主要以柴油发动机排放居多，其产生的原因也是发动机燃料燃烧不完全。碳烟中含有大量黑色碳颗粒，影响道路能见度，同时，其还带有特殊的乙醛臭味，人体吸入会引发恶心和头晕。

PM2.5 是指环境空气中空气动力学当量直径小于或等于 2.5 μm 的细颗粒物，也称可入肺颗粒物。与粗大颗粒物相比，PM2.5 粒径小，在大气中停留时间长、输送距离远，对人体健康和大气环境影响巨大。

三、交通安全问题

在汽车保有量快速增长的背景下，城市交通基础设施建设、道路服务能力和管理能力等已远远跟不上汽车增长的速度，交通拥堵已经成为严重的城市问题。此外，长时间的拥堵等待，也使人们情绪变得更加急躁，交通事故发生率不断提高。根据国家统计局发布的《2023 年中国统计年鉴》显示，2022 年全国共发生道路交通安全事故 25.6 万起，造成 6.06 万人死亡，26.3 万人受伤，直接经济损失 12.39 亿元，这一惊人的数字足以引起人们对交通安全的高度关注。

第二节　新能源汽车的发展

学习目标

1. 掌握新能源汽车的定义。
2. 了解新能源汽车的主要类型和发展特点。
3. 熟悉我国新能源汽车产业规划及政策。

一、新能源汽车的定义

为应对汽车工业发展所引发的能源危机与环境污染等严峻挑战，新能源汽车逐渐成为全球汽车行业发展的重要方向。所谓新能源汽车有广义新能源汽车和狭义新能源汽车之分。

广义的新能源汽车（又称代用燃料汽车）指全部使用非石油燃料的汽车和部分使用石油燃料的汽车，具体可分为六大类，即纯电动汽车、燃料电池汽车、太阳能汽车、混合动力汽车、醇醚燃料汽车和天然气汽车等。

狭义的新能源汽车按照我国《节能与新能源汽车产业发展规划（2012—2020年）》指采用新型动力系统，完全或主要依靠新型能源驱动的汽车，包括纯电动汽车、插电式混合动力汽车及燃料电池汽车等。

二、新能源汽车的主要类型和发展特点

新能源汽车最早可以追溯到19世纪，当时电动汽车就已经出现，并曾一度占据了汽车市场的主导地位。但随着内燃机技术的进步和石油资源的开发，电动汽车逐渐被燃油汽车所取代。直到20世纪末，由于石油危机、环境污染和气候变化等问题加剧，人们才开始重新关注新能源汽车的优势和潜力。

1. 纯电动汽车（battery electrical vehicle，简称BEV）

（1）主要特点

纯电动汽车与传统燃油汽车的主要区别在于它们的驱动系统不同。传统燃油汽车是由内燃机驱动，使用液态汽油或柴油作为燃料；而纯电动汽车则是完全由电动机（也称电机）驱动，电能由车载可充电储能系统或其他能量储存装置（如蓄电池、燃料电池、电容器或高速飞轮等）提供。由于驱动系统不同，所以电动汽车在结构和性能等方面与燃油汽车存在较大差别。

1）节能环保

纯电动汽车以电能作为驱动能源，不产生尾气排放，对环境几乎没有污染。与传统燃油汽车相比，纯电动汽车具有更低的碳排放，对改善空气质量和减少温室气体排放有重要意义。

2）静音舒适

纯电动汽车靠电机驱动，没有传统燃油汽车的噪声，行驶时非常安静，为驾乘者提供了更加舒适的驾乘环境，特别是在城市道路上，静音特点更加突出。

3）维护方便

纯电动汽车的能量传递主要通过柔性的电线而不是刚性的联轴器和传动轴，因此结构更为简洁。此外，由于采用电机及电池驱动，所以没有传统发动机繁琐的维护项目，保养起来更加方便。

（2）技术发展

随着科技的迅猛发展，纯电动汽车在全球范围内受到广泛关注。据资料显示，2022 年全球新能源汽车销量突破 1 000 万辆，其中纯电动汽车占比超过 70%。作为新型的清洁能源交通工具，纯电动汽车展现了诸多潜在优势。然而，在核心技术的突破与发展方面，纯电动汽车仍面临诸多挑战。

1）电池技术。电池是纯电动汽车的核心部件，直接影响汽车的续航里程、充电时间、质量、成本等。目前，纯电动汽车主要采用锂离子电池，其能量密度、循环寿命、安全性能等已经有了较大提升，但仍不足以满足人们长里程、快充电和低成本的使用需求。因此，开发新型电池材料、提高电池管理水平、降低电池成本、提高电池回收利用率等，是纯电动汽车电池技术的重要发展方向。

2）电机技术。电机是纯电动汽车的动力源，它决定了电动汽车的动力性能、效率高低、噪声大小等。目前，纯电动汽车主要采用永磁同步电机、交流异步电机、开关磁阻电机等，它们各有优缺点，没有形成统一标准。因此，提高电机的功率密度、效率、可靠性、控制性，降低电机成本、质量、体积等，是纯电动汽车电机技术的重要发展方向。

3）电控技术。电控系统是纯电动汽车的大脑，它主要控制汽车的电池、电机、充电、制动、转向等，以实现汽车的能量管理、运行控制、故障诊断等功能。目前，纯电动汽车的电控技术还存在一些不足，如系统结构复杂，兼容性、稳定性以及与其他系统的协同性、智能性稍差等。因此，提高电控系统的集成度、智能度、安全度，是纯电动汽车电控技术的重要发展方向。

4）充电技术。充电是纯电动汽车的唯一能量补给方式，直接影响汽车的使用便利、运营成本和市场接受度。目前，纯电动汽车的充电技术还存在着一些问题，如充电速度慢、充电效率低、充电安全不稳定、充电标准不统一和充电设施不完备等。因此，提高充电技术水平，建设足够充电网络，实现充电设施智能化、网联化、共享化等，是纯电动汽车充电技术的重要发展方向。

2. 混合动力汽车（hybrid electric vehicle，简称 HEV）

（1）主要特点

根据国际能源署（IEA）公布的有关文献，混合动力汽车的能量与功率传送路线具有如下特点：

1）传送到车轮推进车辆运动的能量，至少来自两种不同的能量转换装置，例如内燃机、燃气涡轮、斯特林发动机、电动机、液压马达、燃料电池等。

2）这些能量转换装置至少要从两种不同的能量储存装置（例如燃油箱、蓄电池、飞轮、超级电容、高压储氢罐等）吸取能量。

3）从储能装置流向车轮的这些通道，至少有一条是可逆的。如果可逆的储能装置供应的是电能，则称作混合动力电动汽车。

国家标准《电动汽车术语》（GB/T 19596—2017）对于混合动力电动汽车的定义是：至少能从下述两类车载储存的能量中获得汽车动力的汽车。

——可消耗的燃料；

——可再充电能 / 能量储存装置。

由此可见，混合动力汽车与传统燃油汽车的主要区别在于混合动力汽车至少有两种动力驱动系统，一种是与传统燃油汽车类似的发动机动力系统，另一种是传统燃油汽车所不具备的电驱动系统，它可以根据不同的工况，自动切换或混合使用两种动力，以实现最佳的能量利用效率，从而达到节能减排的目的。目前，常说的混合动力汽车，实则也可称为混合动力电动汽车。

（2）技术发展

1997 年，日本丰田公司推出了世界上第一款批量生产的混合动力汽车——普锐斯（Prius），其后又在 2000—2010 年间推出第二代、第三代。日本本田公司也在 1999 年推出了混合动力汽车——音赛特（Insight），从而拉开了混合动力车型时代。在混合动力汽车发展初期，电动机扮演的是辅助驱动的角色，以优化整体性能。然而，随着电池技术的飞速进步，纯电动模式的混合动力汽车逐渐崭露头角，这种新型汽车完全依赖电力驱动，不仅提升了能源利用效率，也进一步推动了环保出行的理念。近年来，插电式混合动力汽车亦开始崭露头角，成为混合动力汽车市场的主流。

插电式混合动力汽车（plug-in hybrid electric vehicle，简称 PHEV）是以电池作为主要动力源，传统发动机作为辅助动力源只在电池能量耗尽时才启用。当汽车工作在混合动力模式时，其与普通的混合动力汽车工作原理相同，驱动电机作为辅助驱动机构，主要起“削峰填谷”的作用，帮助发动机工作在相对稳定的状态，从而减少车辆的燃油消耗与排放；当汽车工作在纯电动模式时，其仅由动力蓄电池供应能量，从而实现纯电驱动与零排放，因而在动力蓄电池电量用尽后需要外接充电，所以称之为插电式混合动力汽车。插电式混合动力汽车结合了传统混合动力汽车的优点，在提供较长续航里程的同时也满足了人们纯电行驶的需求，体现了增程的概念，是非常有发展前景的一种新能源汽车。图 1-2-1 所示为丰田普锐斯 Plug-in 混合动力系统结构原理图。

（3）类别划分

根据汽车行业标准《混合动力电动汽车类型》（QC/T 837—2010），混合动力汽车可按以下类别进行划分。

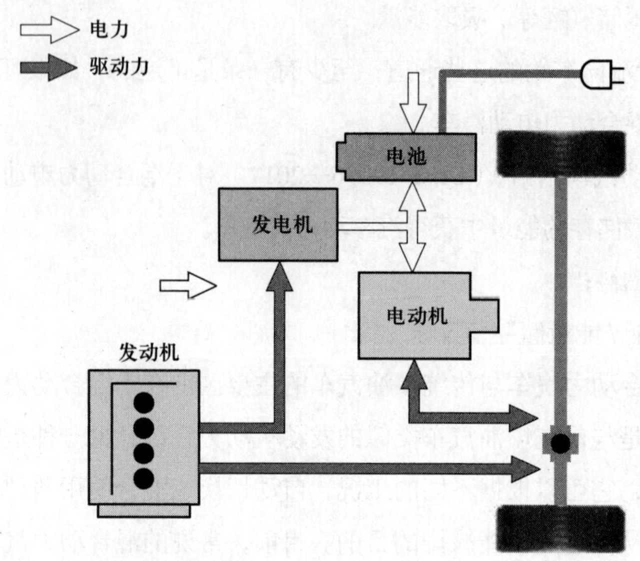

图 1-2-1　丰田普锐斯 Plug-in 混合动力系统结构原理图

1）按照动力系统结构形式划分

①串联式混合动力电动汽车（series hybrid electric vehicle）

车辆行驶系统的驱动力只来源于电机的混合动力电动汽车。

典型的结构特点是发动机带动发电机发电，电能通过电机控制器输送给电机，由电机驱动车辆行驶。另外，动力蓄电池可以单独向电机提供电能驱动车辆行驶。

②并联式混合动力电动汽车（parallel hybrid electric vehicle）

车辆行驶系统的驱动力由电机及发动机同时或单独供给的混合动力电动汽车。

典型的结构特点是并联式驱动系统可以单独使用发动机或电机作为动力源，也可以同时使用电机和发动机作为动力源驱动车辆行驶。

③混联式混合动力电动汽车（combined hybrid electric vehicle）

具备串联式和并联式两种混合动力系统结构的混合动力电动汽车。

典型的结构特点是可以在串联混合模式下工作，也可以在并联混合模式下工作，同时兼顾了串联式和并联式混合动力电动汽车的特点。

2）按照混合度划分

①微混合型混合动力电动汽车（micro hybrid electric vehicle）

以发动机为主要动力源，电机作为辅助动力，具备制动能量回收功能的混合动力电动汽车。电机的峰值功率和总功率的比值小于 10%。

仅具有停车怠速停机功能的汽车也可称为微混合型混合动力电动汽车。

②轻度混合型混合动力电动汽车（mild hybrid electric vehicle）

以发动机为主要动力源，电机作为辅助动力，在车辆加速和爬坡时，电机可向车辆行驶系统提供辅助驱动力矩的混合动力电动汽车。一般情况下，电机的峰值功率和总功率的比值大于 10%。

③重度混合（强混合）型混合动力电动汽车（full hybrid electric vehicle）

以发动机和 / 或电机为动力源，一般情况下，电机的峰值功率和总功率的比值大于 30%，且电机可以独立驱动车辆正常行驶的混合动力电动汽车。

3）按照外接充电能力划分

①外接充电型混合动力电动汽车（off-vehicle chargeable hybrid electric vehicle）

一种被设计成在正常使用情况下可从非车载装置中获取电能量的混合动力电动汽车。

仅当制造厂在其提供的使用说明书中或者以其他明确的方式推荐或要求进行车外充电时，混合动力电动汽车方可认为是“外接充电型”的。仅用作不定期的储能装置电量调节或维护目的而非用作常规的车外能量补充，即使有车外充电能力，也不认为是“外接充电型”的车辆。

插电式（plug-in）混合动力电动汽车属于此类型。

②非外接充电型混合动力电动汽车（non off-vehicle chargeable hybrid electric vehicle）

一种被设计成在正常使用情况下从车载燃料中获取全部能量的混合动力电动汽车。

4）按照行驶模式的选择方式划分

①有手动选择功能的混合动力电动汽车（hybrid electric vehicle with selective switch）

具备行驶模式手动选择功能的混合动力电动汽车。车辆可选择的行驶模式包括发动机模式、纯电动模式和混合动力模式三种。

②无手动选择功能的混合动力电动汽（hybrid electric vehicle without selective switch）

不具备行驶模式手动选择功能的混合动力电动汽车。车辆的行驶模式根据不同工况自动切换。

5）其他划分形式

按照可再充电能量储存系统不同可以划分为（但不限于）以下类型：

①动力蓄电池混合动力电动汽车（traction battery hybrid electric vehicle）。

②超级电容器混合动力电动汽车（super capacitor hybrid electric vehicle）。

③机电飞轮混合动力电动汽车（electromechanical flywheel hybrid electric vehicle）。

④动力蓄电池与超级电容器组合式混合动力电动汽车（traction battery and super capacitor hybrid electric vehicle）。

混合动力电动汽车按照其技术特征、燃料类型、功能结构和车辆用途等因素还可有其他划分形式。

3. 燃料电池汽车（fuel cell vehicle，简称 FCV）

（1）主要特点

燃料电池汽车实质上是电动汽车的一种，其在车身、动力传动系统、控制系统等方面与普通纯电动汽车基本相同，区别主要在于动力系统工作原理不同。燃料电池汽车是以燃料电池系统作为动力源或主动力源的汽车，其基本结构如图 1-2-2 所示，主要由燃料电池堆、高压储氢罐、动力蓄电池、燃料电池升压变频器、电动机和动力控制单元等组成。

图 1-2-2　燃料电池汽车的基本结构

燃料电池实际上是电化学反应发生器，其工作机理是将燃料中的化学能不经燃烧而直接转化为电能，从而驱动电机让车辆行驶。例如，氢－氧燃料电池实际上是电解水的逆过程，它以氢气和氧气作为反应过程中的燃料和氧化剂，氢－氧通过化学反应生成水并释放电能。同普通充电电池相比，燃料电池是一个能量生成装置，并且一直产生能量直至燃料用尽。燃料电池的优越性在于高效率地把燃料转化为电能，工作安静，排放低甚至无排放，产生的剩余热量还可再利用，且燃料补充迅速。

（2）技术发展

从全球格局来看，燃料电池汽车主要是氢燃料电池。经过漫长发展，氢燃料电池汽车在整车安全性、氢燃料贮存技术等方面已不存在问题，主要发展瓶颈是成本高昂，主要体现在以下方面。

1）原材料成本。铂金是燃料电池的“心脏”，主要作为电池的催化剂使用。铂金在全球储量极低，每年产量只有约 200 吨，且 60% 还要作为首饰材料使用，价格是黄金的两倍。此外，铂金作为燃料电池的催化剂对氢气的纯度要求也极高，需要达到 99.99% 以上。

2）加氢站建设成本。目前，加氢站在建设投入方面相较于普通加油站要高出许多。加氢站由于在运氢、加氢设施以及设备配套方面比普通加油站有更高要求，因此建设一座加氢站的成本是普通加油站的 4 倍以上，而运营成本更是高达 7 倍，如此高昂的建设成本无疑成为阻碍加氢站快速发展的重大障碍。

截至 2021 年底，全球投入运营的加氢站共有 685 座，分布在 33 个国家和地区，欧洲、亚洲、北美仍是加氢站建设的主要地区。亚洲共有 363 座加氢站投入运营，主要集中在中、日、韩三国，其中，中国 105 座、日本 159 座、韩国 95 座。与大多数国家不同的是，中国的加氢站主要是公共汽车或卡车的专用加氢站，很少对普通民众开放。

3）供应链建设成本。氢的储运难度较大，发展氢燃料电池关键还要解决氢源和氢的供应链体系等问题。由表 1-2-1 可以看到，全球主要国家和地区氢能源产业供应链体系建设完全成熟的几乎没有，整体来看，我国氢能源产业供应链体系建设还比较落后。在储氢领域，日韩、北美、欧洲均以 70 MPa Ⅳ型储氢瓶为主流设备，而我国则仍以 35 MPa Ⅲ型为主，70 MPa Ⅲ型储氢瓶国内已有企业正在研发或已具备量产的能力，但Ⅳ型仍未投入使用。

表 1-2-1 全球主要国家和地区氢能源产业供应链体系建设情况

国家 / 地区	制氢	运氢	储氢
中国	■■■■■ 多采用石化燃料制氢，成本大约 2.59 美元 /kg	■■□□□ 有两条一定规模的输氢管道，长度分别为 25 km 和 43 km	■■□□□ 以 35 MPa Ⅲ型储氢罐为主，Ⅳ型未投入使用 储氢材料申请专利约占全球 14%
日韩	■■■□□ 多采用盐电解水制氢，成本大约 5.2 美元 /kg	■■■□□ 因地域面积小，很少使用管道，以气氢拖车或液氢罐车为主	■■■■■ 以 70 MPa Ⅳ型储氢罐为主 储氢材料申请专利约占全球 60%
北美	■■□□□ 多采用新能源制氢，成本高于 5 美元 /kg	■■■■■ 输氢管道 2 608 km，占全球输氢管道总长的 57%	■■■□□ 以 70 MPa Ⅳ型储氢罐为主 储氢材料申请专利约占全球 17%
欧洲	■■■■□ 多采用石化燃料制氢，成本大约 2.59 美元 /kg	■■■■□ 输氢管道 1 598 km，占全球输氢管道总长的 35%	■■■□□ 以 70 MPa Ⅳ型储氢罐为主 储氢材料申请专利约占全球 5%

■■■■■ 产业链成熟　□□□□□ 产业链欠成熟

总之，氢的供应链还不健全，制氢、储氢、运氢没有形成完备高效的供应链体系，成规模、廉价的氢气资源依然非常匮乏。

（3）分类方法

由于燃料电池是一个多变量系统，所以有多种分类方法，如工作温度、燃料类型、电解质类型等。

1）按工作温度分。有高温型、中温型和低温型三类。工作温度低于 100 ℃为低温型，工作温度 100 ~ 500 ℃为中温型，工作温度高于 500 ℃为高温型。

2）按燃料类型分。有氢燃料电池、甲烷燃料电池、甲醇燃料电池、乙醇燃料电池和金属燃料电池等。

3）按电解质类型分。有碱性燃料电池（AFC）、磷酸燃料电池（PAFC）、熔融碳酸盐燃料电池（MCFC）、固体氧化物燃料电池（SOFC）、质子交换膜燃料电池（PEMFC）等。

三、我国新能源汽车产业规划及政策

发展新能源汽车是我国从汽车大国迈向汽车强国的必由之路，是应对气候变化、推动绿色发展的重要战略举措。长久以来，我国高度重视新能源汽车技术发展，“十五”期间启动了 863 计划电动汽车重大科技专项，确立了“三纵三横”（三纵：纯电动汽车、混合动力汽车、燃料电池汽车；三横：电池、电机、电控）的研发布局，如图 1-2-3 所示，取得了一大批电动汽车技术创新成果。

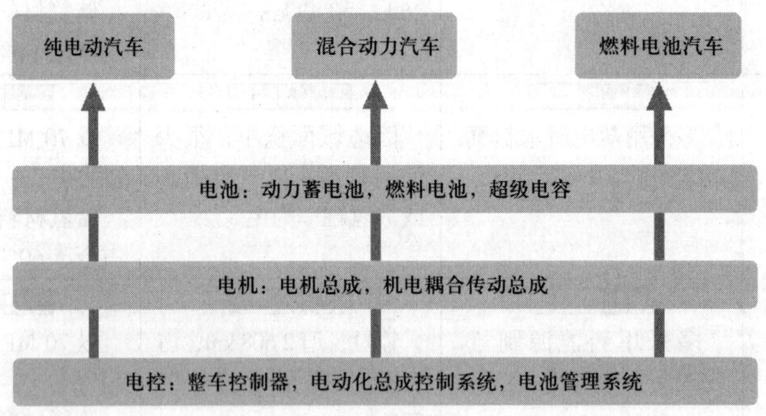

图 1-2-3 863 计划电动汽车“三纵三横”研发布局

2012 年 3 月，科技部发布的《电动汽车科技发展“十二五”专项规划》指出，发展电气化程度比较高的“纯电驱动”电动汽车是我国新能源汽车技术的发展方向和重中之重，要在坚持节能与新能源汽车“过渡与转型”并行互动、共同发展的总体原则指导下，规划电动汽车技术发展战略。同年 6 月，国务院发布的《节能与新能源汽车产业发展规划（2012—2020 年）》提出，在技术路线上，以纯电驱动为新能源汽车发展和汽车工业转型的主要战略取向，重点推进纯电动汽车和插电式混合动力汽车产业化，推广普及非插电式混合动力汽车、节能内燃机汽车，提升我国汽车产业整体技术水平。

2020 年 11 月 2 日，国务院颁布《新能源汽车产业发展规划（2021—2035 年）》，为新时代新能源汽车产业发展做出方向指引。目标是到 2025 年，我国新能源汽车市场竞争力明显增强，动力蓄电池、驱动电机、车用操作系统等关键技术取得重大突破，安全水平全面提升。纯电动乘用车新车平均电耗降至 12 kW·h/100 km，新能源汽车新车销量达到汽车新车销量总数的 20% 左右，高度自动驾驶汽车实现限定区域和特定场景商业化应用，充换电服务便利性显著提高。力争经过 15 年的持续努力，我国新能源汽车核心技术达到国际先进水平，质量品牌具备较强国际竞争力。纯电动汽车成为新销售车辆的主流，公共领域用车全面电动化，燃料电池汽车实现商业化应用，高度自动驾驶汽车实现规模化应用，充换电服务网络便捷高效，氢燃料供给体系建设稳步推进，有效促进节能减排水平和社会运行效率的提升。

第二章
混合动力系统构造与工作原理

第一节　典型混合动力系统

学习目标

1. 熟悉串联式混合动力系统的基本结构、驱动系统的控制模式和特点。
2. 熟悉并联式混合动力系统的基本结构、驱动系统的控制模式和特点。
3. 掌握混联式混合动力系统的基本结构。
4. 掌握丰田混联式混合动力系统不同行驶工况下的工作模式。

一、串联式混合动力系统

1. 基本结构

串联式混合动力系统主要由发动机、发电机、动力蓄电池、DC/DC 变换器、电动机等部件组成，其基本结构和能量传递路径如图 2–1–1 所示。串联式混合动力系统利用发动机直接带动发电机发电，产生的电能通过 DC/DC 变换器，一部分用来给动力蓄电池充电，另一部分经由电动机和传动装置驱动车辆行驶。由于发动机的动力是以串联方式供应到电动机的，所以称为“串联式混合动力系统”。

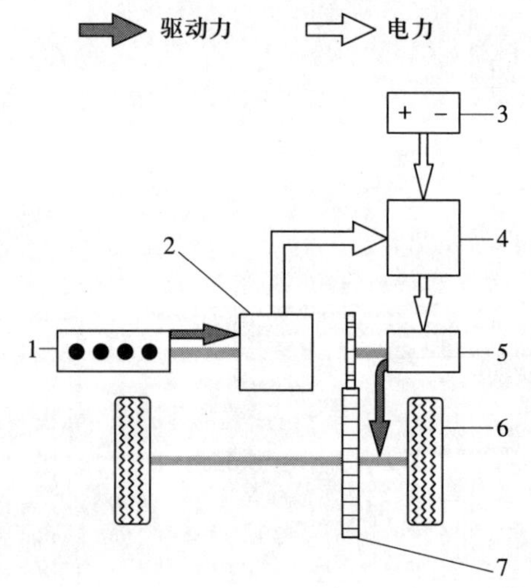

图 2–1–1　串联式混合动力系统的基本结构和能量传递路径

1—发动机　2—发电机　3—动力蓄电池　4—DC/DC 变换器　5—电动机　6—驱动轮　7—减速器

在串联式混合动力系统中，发动机和发电机构成辅助动力单元（auxiliary power unit，简称 APU），发动机的唯一功能就是用来发电，而驱动车轮的转矩全部来自电动机，动力蓄电池实际上起平衡发电机输出功率和电动机输入功率的作用。当发电机的发电功率大于电动机所需功率时（如汽车减速滑行、低速行驶或短时停车等），控制器控制发电机向动力蓄电池充电；当发电机发出的功率低于电动机所需功率时（如汽车起步、加速、高速行驶、爬坡等），动力蓄电池则向电动机提供额外电能。串联式混合动力结构可使汽车发动机不受行驶工况的影响，始终在最佳工作区域稳定运行，因此可降低汽车油耗和排放。串联式混合动力系统结构简单，易于控制，但能量利用效率不高，原因是发动机的能量输出要先转换成电能，再进一步转换成驱动汽车的机械能，由于机电能量转换和蓄电池充放电效率较低，使得能量利用效率受到限制。

2. 典型控制模式

（1）“恒温器”控制模式。主要利用动力蓄电池驱动车辆，当动力蓄电池的荷电状态（state-of-charge，缩写为 SOC）降低到最小限值时，发动机启动，并在最高效率区以输出恒定功率的方式工作；当 SOC 回升到最大限值时，发动机关机。这种控制模式的缺点是发动机的启动和关停会贯穿于车辆行驶的整个过程，由于发动机每次关停后，发动机和催化转换器的温度会降低，所以造成二者效率随之降低。

（2）“负荷跟随”控制模式。保持动力蓄电池的 SOC 在规定范围内，发动机带动发电机工作并尽可能供应接近车辆行驶所需的电能，动力蓄电池只起负荷调节作用。这种控制模式，动力蓄电池充放电量相对较小，实现了能量损失的最小化，但也存在一定局限性，即发动机无法持续运行在最佳转速和负荷状态下，容易导致排放性能下降以及整体效率降低。

（3）最佳控制模式。即采取上述两种控制模式的综合解决方案，当动力蓄电池的 SOC 保持在较高水平时，车辆以纯电动模式行驶；当 SOC 降低至预设的阈值范围内时，发动机启动并驱动发电机运转。为确保发动机运行的高效性和环保性，发动机输出功率将限定在一定范围内。若能提前预测车辆剩余行程的总电量消耗，一旦蓄电池储存够足够的电能，车辆便可完全切换为纯电动模式驱动，直至到达终点，电能耗尽。

3. 车型举例——理想 ONE

理想 ONE 有纯电优先、燃油优先、油电混合三种驾驶模式，对应车辆的三种工作模式。

（1）纯电动模式

动力蓄电池输出电能驱动电动机，由电动机带动车辆行驶，此模式在动力蓄电池的 SOC 不低于 70% 时启动，如图 2-1-2 所示。

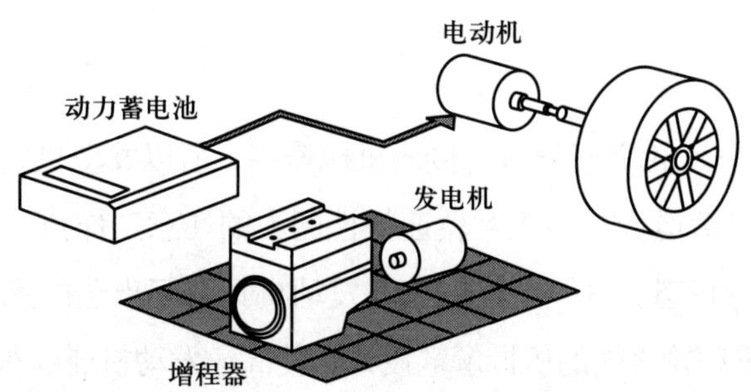

图 2-1-2 纯电动模式下动力蓄电池驱动电动机

（2）增程模式

当动力蓄电池的 SOC 降至 70% 以下时，增程器将启动为电动机供电；若增程器提供的电量超出电动机实际所需电量，多余的电量将被动力蓄电池储存，使动力蓄电池的 SOC 回升并维持在 70% 的预设阈值范围内，如图 2–1–3 所示。

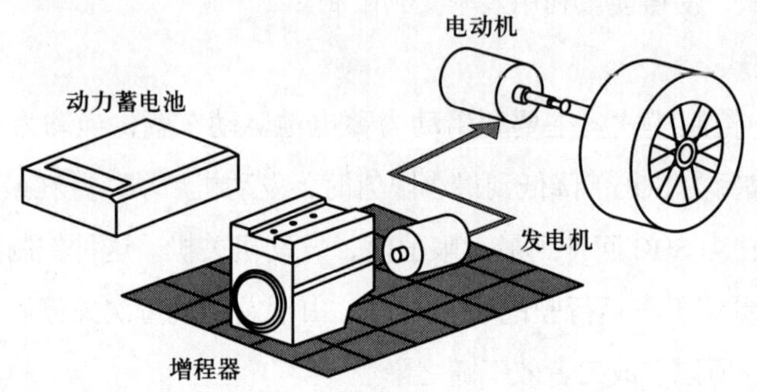

图 2–1–3　增程器为电动机供电

（3）混合供电模式

在面临超车、爬坡等需要大功率输出的场景下，增程器和动力蓄电池将协同工作，共同为电动机供电。此时，电动机将输出最大功率，以满足车辆在高负荷状态下的动力需求。此种模式下，动力蓄电池的电量消耗很快，当动力蓄电池的 SOC 低于 60% 时，会停止输出电量，如图 2–1–4 所示。

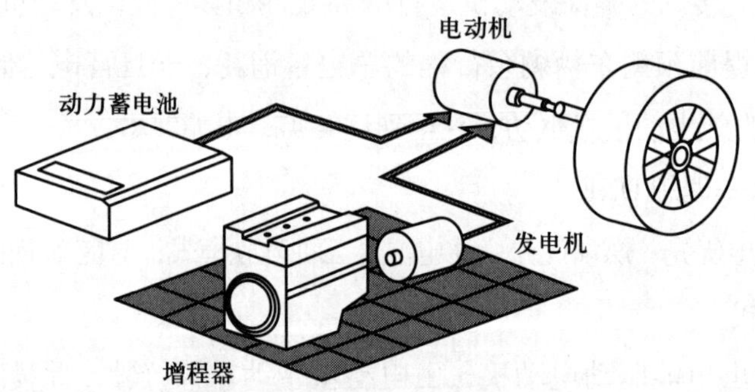

图 2–1–4　增程器和动力蓄电池同时为电动机供电

4. 系统特点

（1）主要优点

1）由于发动机与驱动轮之间没有直接的机械连接，所以发动机的工作状态不受车辆行驶工况的制约，能够灵活运行在转矩 – 转速特性图上的任意工作点，并始终在最佳的工作区域内保持稳定的运行状态。这一特性使汽车发动机具备了出色的燃油经济性和低排放特性。此外，发动机与驱动轮之间的机械解耦设计，使高速发动机能够得以广泛应用。

2）由于发动机与电动机之间没有直接的机械连接，整车的结构布置自由度较大，各种驱动系统元件可以放置在最佳位置。

3）由于电动机具备较高的功率特性，其制动能量回收的潜力较为显著，可有效提升能量利用效率。

（2）主要缺点

1）由于机电能量来回转换，所以发动机的能量利用率相对较低。串联式混合动力系统的发动机虽具有在最佳工作区域内稳定运行的优势，但主要体现在车辆低速或加速行驶的特定工况下。当车辆处于中速或高速行驶状态时，由于电传动效率相对较低，所以一定程度抵消了发动机的高效率优势。

2）由于电动机是唯一驱动车辆行驶的动力装置，所以串联式混合动力系统需要体积和质量更大的大功率电动机，这在一定程度上将导致整车质量和体积的增加。

3）动力蓄电池在汽车应用过程中既要保证车辆峰值功率的需求，以弥补发电机输出功率的不足，同时也要吸收制动能量，以满足车辆节能的需求，因此动力蓄电池的电池容量不能太小，这也进一步导致了整车质量和体积的提升。

由此可见，串联式混合动力电动汽车在市区低速运行场景下更具优势，在高速公路等高速行驶场景中则显得不够理想。

二、并联式混合动力系统

1. 基本结构

并联式混合动力系统使用电动机和发动机两种装置驱动车轮，动力流向为并联，所以称为“并联式混合动力系统”。它具有发动机单独驱动、电动机单独驱动以及发动机和电动机混合驱动三种工作模式。典型的并联式混合动力系统主要由发动机、变速器、动力蓄电池、DC/DC 变换器和电动机 / 发电机等部件组成，其基本结构和能量传递路径如图 2-1-5 所示。

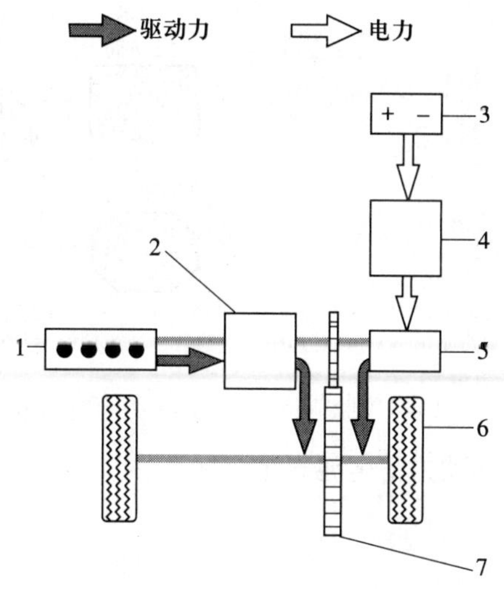

图 2-1-5　并联式混合动力系统的基本结构和能量传递路径

1—发动机　2—变速器　3—动力蓄电池　4—DC/DC 变换器　5—电动机 / 发电机　6—驱动轮　7—减速器

并联式混合动力系统依托动力蓄电池驱动电动机，在车辆制动过程中，电动机主要起发电机作用，实现制动能量的有效回收。

2. 典型工作模式

（1）纯电动工作模式。车辆起动、低速及轻载行驶时，发动机关闭，车辆由电动机驱动，如图 2-1-6 所示。

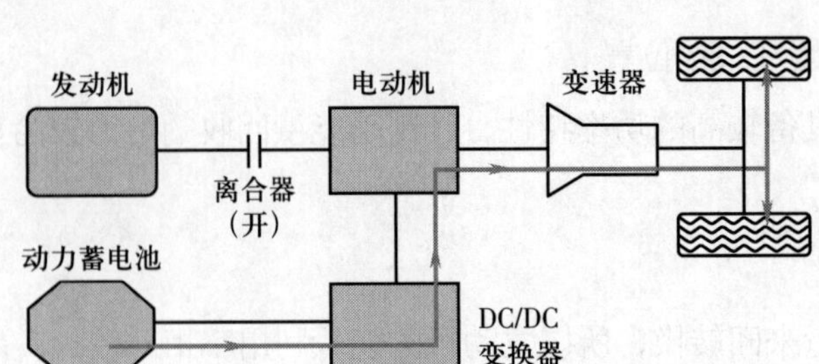

图 2–1–6　纯电动工作模式

（2）混合动力工作模式。车辆正常行驶、加速及爬坡时，发动机和电动机同时驱动车辆行驶，如图 2–1–7 所示。

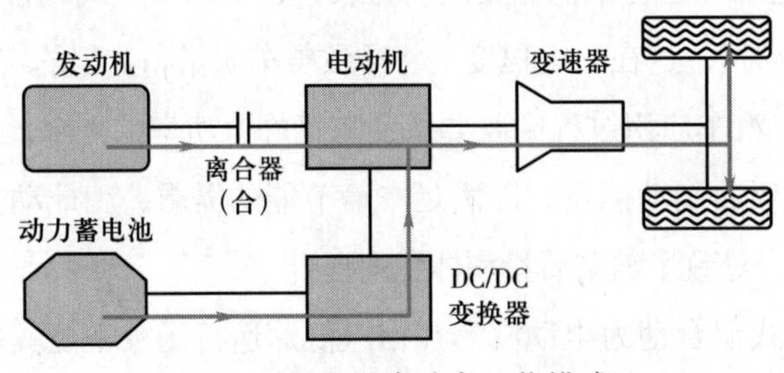

图 2–1–7　混合动力工作模式

（3）动力蓄电池充电。车辆行驶过程中，当车载动力蓄电池电量过低时，发动机在驱动车辆行驶的同时向动力蓄电池充电，如图 2–1–8 所示。

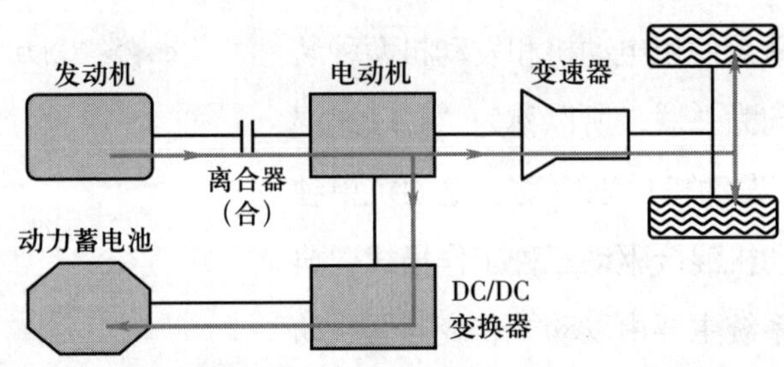

图 2–1–8　动力蓄电池充电

（4）制动能量回收。当车辆制动时，电动机以发电机模式工作，回收车辆制动能量并向动力蓄电池充电，如图 2–1–9 所示。

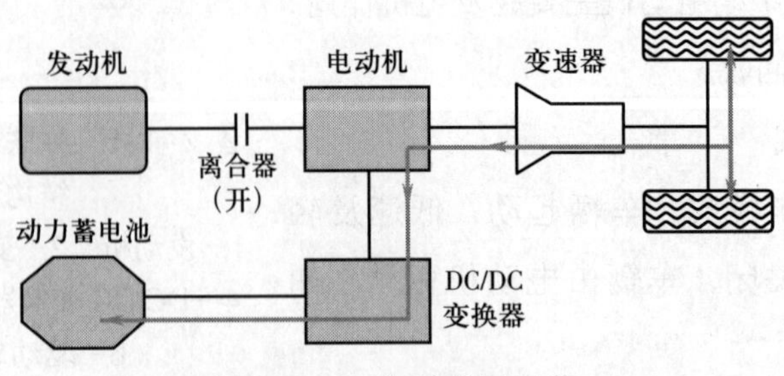

图 2–1–9　制动能量回收

3. 基本控制模式

（1）发动机辅助控制模式

该控制模式主要是利用动力蓄电池和电动机驱动车辆行驶，发动机只在车辆高速行驶、爬坡或急加速等特定情形下才会启动。该控制模式的优势在于，车辆多数情况下都是通过动力蓄电池实现运行，并且发动机主要利用车辆运动惯性启动，不再使用起动机启动，从而大幅降低了车辆的尾气排放和燃油消耗。该控制模式的不足在于，发动机每次关停，其与催化转化装置的温度会下降，进而导致工作效率降低，尾气排放和燃油消耗增加。

（2）电动机辅助控制模式

该控制模式主要是利用发动机驱动车辆行驶，电动机只在特定情形下启动工作。其中，一是车辆加速行驶和爬坡时，由于峰值功率瞬间提升，电动机介入可使发动机工作在最高效率区间，以降低尾气排放和燃油消耗；二是车辆制动时，电动机回收车辆制动能量并向动力蓄电池充电。该控制模式的缺点是车辆无法进入纯电动工作模式，行驶过程中若经常加速，当动力蓄电池电量消耗到最低限值时，车辆会失去电机辅助能力，影响动力性能。

4. 车型举例——高尔夫 GTE

高尔夫 GTE 如图 2-1-10 所示，是大众首款插电式混合动力电动汽车。该款车型采用并联式混合动力系统结构，纯电动模式下可续航 50 km。

图 2-1-10　高尔夫 GTE

（1）动力系统结构

高尔夫 GTE 动力系统基本结构如图 2-1-11 所示，其高压部分主要由高压动力蓄电池、电子控制装置、充电机和混合动力模块组成。

1）高压动力蓄电池。高尔夫 GTE 高压动力蓄电池如图 2-1-12 所示，安装于车辆底部、后轴前方。其主要为三相电机、加热器以及空调压缩机等提供稳定的电力支持。为确保动力蓄电池高效稳定运行，采用液冷方式冷却。

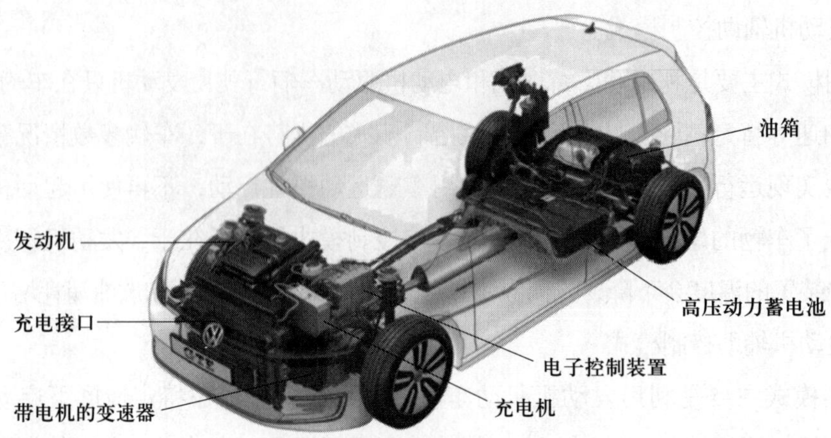

图 2–1–11　高尔夫 GTE 动力系统基本结构

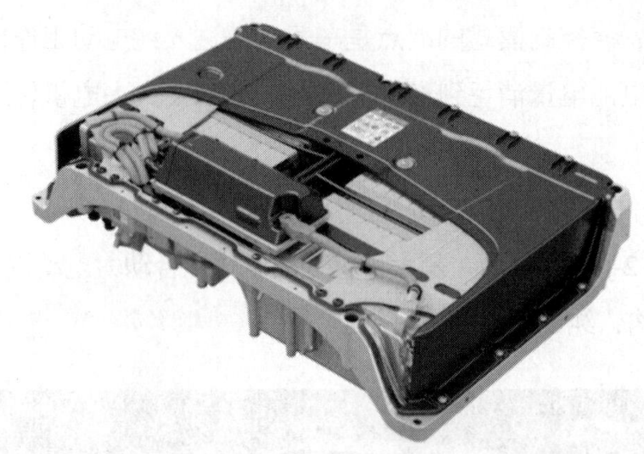

图 2–1–12　高尔夫 GTE 高压动力蓄电池

高尔夫 GTE 高压动力蓄电池的组成如图 2–1–13 所示，其中，每 12 枚单格蓄电池槽（电芯）串联为一组蓄电池模块，如图 2–1–14 所示，每 8 组蓄电池模块串联为一个蓄电池包。整个高压动力蓄电池的额定电压约为 352 V，电能量约为 8.8 kW · h。

2）电子控制装置。高尔夫 GTE 电子控制装置如图 2–1–15 所示，安装于发动机舱前部左侧，内部结构包括三相电流驱动器和 DC/DC 变换器等核心组件。其主要作用是确保高压动力蓄电池与车载充电机之间实现稳定且高效的电气连接，从而保障车辆动力系统的正常运行。

3）车载充电机。高尔夫 GTE 车载充电机如图 2–1–16 所示，安装于发动机舱前部左侧，位于电子控制装置前方。其主要功能是将电网的交流电转变为直流电为高压动力蓄电池充电。同时，该充电机还具备调控能力，能够依据整车及高压动力蓄电池的实时状态，对充电过程中的电流与电压进行精准控制。

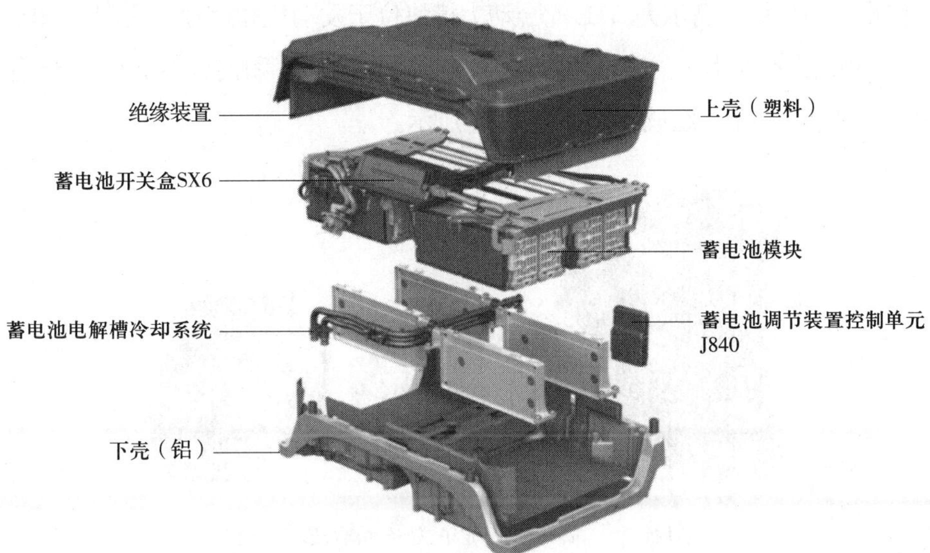

图 2-1-13 高尔夫 GTE 高压动力蓄电池的组成

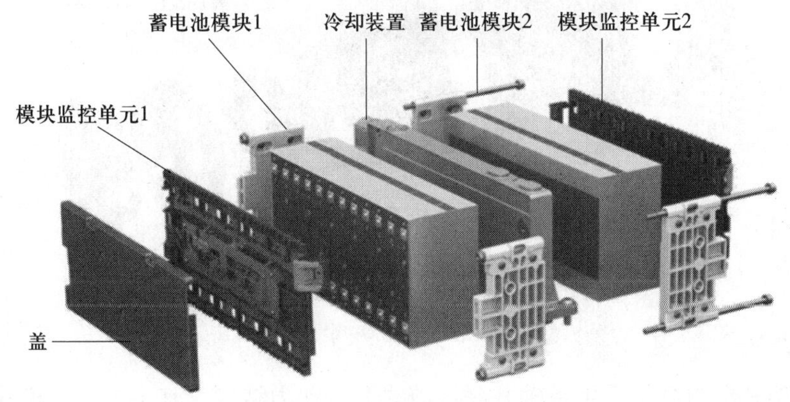

图 2-1-14 蓄电池模块的组成

图 2-1-15 高尔夫 GTE 电子控制装置

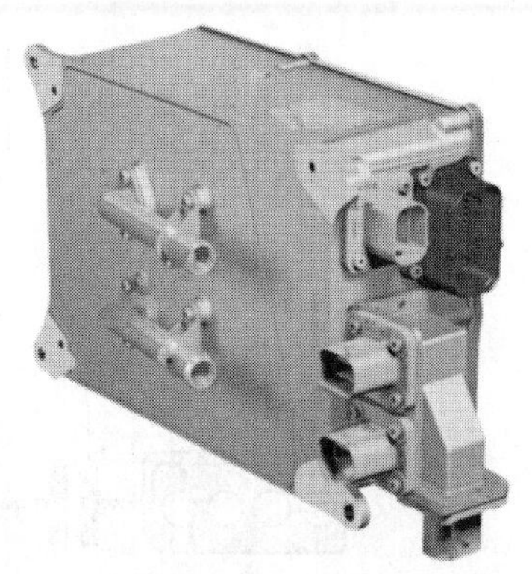

图 2-1-16 高尔夫 GTE 车载充电机

4）混合动力模块。高尔夫 GTE 混合动力模块位于发动机和变速器之间，如图 2-1-17 所示，其主要由三个多片式离合器（离合器 K0、离合器 K1 和离合器 K2）和一台电动机（冷却单元、定子、转子）组成，如图 2-1-18 所示。

图 2-1-17　高尔夫 GTE 混合动力模块的位置

图 2-1-18　混合动力模块的组成

（2）驱动模式

高尔夫 GTE 动力系统采用单轴并联插电式混合动力结构，其主要驱动模式有纯电动模式、发动机模式、发动机 + 电力驱动模式以及能量回收模式等。高尔夫 GTE 混合动力系统结构示意图，如图 2-1-19 所示。

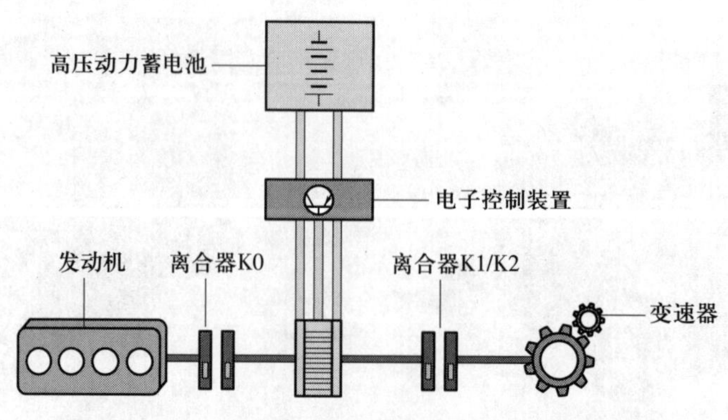

图 2-1-19　高尔夫 GTE 混合动力系统结构示意图

1）纯电动模式

在纯电动模式下，高尔夫 GTE 只由电动机驱动，此时离合器 K0 断开，离合器 K1/K2 接合，电动机的驱动力被传递到变速器，如图 2–1–20 所示。

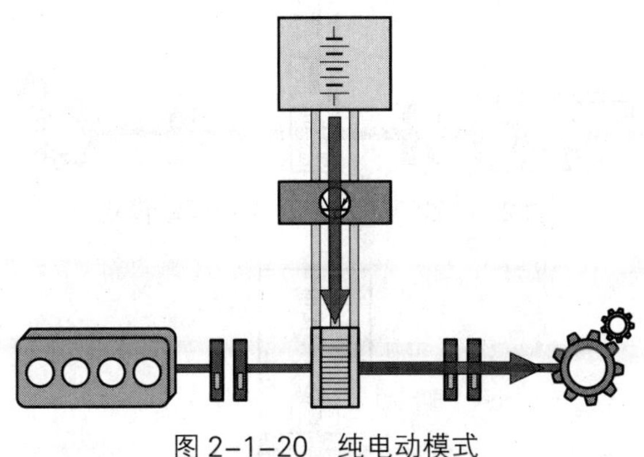

图 2–1–20　纯电动模式

2）发动机模式

在发动机模式下，高尔夫 GTE 由发动机驱动。此时离合器 K0 和 K1/K2 均为接合状态，发动机的动力被传递到变速器；同时，电动机也被发动机带动旋转发电，电流经电子控制装置转换后，为高压动力蓄电池充电，如图 2–1–21 所示。

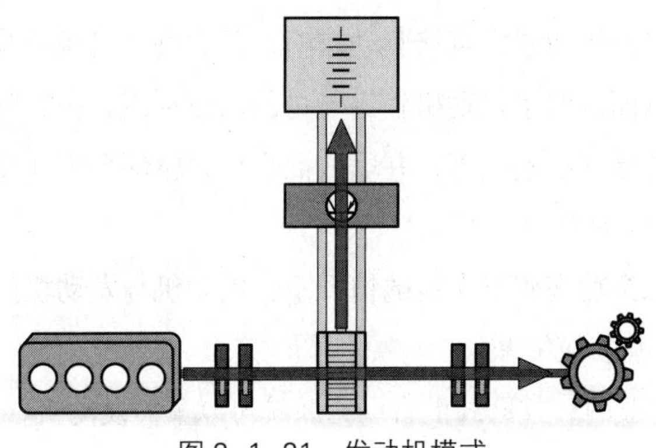

图 2–1–21　发动机模式

3）发动机 + 电力驱动模式

当需要较大动力输出时，高尔夫 GTE 由发动机和电动机共同驱动。此时离合器 K0 和 K1/K2 均为接合状态，如图 2–1–22 所示。

4）能量回收模式

当车辆制动时，离合器 K1/K2 接合。此时制动能量经变速器传递给电动机进行发电，通过这种方式，制动能量得以充分利用，进而为高压动力蓄电池补充电量，如图 2–1–23 所示。

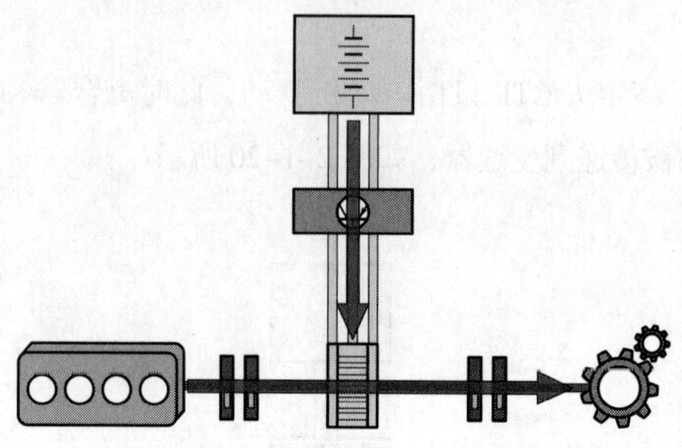

图 2-1-22　发动机 + 电力驱动模式

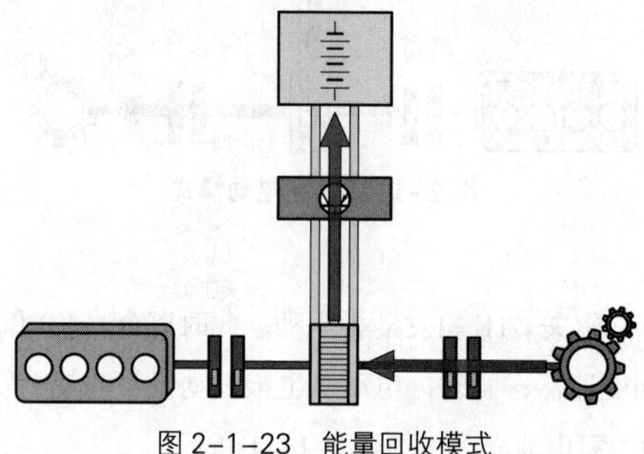

图 2-1-23　能量回收模式

5. 系统特点

（1）发动机采用机械传动方式直接驱动车辆，无需进行机械能与电能的转换，因此有效减少了能量损失，从而确保了发动机输出能量的高效利用。在保障汽车行驶工况能够维持发动机处于最佳工作区间的前提下，并联式混合动力驱动系统在燃油经济性方面相较于串联式混合动力驱动系统具有明显优势。

（2）在电动机仅承担功率调节功能的情况下，电动机与发动机的功率可适度降低，同时动力蓄电池的容量亦可相应缩减。

（3）在市区低速行驶时，并联式混合动力系统可以关停发动机，采用纯电动模式运行，实现零排放。要实现这一目标，必须确保电动机具备足够的功率，同时动力蓄电池容量也需要相应提升。

（4）发动机与电动机并联驱动时，为确保协同工作，必须配备动力复合装置。因此，相较于其他驱动方式，并联驱动系统的传动机构显得更为复杂。

（5）并联式混合动力驱动系统通过与车轮的直接机械连接实现动力传递。在此架构下，发动机的运行工况不可避免地受到车辆行驶工况的制约。在行驶工况频繁发生变化的情况下，车辆发动机可能难以持续保持在最佳工作区域运行，从而影响了燃油经济性和尾气排放性能。相较于串联式混合动力系统，并联式混合动力系统更适合在中、高速行驶的稳定场景下运行。

三、混联式混合动力系统

1. 基本结构

混联式混合动力系统在结构上兼具串联式和并联式的特点，主要由发动机、动力分离装置、发电机、动力蓄电池、DC/DC 变换器、电动机等部件组成，其基本结构和能量传递路径如图 2-1-24 所示。

混联式混合动力系统采用电动机与发动机双动力源驱动车辆。根据行驶条件的不同，车辆可以仅靠电动机驱动行驶，也可以靠发动机和电动机共同驱动行驶。在行车过程中，发动机的输出动力经由动力分离装置被分解为两部分，一部分直接用来驱动车辆，另一部分驱动发电机发电，从而为电动机提供持续的电力支持，并对动力蓄电池充电。

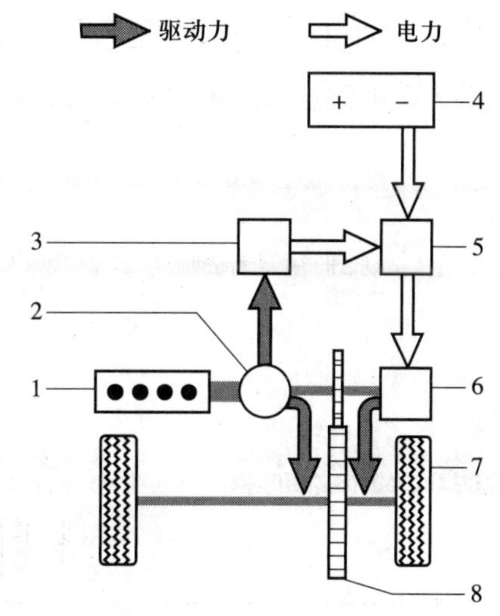

图 2-1-24　混联式混合动力系统的基本结构和能量传递路径

1—发动机　2—动力分离装置　3—发电机　4—动力蓄电池　5—DC/DC 变换器　6—电动机　7—驱动轮　8—减速器

2. 丰田混联式混合动力系统典型工作模式

丰田混联式混合动力系统通过行星齿轮组构成的动力分离装置，有效协调发动机与电动机的运行状态和动力传输过程。针对不同的行驶工况，该系统能够灵活切换至不同工作模式，确保最大限度地契合车辆行驶需求，从而实现最优的燃油经济性和最低的排放水平。

（1）起动时

充分利用电动机的低转矩启动特性。在低速区间，发动机无法提供较大的转矩输出，但电动机却具有灵敏、顺畅、高效的启动特性，因此，系统会优先选择利用动力蓄电池来驱动电动机作为动力源，此时发动机保持静止状态，不启动运转，如图 2-1-25 所示。

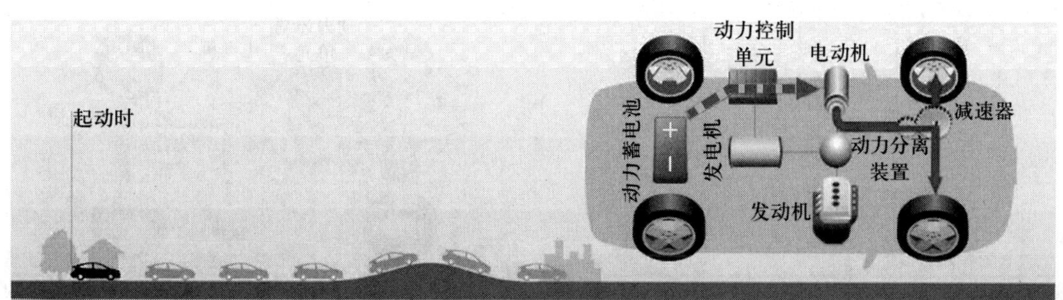

图 2-1-25　起动时

注意：

点火启动时，发动机将启动并持续运转，直至达到充分预热的状态。

（2）低速－中速行驶时

高效利用能量，由电动机驱动行驶。发动机在低速－中速区间运行效率并不理想，相对而言，电动机在此区间的运行性能却表现出色。因此，当低速－中速行驶时，系统主要依赖动力蓄电池提供的电力驱动电动机正常运转，如图 2–1–26 所示。

图 2–1–26　低速－中速行驶时

注意：

在动力蓄电池电量不足的情况下，系统将利用发动机驱动发电机发电，以为电动机提供动力。

（3）一般行驶时

1）发动机作为主要动力源。通过发动机驱动车辆，确保车辆能够在最佳效率的速度范围内运行。发动机根据驾驶状况，适时地将部分动力分配给发电机，发电机产生的电能进一步驱动电动机和辅助发动机，以实现更高效的能量利用。发动机与电动机协同工作，使发动机产生的动力以最小的消耗传递给驱动轮，从而提升了整体能效，如图 2–1–27 所示。

图 2–1–27　一般行驶时

注意：

在动力蓄电池电量不足的情况下，发动机将提升输出功率，以增加发电量，从而为动力蓄电池提供所需的充电能量。

2）剩余能量用于动力蓄电池充电。系统在高速运转过程中，主要依赖发动机提供动力。在某些特定情况下，发动机会产生超出系统当前所需的能量，这些多余的能量将通过发电机转换为电能，储存于动力蓄电池中，如图 2-1-28 所示。

图 2-1-28　一般行驶时 / 剩余能量充电

（4）全速开进（行驶）时

利用双动力获得更高加速。当需要增强加速动力时，如爬坡、超车等，动力蓄电池也会输出电力，以增强电动机的驱动力。通过发动机与电动机双动力系统协同工作，系统将展现出可与高性能发动机相媲美的强劲且流畅的加速性能，如图 2-1-29 所示。

图 2-1-29　全速开进（行驶）时

（5）减速 / 能量再生时

将减速能量回收到动力蓄电池中再利用。当踩下制动器或松开加速踏板时，系统利用车轮旋转力驱动电动机运转，将其作为发电机使用。一般情况下，摩擦力产生的能量会以热形式损失掉，但在此过程中，这部分能量被转化为电能，并储存至动力蓄电池中，如图 2-1-30 所示。

（6）停车时

动力系统停止工作。停车期间，发动机、电动机、发电机全部停止运转，不会因怠速而浪费能量，如图 2-1-31 所示。

图 2–1–30　减速／能量再生时

图 2–1–31　停车时

注意：

在动力蓄电池电量不足的情况下，发动机会持续运转为动力蓄电池充电；同时，若空调系统处于开启状态，发动机亦会保持运行状态。

第二节　电能储存装置

学习目标

1. 熟悉混合动力汽车电能储存装置的种类。
2. 熟悉蓄电池的主要性能指标。
3. 熟悉铅酸蓄电池的分类与特点。
4. 掌握镍镉（Ni–Cd）蓄电池、镍氢（Ni–MH）蓄电池、锂离子蓄电池的结构组成、工作原理和性能特点。
5. 熟悉蓄电池管理系统的功能与组成。
6. 熟悉电动汽车蓄电池充电器的基本功能与组成。

一、混合动力汽车电能储存装置的种类

混合动力汽车电能储存装置主要包括三种类型，即二次电池、超级电容以及飞轮电池。

1. 二次电池

二次电池也称可充电电池。混合动力汽车上最常见的二次电池有铅酸蓄电池、镍氢蓄电池、锂离子蓄电池和镍 – 金属氢蓄电池四类。

2. 超级电容

超级电容又称电化学容器，是一种新型的、双层面电容器，其显著特点是拥有庞大的电容量，相较于传统的物理电容器，其电容量要高出 3 ~ 4 个数量级，可达 103 F/g 以上。

3. 飞轮电池

飞轮电池又称飞轮储能器或高速、超高速飞轮储能器，是一种采用飞轮高速旋转以实现储能与电能释放的装置。目前，此类电能储存装置的应用尚属少数。

二、蓄电池的主要性能指标

在混合动力汽车上，蓄电池作为核心的动力电源，必须具备强大的能量储备。它除了作为驱动力的能量来源，还负责向空调系统、动力转向系统等多个关键子系统提供电力。此外，部分动力蓄电池还要为点火系统、照明系统、信号系统、雨刮器、喷淋器以及车载娱乐和通信设备等提供电力，以确保这些设备的正常使用。

蓄电池一般输出直流电，经变换器总成或逆变器转换成频率和幅值可调的交流电，供电动机驱动车辆行驶。在混合动力汽车上，蓄电池扮演着辅助电力能源的角色，它既可作为发动机的辅助动力源，用以提升整车动力性能，也可在电动机驱动车辆时为其提供电能。

1. 电压（V）

（1）标称电压

由厂家指定的用以标识蓄电池的适宜的电压近似值。

（2）开路电压

蓄电池在开路条件下的端电压。

（3）额定电压

蓄电池在符合标准规定的工作条件下所应达到的稳定电压。

（4）工作电压

蓄电池正常工作时的电压范围。

（5）充电截止（终止）电压

蓄电池正常充电时允许达到的最高电压。

（6）放电截止（终止）电压

蓄电池正常放电时允许达到的最低电压。

2. 容量（A · h、mA · h）

完全充电的蓄电池在规定条件下所能释放出的总容量。

（1）额定容量

在规定条件下测得的并由制造商标明的蓄电池容量值。

（2）理论容量

假设活性物质完全被利用，蓄电池可释放的容量值。

（3）可用容量

在规定条件下，从完全充电的蓄电池中释放的容量值。

（4）荷电状态（SOC）

当前蓄电池中按照规定放电条件可以释放的容量占可用容量的百分比。当 SOC=0 时，表示电池完全放电；当 SOC=100% 时，表示电池完全充满。一般蓄电池的高效放电区为 SOC=50%～80%，对蓄电池 SOC 的精确辨识，是蓄电池管理的关键技术。

3. 能量（W·h、kW·h）

（1）初始能量

新出厂的动力蓄电池，在室温下，完全充电后，以 1 小时率电流放电至企业规定的放电终止条件时所放出的能量。

（2）额定能量

室温下完全充电的蓄电池以 1 小时率电流放电，达到放电终止电压时放出的能量。

（3）能量密度

从蓄电池的单位质量或单位体积所获取的电能，用 W·h/kg、W·h/L 来表示，也称作比能量。

能量密度是评价蓄电池效能的重要指标之一，混合动力电动汽车对蓄电池的能量密度要求较高，表 2-2-1 列出了几种常见蓄电池的能量密度。

表 2-2-1　常见蓄电池的能量密度

电池类型	工作电压 /V	质量能量密度 /（W·h/kg）	体积能量密度 /（W·h/L）
铅酸蓄电池	2	30～45	60～90
镍镉蓄电池	1.2	40～60	100～150
镍氢蓄电池	1.2	60～80	150～200
锂离子蓄电池	3.6	110～190	200～500

4. 功率密度

从蓄电池的单位质量或单位体积所获取的输出功率，用 W/kg、W/L 表示，也称作比功率或质量比功率。

5. 内阻

蓄电池中电解质、正负极群、隔膜等电阻的总和。由于内阻的存在，使电池在放电时端电压低于开路电压；充电时端电压高于开路电压。

6. 循环寿命

蓄电池能够进行充放电的循环次数。

蓄电池的工作是一个不断充放电的循环过程。每一次充放电，电池内部的化学活性物质都将经历一次可逆的化学反应。随着充放电次数的不断累积，电池内部的化学活性物质将经历老化变质的过程，导致其化学功能逐渐减弱。这一过程会使得电池的充放电效率逐步下降，最终导致电池功能完全丧失而报废。

蓄电池的循环寿命受电池充放电方式、温度条件以及放电深度等多重因素影响。其中，放电深度的适度控制，特别是保持在“浅”放电状态，对于提升电池循环寿命具有积极作用。

此外，在电动汽车中，电池组各单体电池的均衡性、安装布局、固定方式、所受振动以及线路安装等因素，均会对电池的工作循环次数产生显著影响。因此，为确保蓄电池的性能稳定和持久耐用，其循环寿命应满足不低于 1 000 次的要求。

7. n 小时率

表示蓄电池放电电流大小的参数，如果以电流 I 放电，蓄电池在 n 小时内放出的电量为额定容量，该放电率称为 n 小时放电率。

8. 倍率放电

蓄电池以 1 h 放电率电流值的倍数进行放电。

9. 放电深度

表示蓄电池放电状态的参数，等于实际放电容量与可用容量的百分比。

10. 过充电 / 过放电

当电芯或电池完全充电 / 放电后继续进行充电 / 放电。

11. 自放电率

蓄电池存放期间内部自发的或不期望的化学反应造成其可用容量自动减少的速度。自放电率以单位时间内（日 / 月 / 年）电池容量减少的百分比来度量。

12. 记忆效应

蓄电池经过长期浅充放电循环后，进行深放电时，表现出明显的容量损失和放电电压下降，经数次全充 / 放电循环后，电池特性即可恢复的现象。

知识拓展

除上述核心性能指标外，蓄电池还应具备以下特性：无毒无害，对周边环境不产生污染或腐蚀；具备优良的充电性能，充电操作简便快捷，充电周期短。此外，蓄电池还需具备良好的耐振动性能，对环境温度变化不敏感，确保在各种环境下稳定工作，制造成本低廉，便于调整和维护等。

三、铅酸蓄电池

以酸性水溶液为电解质的蓄电池称为酸性蓄电池。由于此类蓄电池多采用铅及其氧化物材料制作电极，所以也被称为铅酸蓄电池。铅酸蓄电池广泛用于燃油汽车的起动系统和点火系统。混合动力汽车的牵引用铅酸蓄电池和启动用铅酸蓄电池，性能要求完全不同。牵引用铅酸蓄电池需满足较高的能量密度和功率密度要求，同时具备较长的循环寿命和优异的快速充电性能。目前，众多专业公司研发出多款新型铅酸蓄电池，性能得到了普遍提升。

铅酸蓄电池根据不同的工作环境可划分为移动式和固定式两大类。对于固定式铅酸蓄电池，依据其电池槽结构的不同，又可细分为半密封式和密封式两大类。其中，半密封式铅酸蓄电池又可分为防酸式和消氢式两种类型；而密封式铅酸蓄电池则根据排气方式的不同，又可分为排气式和非排气式两种类型。

铅酸蓄电池的特点是开路电压高、放电电压平稳、充电效率高，能够在常温条件下正常工作；同时，生产技术成熟、成本低廉、规格齐全。因此，第一代电动汽车均广泛使用铅酸蓄电池。

四、镍镉（Ni–Cd）蓄电池

镍镉蓄电池是一种碱性电池，它采用全封闭外壳，低温性能好，能长时间放置，极板强度高，工作电压平稳，能带电充电和快速充电，在真空环境下也可正常工作。镍镉蓄电池过充电、过放电性能和放电深度好，瞬时脉冲放电率大，具备高倍率放电特性。

1. 基本结构

镍镉蓄电池的每个独立电池单体都由正极板、负极板和装在正极板和负极板之间的隔板所组成，其基本结构如图 2–2–1 所示。

镍镉蓄电池的正极板材料为镍的氢氧化合物［$Ni(OH)_2$ 和 NiOOH］，负极板材料为金属镉（Cd）和氢氧化镉［$Cd(OH)_2$］，电解质采用氢氧化钾（KOH）溶液，为了提高电池的循环寿命、改善其高温性能，电解质溶液中通常也会加入一定量的氢氧化锂（LiOH）。

单体镍镉蓄电池可以以多样化的方式进行组合，形成不同电压和不同容量的镍镉蓄电池总成。

2. 工作原理

电池充电时，氢氧化镍［$Ni(OH)_2$］在电力作用下与电解质发生电化学反应生成羟基

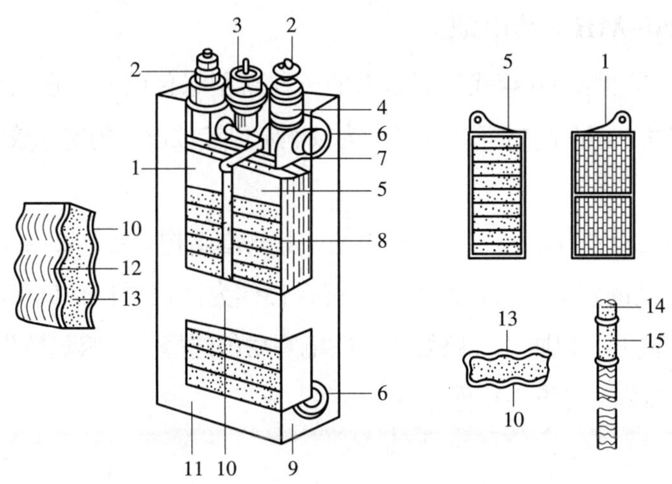

图 2-2-1 单体镍镉蓄电池的基本结构

1—正极板 2—接线柱 3—加液口盖 4—绝缘导管 5—负极板 6—吊架
7—单格电池连接条 8—极板骨架 9—绝缘层 10—镀镍薄钢板 11—外壳
12—通孔 13—活性物质 14—正极板导管 15—氢氧化镉

氢氧化镍（NiOOH）并释放电子，同时，$Cd(OH)_2$ 被还原成 Cd，吸收电子，储存能量；电池放电时，反应过程反转，Cd 被重新转化为 $Cd(OH)_2$，NiOOH 损失电子变回 $Ni(OH)_2$，这样就产生了一定的电压和电流输出，实现了电池功效。以下是镍镉蓄电池的电化学反应方程式：

正极：$NiOOH+H_2O+e^- \underset{\text{充电}}{\overset{\text{放电}}{\rightleftharpoons}} Ni(OH)_2+OH^-$

负极：$Cd+2OH^- \underset{\text{充电}}{\overset{\text{放电}}{\rightleftharpoons}} Cd(OH)_2+2e^-$

总反应：$Cd+2NiOOH+2H_2O \underset{\text{充电}}{\overset{\text{放电}}{\rightleftharpoons}} 2Ni(OH)_2+Cd(OH)_2$

由电化学方程式可以看出，镍镉蓄电池在充放电过程中，其电解质基本不会被消耗。

3. 主要特点

镍镉蓄电池的工作电压较低，单体电池的标称电压为 1.2 V，质量能量密度最高可达 60 W · h/kg，功率密度可超 225 W/kg，循环寿命达 2 000 次以上，是普通铅酸蓄电池的 2 倍。一般情况下，镍镉蓄电池完全充电需 6 h，也可进行快充，快充 15 min 可恢复 50% 的电量，快充 1 h 可恢复 100% 的电量；放电深度 100%，自放电率低于 0.5%/ 天，可在 −40 ~ 80 ℃的环境温度下正常工作。

镍镉蓄电池有记忆效应，其采用的镉（Cd）是一种有害重金属，因此电池报废后必须进行有效回收。镍镉蓄电池的直接费用成本是铅酸蓄电池的 4 ~ 5 倍，初始购置费用较高。但由于镍镉蓄电池综合性能好，能量密度和循环寿命都大大高于铅酸蓄电池，所以综合费用成本并不会超过铅酸蓄电池，在混合动力电动汽车中得到广泛应用。

五、镍氢（Ni-MH）蓄电池

镍氢蓄电池是20世纪90年代发展起来的一种新型绿色电池，它也是一种碱性电池，具备高倍率放电特性，短时间内可以3C（C为按额定电流放电时的实际放电容量）放电。

1. 基本结构

单体镍氢蓄电池有圆柱形和方形两种类型，其基本结构如图2-2-2所示。与镍镉蓄电池相似，镍氢蓄电池的正极也采用镍的氢氧化合物作为活性材料，负极则使用储氢合金，正负极之间由隔膜隔开，以防止短路发生。在电解质的选择上，镍氢蓄电池同样沿用氢氧化钾溶液，以保证良好的导电性和稳定性。

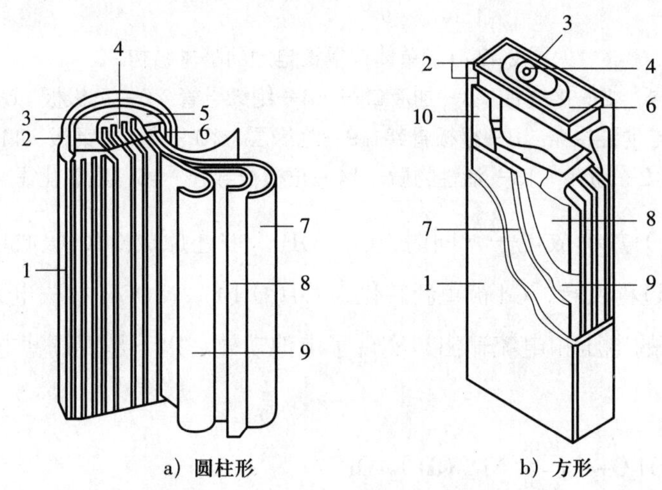

a）圆柱形　b）方形

图2-2-2　单体镍氢蓄电池的基本结构

1—壳体　2—绝缘衬垫　3—正极盖　4—安全排气口　5—封盘
6—绝缘环　7—负极　8—隔膜　9—正极　10—绝缘体

2. 工作原理

电池充电时，正极中的 $Ni(OH)_2$ 转变为NiOOH，负极则进行水分解，表面吸附氢，生成氢化物，这样化学能就转化为了电能被储存起来。放电过程是充电过程的逆反应，电池正极中的NiOOH变回 $Ni(OH)_2$，负极则脱氢，表面生成水，从而产生电流。这种可逆的电化学反应使镍氢蓄电池能够在充放电过程中稳定工作。以下是镍氢蓄电池的电化学反应方程式：

正极：$Ni(OH)_2+OH^- \xrightleftharpoons[放电]{充电} NiOOH+H_2O+e^-$

负极：$M+xH_2O+xe^- \xrightleftharpoons[放电]{充电} MH_x+xOH^-$

总反应：$xNi(OH)_2+M \xrightleftharpoons[放电]{充电} MH_x+xNiOOH$

除了发挥储氢作用，电池的负极还具有催化功能，当电池过充、过放时，负极可以消除正极产生的氢气（H_2）和氧气（O_2），保护电池不受损伤。但如果电池频繁过充、过放，负极的催化作用会逐渐削弱，从而导致电池内压上升，严重时甚至会出现电池漏液和失效的情况，图 2–2–3 所示为镍氢蓄电池的电化学反应模型。

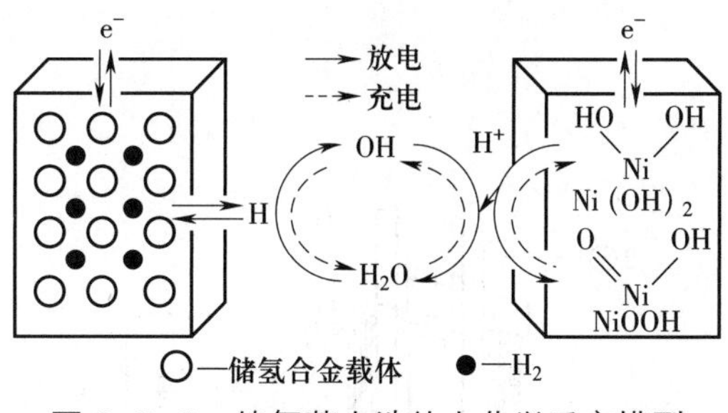

图 2–2–3 镍氢蓄电池的电化学反应模型

3. 主要特点

镍氢蓄电池单体电池的标称电压也是 1.2 V，质量能量密度和体积能量密度分别可达 80 W · h/kg 和 200 W · h/L，质量功率密度和体积功率密度分别为 160 ~ 230 W/kg 和 400 ~ 600 W/L，充电 18 min 可恢复 40% ~ 80% 的电量，应急充电性能好，一次充电续航里程长，可以在 –28 ~ 80 ℃的环境温度下正常工作，循环寿命达 6 000 次以上，但价格昂贵。高温环境下，电池的电荷量会显著减少，自放电损耗明显，但低温条件下，性能表现优异，能长时间存放。镍氢蓄电池中没有 Pb（铅）、Cd 等重金属元素，对环境造成的污染较小，可以随充随放，不存在镍镉蓄电池的“记忆效应”。

六、锂离子蓄电池

锂离子蓄电池出现在 20 世纪 90 年代初，近三十年来发展迅速，被认为是极具发展潜力的蓄电池。锂离子蓄电池具有电压高、能量密度大、循环寿命长、无记忆效应、污染小、充电快速、自放电率低、工作温度范围宽和安全可靠等优点。同等条件下，混合动力汽车采用锂离子蓄电池，比采用镍氢蓄电池或其他蓄电池，电池组整体质量将下降 40% ~ 50%，体积减小 20% ~ 30%，同时充放电效率也会有所提升。

1. 基本结构

单体锂离子蓄电池也有方形和圆柱形两种类型，其基本结构如图 2–2–4 所示。锂离子蓄电池的正极活性材料一般采用锂化过渡金属氧化物（$Li_{1-x}M_yO_z$），负极活性材料采用锂碳化合物（Li_xC），电解质使用有机溶液或固体聚合物。

由于正极活性材料是决定锂离子蓄电池性能和成本的关键，所以正极材料的研究和发展始终引领锂离子电池技术的整体进步。当前，市场上主流锂离子蓄电池的正极活性材料主要有钴酸锂、镍酸锂、锰酸锂以及磷酸铁锂等。然而，鉴于钴金属的储量稀缺、价格昂贵，以及其作为锂离子蓄电池正极活性材料使用所表现出的安全不稳定性问题，钴酸锂的应用正逐渐受到限制，而锰酸锂和磷酸铁锂则成为市场更为常见的选择。

2. 工作原理

锂离子蓄电池的充放电过程如图 2–2–5 所示，主要是锂离子在电池的正负极间往返流动。当电池充电时，锂离子由正极释放，并通过电解液流向负极，被负极吸收；当电池放电时，过程正好相反。其电化学反应方程式如下：

$$Li_{1-x}M_yO_z+Li_xC \longleftrightarrow C+LiM_yO_z$$

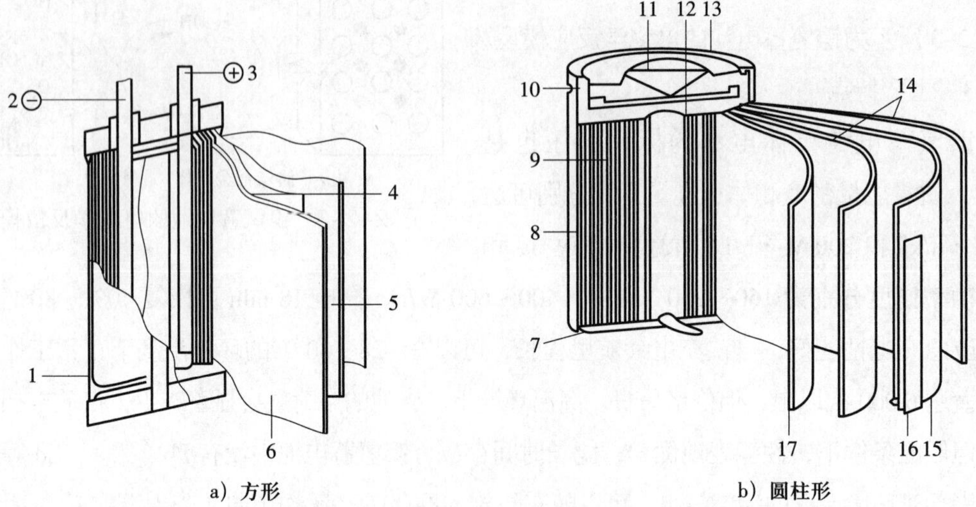

a）方形　　b）圆柱形

图 2-2-4　单体锂离子蓄电池的基本结构

1—外壳　2—负极端子　3—正极端子　4—隔膜　5、16—负极板　6—正极板　7、9—绝缘体　8—负极柱　10—密封圈　11—顶盖　12、17—正极　13—安全排气阀　14—隔膜　15—负极

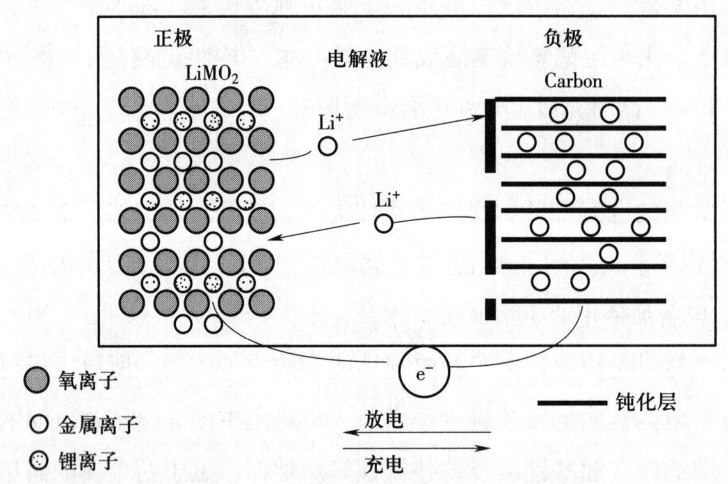

图 2-2-5　锂离子蓄电池的充放电过程

由于锂离子蓄电池在充放电过程中仅涉及锂离子的流动，而非金属锂的转化，所以从根本上消除了锂枝晶生成所引发的电池循环寿命缩减及安全隐患等问题。

3. 主要特点

（1）优点

1）工作电压高。锂离子蓄电池工作电压可达 3.6 V，是镍镉和镍氢蓄电池的 3 倍。

2）能量密度大。锂离子蓄电池的质量能量密度可达 190 W · h/kg，是镍镉蓄电池的约 3

倍，镍氢电池的约 2.5 倍。

3）循环寿命长。锂离子蓄电池的循环寿命可达千次以上，而在低放电深度条件下，其循环次数更可高达几万次。

4）自放电率低。锂离子蓄电池的自放电率为 6%～8%/ 月，远低于镍镉蓄电池的 25%～30%/ 月和镍氢电池的 15%～20%/ 月。

5）无记忆效应。可按需求随时充电，而不降低电池性能。

6）环境污染小。锂离子蓄电池中所含有害物质少，是名副其实的“绿色”电池。

（2）缺点

1）低温性能差。锂离子蓄电池在低温下的性能表现不佳。特别是在 0 ℃以下，其容量迅速下降，循环性能也显著降低。

2）过充能力差。锂离子蓄电池过度充电存在明显缺陷。首先，电解质会发生分解，产生大量热量，导致电池失效；其次，电池内部的电子结构会发生变化，从而大幅降低使用寿命；最后，过量嵌入的锂离子在过度充电时会永久固定于晶格中，无法再释放，进一步缩短电池寿命。

七、蓄电池管理系统

1. 系统简介

由于单体蓄电池能量和端电压的限制，混合动力汽车需采用多块蓄电池进行串、并联组合，但由于蓄电池特性的非线性和时变性，以及复杂的使用条件和苛刻的使用环境，在车辆使用过程中，要使蓄电池工作在合理的电压、电流以及温度范围内，蓄电池需进行有效管理，因此，蓄电池管理系统成为混合动力汽车的必备装置。

根据蓄电池的类型和组合方式，蓄电池管理系统设置有热（温度）管理子系统、电池组管理子系统和线路管理子系统等，如图 2-2-6 所示。

（1）热（温度）管理子系统

混合动力汽车搭载的动力蓄电池在工作过程中会产生发热现象，且不同类型的蓄电池发热程度也不相同。有的蓄电池仅靠自然通风即可满足散热需求，有的则必须采取强制冷却措施，才能保证正常工作和延长使用寿命。此外，由于蓄电池的分布位置和周围环境有所差异，这些因素对蓄电池的充 / 放电性能和使用寿命等也会造成影响。为了确保每个蓄电池都能在良好的散热条件和工作环境下运行，混合动力汽车的动力蓄电池组被安装在一个强制冷却系统内，热（温度）管理子系统将根据蓄电池的发热情况进行有效监控和管理，确保每个蓄电池均处于一致或相近的工作环境，并且针对蓄电池产生的热量，热（温度）管理子系统将进行有效分配和利用，如为车内供暖和给挡风玻璃除霜等。

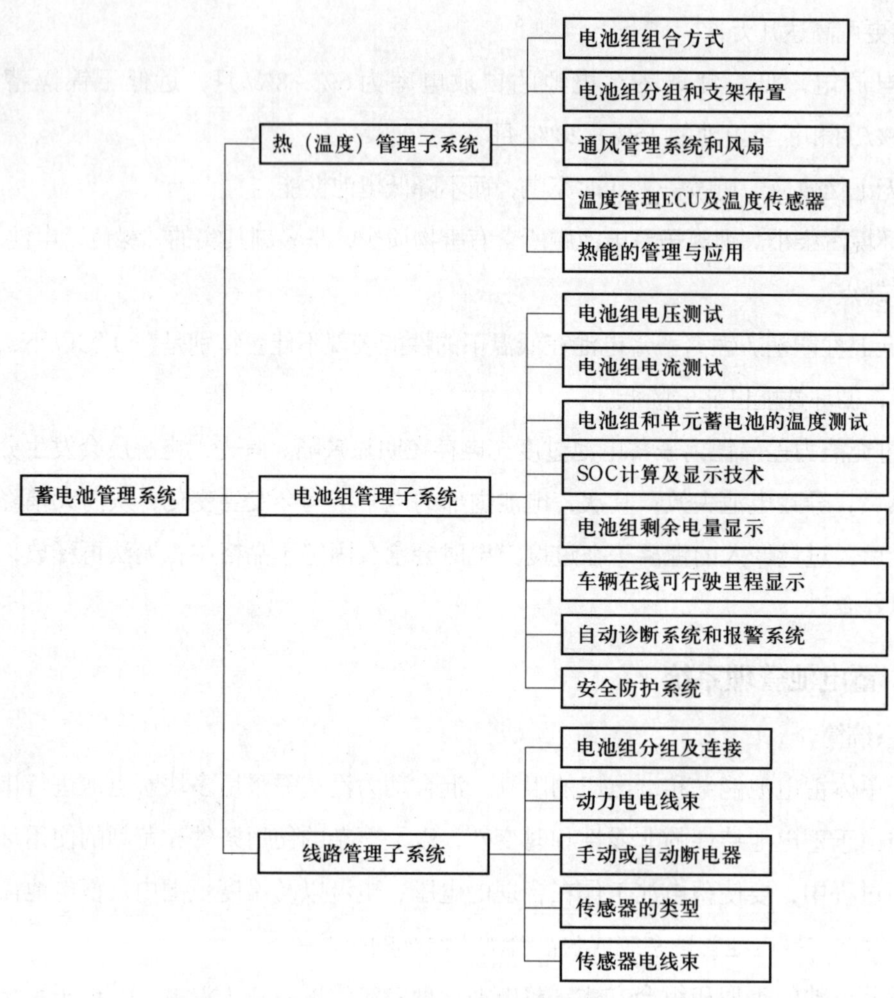

图 2-2-6　蓄电池管理系统

（2）电池组管理子系统

电池组管理子系统的主要作用是对动力蓄电池的组合、安装以及充 / 放电过程等进行全面监控与管理，同时针对动力蓄电池组中各个蓄电池单元之间的不均衡性进行调控，使电池组能够提高工作效率，保证正常运转，避免发生过充、过放，有效延长电池的使用寿命。此外，在动力蓄电池组的安全管理方面，电池组管理子系统也发挥了重要作用，其通过实时监测与预警机制，保证了动力蓄电池组的安全运行和干净整洁，为动力蓄电池组的长期稳定运行提供了有力保障。

（3）线路管理子系统

线路管理子系统的作用在于管理电池与电池、电池组与电池组之间的线路布局。当动力蓄电池组的总电压较高时，导线截面积相应减小，这对优化电线束的连接与固定有利，但高电压环境对安全防护措施亦提出了更严格的要求。相对地，若动力蓄电池组的总电压较低时，电流会相应增大，此时导线截面积也需相应增大，这在一定程度上增加了安装的复杂性和不便。

为确保各动力蓄电池组之间能够形成有效的串联结构，系统还需配备连接导线。在电池组与电池组之间，通常会配置手动或自动断电器，以便在安装、拆卸和检修过程中能迅速切断电流，确保操作安全。

此外，蓄电池管理系统中还涵盖了多种传感器线路，这些线路在混合动力汽车中形成了庞大而复杂的线束网络。为了确保线束的安全和稳定运行，系统对电线间的绝缘性能提出了严格要求，同时还要求确保线束能快速可靠地连接。

2. 功能与组成

蓄电池管理系统要承担动力蓄电池的全面管理，一方面保证动力蓄电池组正常运行，实时展示电池组的工作动态，在发现异常时及时报警；另一方面系统还要负责保障人员和车辆的安全，以防车辆因电池故障而引发事故。

（1）基本功能

蓄电池管理系统一般采用先进的微处理器，通过标准通信接口和控制模块对动力蓄电池组进行监控和管理。

1）电池组管理。实时监测并显示动力蓄电池组双向总电压、总电流以及温度的变化情况，避免动力蓄电池组过充、过放，防止人为造成损坏。

2）单电池管理。对动力蓄电池组中的单节蓄电池实施监控，实时检测并显示蓄电池的电压和温度变化情况，及早发现存在的问题，以便采取有效预防措施。

3）荷电状态判断和故障诊断。蓄电池管理系统需具备精确判断电池荷电状态以及诊断故障问题的能力，确保能够准确反映并显示荷电状态信息。在荷电状态计算过程中，误差范围应严格控制在10%以内。此外，系统还应配备故障诊断专家系统，以便及时发现并预报动力蓄电池组可能存在的故障与隐患，确保系统运行的稳定性和安全性。

（2）工作原理

带有温度测量装置的蓄电池管理系统的基本组成如图2–2–7所示。其工作原理是通过监测损坏蓄电池在充电过程中的温度变化，利用温度传感器精准捕捉其与正常蓄电池在温度上的差异，一旦监测结果显示某个蓄电池的温度以及荷电状态（SOC）出现异常，动力蓄电池管理系统即刻便会触发提示信号，并经由故障诊断系统显示相应故障信息，以确保及时发现和处理蓄电池的故障问题。

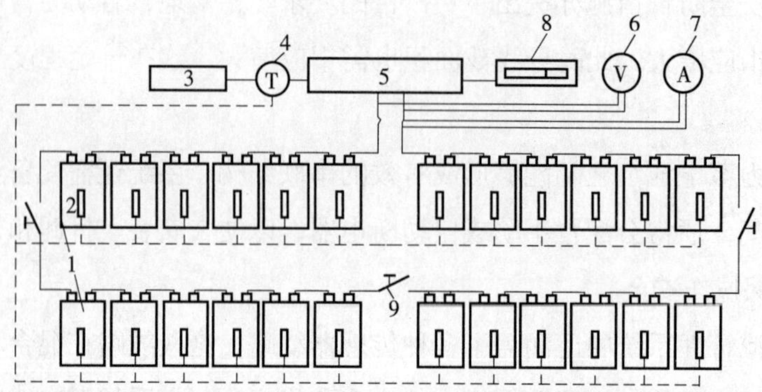

图 2-2-7　带有温度测量装置的蓄电池管理系统的基本组成

1—动力蓄电池组　2—温度传感器　3—故障诊断器　4—温度表　5—蓄电池管理控制器
6—电压表　7—电流表　8—荷电状态（SOC）显示器　9—断路线

八、充电系统

充电系统是纯电动汽车和插电式混合动力电动汽车不可或缺的子系统之一，它的功能是将电网的电能转化为车载动力蓄电池的电能，并在动力蓄电池电能充满后自动停止充电。

1. 充电装置

（1）根据安装位置不同分类

根据安装位置不同，电动汽车充电装置可分为车载充电装置和非车载充电装置，如图 2-2-8 所示。

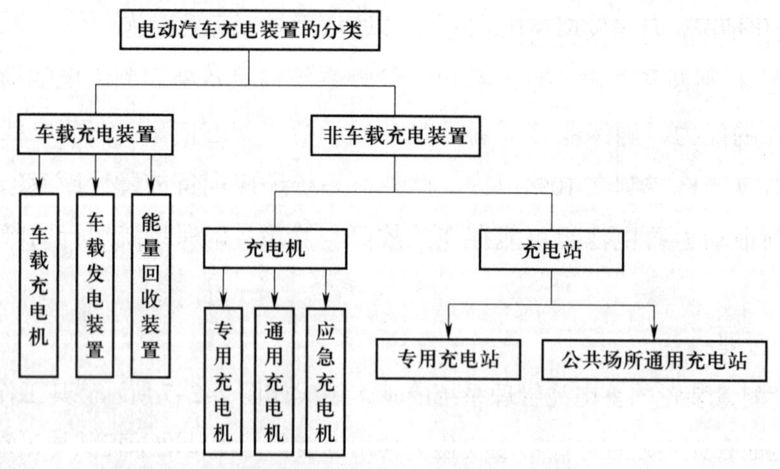

图 2-2-8　电动汽车充电装置根据安装位置不同分类

车载充电装置是指安装在电动汽车上的采用地面交流电网或车载电源对电池组进行充电的装置，包括车载充电机、车载发电装置和能量回收装置。车载充电装置将带插头的交流动力电缆直接插到电动汽车的插座中给电动汽车充电，通常使用结构简单、控制方便的接触式充电器，也可以使用感应式充电器。车载充电装置完全按照车载动力蓄电池的种类进行设计，针对性较强。

非车载充电装置（即地面充电装置）主要包括专用充电机、通用充电机、应急充电机、专用充电站、公共场所通用充电站等。通常非车载充电装置的功率、体积和质量均较大，以便能够适应各种充电方式。

（2）根据充电时的能量转换方式分类

电动汽车充电装置根据电动汽车充电时的能量转换方式不同，可分为传导式和感应式两种。通常所说的交流充电和直流充电，或者便携式充电和充电桩充电，都称为传导式充电，如图 2–2–9 所示。

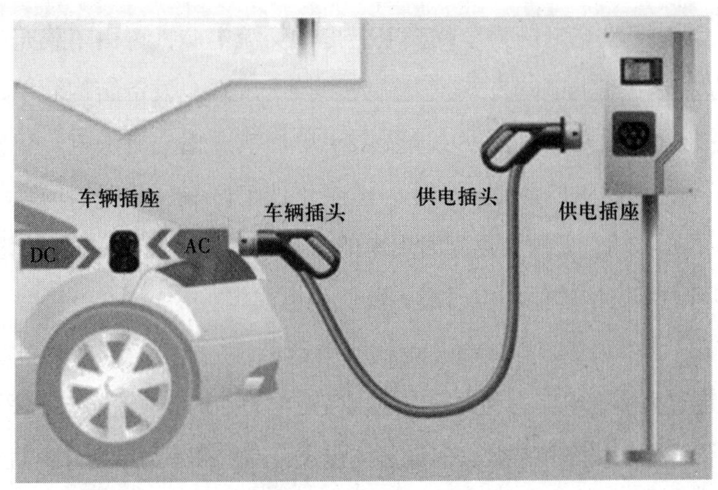

图 2–2–9　传导式充电

传导式充电是通过带有车辆插头和供电插头的活动电缆传导，将电动汽车与交流电网相连接。目前，常见的充电方式基本上都是传导式充电。其中，交流充电装置主要包括三种，即便携式充电器、壁挂式充电盒和立柱式充电桩；直流充电装置主要为直流充电桩。

感应式充电是非接触式充电，即利用近场感应（又称电感耦合）由供电设备（充电器）将能量传送至用电装置，该装置利用接收到的能量对电池充电，同时供其本身运作，如图 2–2–10 所示。目前，感应式充电在电动汽车领域还处于试验阶段，但在手机充电市场已经得到了一定应用。

2. 充电技术

众所周知，电网中的电是交流电，而动力蓄电池中的电是直流电，充电就是将电网中的交流电转化为直流电充入动力蓄电池的过程。根据电动汽车动力蓄电池的技术特性和使用性质，其充电模式有交流充电（慢充）、直流充电（快充）和快速换电三种类型。

图 2–2–10　感应式充电

（1）交流充电

交流充电是通过交流充电桩为车载充电机提供交流电源，再由车载充电机将交流电转换为直流电给动力蓄电池供电的方式。交流充电技术成熟，设备结构简单、体积小、安装成本低，但需要配置车载充电机，且功率受限于单相或三相交流供电。交流充电一般为小功率或中功率充电，因此对电池损耗较小，适合于住宅区、公共停车场等场景。但其充电时间长，一般需要 6 ~ 8 h，无法满足随时用车的需求，适合于长时间停驶时充电，通常选择夜间进行，这样可利用电网的低谷电时段，降低用电成本。

（2）直流充电

直流充电是通过直流充电桩为动力蓄电池直接充电的方式。直流充电不需要配置车载充电机，可根据需要调节输出功率和参数，但设备体积大、造价高、运维复杂。直流充电一般为大功率或超大功率充电，所以充电时间短，一般 1 h 甚至更短时间便可将电池充电至 80%，但容易对电池造成损耗，所以适合于高速公路服务区、城市快速补能站等需要应急充电的场景。

（3）快速换电

快速换电是指通过专用设备将车辆用完的电池组快速更换为充满电的电池组的方式。快速换电方式可减少用户等待的时间，同时还可解决电池老化、回收、再利用等问题，但需要建立统一的电池标准、接口协议、管理系统等，且设备投资大、运营成本高。快速换电方式一般适合于出租车、公交车等高频次使用的车辆。

知识拓展

“快充”对电池的伤害程度还要看使用的频率，单是所谓的“快充会伤电池”这一说法并不准确，准确来说应该是频繁的快充相对于慢充来说，会对电池造成伤害。

因此，在充电条件便利的情况下，建议尽量采用以交流慢充为主，直流快充为辅的充电方式。如果偶尔需要使用快充，也不必过于纠结。

第三节 驱动电机

学习目标

1. 了解混合动力汽车对驱动电机的基本要求。

2. 熟悉混合动力汽车驱动电机的主要类型。

3. 掌握直流电机、交流异步电机、永磁同步电机和开关磁阻电机的工作原理和主要优缺点，并能作简单对比。

一、混合动力汽车对驱动电机的基本要求

混合动力汽车在行驶过程中会频繁起动、加速、减速和停车，低速行驶和爬坡时需要大转矩，高速行驶时需要降低转矩和功率。为满足不同行驶状态下的动力需求，同时确保实现良好的经济性和环境指标，混合动力汽车对驱动电机的性能提出了极为严格的要求。

1. 高电压

采用高电压可以减少电机和导线等装备的尺寸，降低逆变器的成本和提高能量转换效率。

2. 高转速

电机的功率 P 与其转矩 M 和转速 n 成正比，即 $P \propto M \cdot n$。在相同功率条件下，高转速电机能够实现更小的扭矩需求，进而使电机整体结构更为紧凑，体积更小、质量更轻，有助于降低整车装备质量。

3. 轻量化设计

电机外壳采用铝合金材质，同时控制器和冷却系统也采用轻质材料设计，进一步减轻电机质量。

4. 低转速大转矩特性和宽范围内的恒功率特性

在不需要变速器的情况下，驱动电机应能满足各种运行工况下的功率和转矩需求。此外，电机还应具备自动调速功能，以减轻驾驶员操作强度，提高驾驶舒适性，并实现与内燃机汽车相似的控制响应。

5. 高过载能力

高过载能力是为了确保车辆在加速或爬坡时，电机能够提供足够的动力，一般需要达到 4 ~ 5 倍的过载能力。

6. 高可靠性

高可靠性是对电机的基本要求，即电机在各种运行工况下都能保持稳定和高效的性能。

如电机需要具备出色的耐高温和耐潮性能，且运行噪声小，能够在各种恶劣的环境下长时间工作等。

7. 高效率、低损耗

高效率可使电机能够更有效地将电能转化为机械能，从而提高续航里程；低损耗可使电机在运行过程中浪费的能量更少，这不仅有助于提高电池寿命，还能减少对电网的压力。

8. 高制动再生效率

高效的电机能够实现反馈制动，将制动过程中产生的能量回收并反馈回电池。这样不仅延长了电池的使用寿命，还能提高电动汽车的能量利用率。

9. 价格低廉

电机作为混合动力汽车的核心部件，其成本直接影响整车价格。为使混合动力汽车更具市场竞争力，电机的成本需要得到有效控制。

二、混合动力汽车驱动电机的类型

混合动力汽车采用的驱动电机主要有直流电机、交流异步电机、永磁同步电机和开关磁阻电机四种类型。

1. 直流电机

直流电机主要由电枢、电枢铁芯、换向器等装置组成，是最早应用于混合动力汽车的驱动电机类型。其优点是电磁转矩控制特性好，调速方便，控制装置设计简单，成本低廉，技术经长期验证，成熟可靠。缺点是需要依靠电刷和换向器进行换向，因而电效率低，转速范围小；此外，电刷作为易损件，需定期维护和更换，增加了电机的养护成本，一定程度上影响了电机使用的便捷性。随着电子技术、机械制造技术和自动控制技术的不断进步，交流电机表现出了比直流电机更加优越的性能，所以逐步取代了直流电机。

2. 交流异步电机

交流异步电机又称感应电机，是由气隙旋转磁场与转子绕组感应电流相互作用产生电磁转矩，从而实现机电能量转换为机械能量的一种交流电机。图 2–3–1 所示为单向异步电机的结构示意图，其主要是两大部件：定子和转子。定子是最外面的圆筒，圆筒内侧缠绕有很多绕组，这些绕组与外部交流电源接通，整个圆筒则与机座连接在一起，固定不动，因此称为“定子”。交流异步电机的优点是输出扭矩可以在大范围内调整，能在驱动车辆加速或爬坡时，短时间内强制提升输出扭矩。缺点是启动电流大，且定子中存在无功励磁电流，从而导致电机能耗较大、功率因数滞后，重载驱动时会出现过负荷现象。此外，异步电机结构相对复杂，控制技术要求和制造成本高，功率密度相对较低。

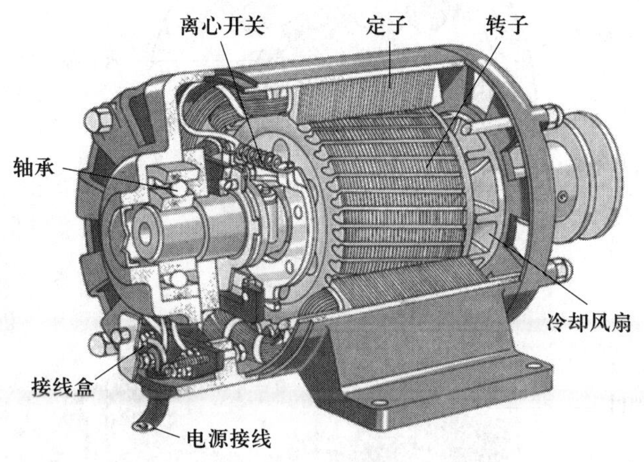

图 2-3-1 单向异步电机的结构示意图

3. 永磁同步电机

在异步电机中，转子磁场的形成要分两步走：第一步是定子旋转磁场先使转子绕组产生感应电流；第二步是感应电流产生转子磁场。在楞次定律的作用下，转子跟随定子旋转磁场转动，但又“永远追不上”，因此才称其为异步电机。如果转子绕组中的电流不是由定子旋转磁场感应产生的，而是自己产生的，则转子磁场与定子旋转磁场无关，而且其磁极方向是固定的，那么根据同性相斥、异性相吸的原理，定子的旋转磁场就会推拉转子旋转，使转子磁场和转子本身一起与定子旋转磁场“同步”旋转。这就是同步电机的工作原理。

永磁同步电机和普通同步电机都属于交流电机。但是，它们的原理却有所不同。普通同步电机通过电磁感应原理来工作，而永磁同步电机则通过永磁磁场和电磁场相互作用而工作。

图 2-3-2 所示为永磁同步电机的结构示意图。从结构上看，永磁同步电机因为采用永磁体建立励磁磁场，所以与普通同步电机相比，它不需要直流励磁装置，结构更加简单。

永磁同步电机优点是体积小、质量轻、功率密度高，相比异步电机能耗小、温升低、效率高，可以根据需求，设计成高启动转矩、高过载能力的结构电机。永磁同步电机能够始终保持严格的同步状态，动态响应性能好，调整电流与频率即可大范围调整电机的转矩和转速，适合变频控制。缺点是电机中的永磁材料选用钕铁硼强磁材料，该材料质地较为脆硬，一旦遭受强烈震动极易碎裂；此外，转子采用永磁材料，电机在使用过程中或遭遇过温情况时，可能引发磁衰退，从而导致动力性能下降。

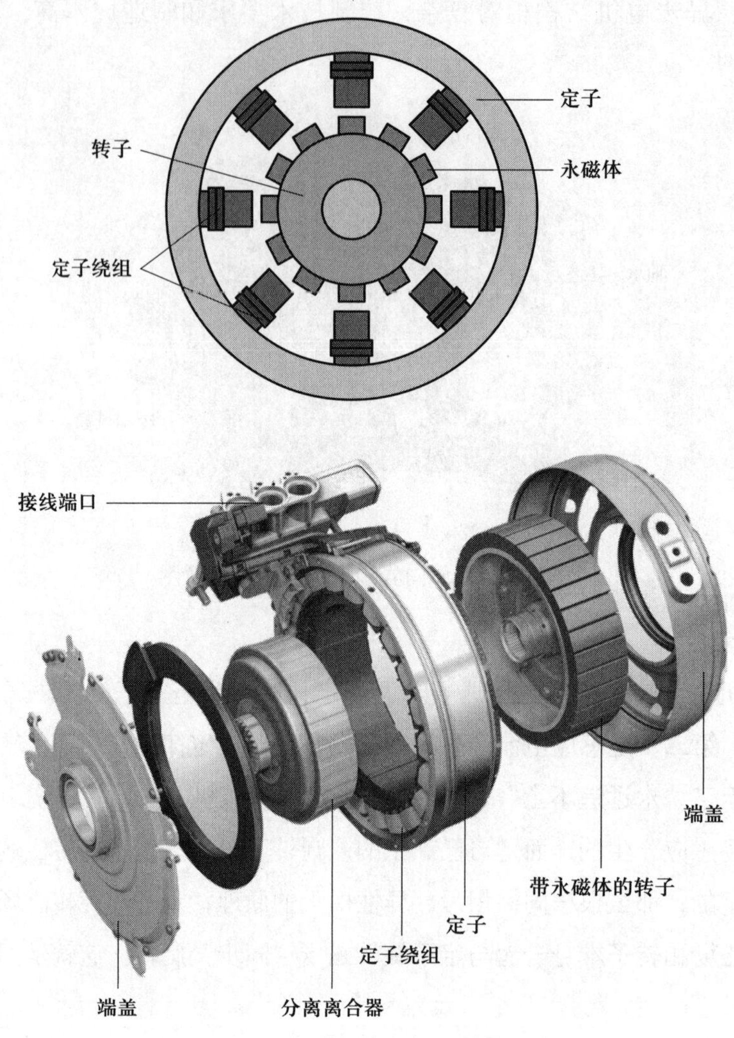

图 2–3–2 永磁同步电机的结构示意图

4. 开关磁阻电机

开关磁阻电机是一种典型的机电一体化电机，其基本结构包括定子、转子、位置传感器、前后轴承、前后端盖和电机壳体等。开关磁阻电机的定子和转子都是凸极结构，转子上既没有绕组也没有永磁体，更没有换向器、滑环等，只在定子上安装有简单的集中励磁绕组，径向相对的两个绕组串联构成一相，励磁绕组的端部较短，没有相间跨接线，磁通量集中于磁极区，通过定子电流来励磁。各组磁路的磁阻随转子位置不同而变化，转子的运转是依靠磁引力来运行，转速可以达到 15 000 r/min。开关磁阻电机主要在近二十年获得关注，原因是其优点和缺点同样显著。

（1）优点

1）系统效率高、节能效果好。在低速或轻载工作状态下，比异步电动机效率高 10% 以上。

2）启动转矩大、启动电流小。启动转矩达额定转矩的 200% 时，启动电流仅为额定电流的 30%。

3）调速范围广，低速下可长期运行。

4）可频繁起停和正、反转。在四象限运行控制灵活，在有制动单元及制动功率满足要求的情况下，起停和正、反转切换可达每小时数百次以上。

5）缺相与过负载时仍可工作。系统超过额定负载 120% 以上时，只会出现转速下降，不会烧毁电机和控制器。

6）功率器件控制错误时不会引发短路。

（2）缺点

1）转矩脉动。转矩脉动简单说就是磁阻电机的输出功率出现波动，其结果是电动汽车的动力输出时而充沛，时而匮乏，难以掌控。

2）噪声大。电机运行过程中，由于相绕组轮流导通，径向力使定子变形，因而造成电机噪声较大。

3）位置检测器使电机结构变得复杂，降低了系统可靠性。

表 2-3-1 所示为直流电机、交流异步电机、永磁同步电机和开关磁阻电机等四类常用驱动电机的性能对比。

表 2-3-1 四类常用驱动电机的性能对比

项目	直流电机	交流异步电机	永磁同步电机	开关磁阻电机
比功率	低	中	高	较高
过载能力 /%	200	300 ~ 500	300	300 ~ 500
峰值效率 /%	85 ~ 89	94 ~ 95	95 ~ 97	90
负荷效率 /%	80 ~ 87	90 ~ 92	85 ~ 97	78 ~ 86
功率因数 /%	—	82 ~ 85	90 ~ 93	60 ~ 65
恒功率区	—	1 : 5	1 : 2.25	1 : 3
转速范围 /（r/min）	4 000 ~ 6 000	12 000 ~ 20 000	4 000 ~ 10 000	可以 >15 000
可靠性	一般	好	优	良好
结构坚固性	差	好	一般	优良
电动机外廓	大	中	小	小
电动机质量	大	中	小	小
控制操作性能	最好	好	好	好
控制器成本	低	高	高	一般

现阶段混合动力汽车采用的驱动电机主要是交流异步电机和永磁同步电机，其中，永磁同步电机占据主流，交流异步电机主要用于高性能车型，开关磁阻电机则是一些厂家的研发方向。直流电机虽已不再采用，但对于一些低速、简单应用场景下的中小电动汽车而言，直流电机仍不失为一种较好的选择。

第三章 丰田普锐斯混合动力系统构造与维修

第一节 丰田普锐斯混合动力系统

学习目标

1. 了解丰田普锐斯混合动力系统的技术特点。
2. 掌握丰田普锐斯混合动力系统的组成。
3. 掌握丰田普锐斯混合动力系统的工作状态与原理。
4. 熟悉丰田普锐斯混合动力控制系统的组成和主要功能。

一、丰田普锐斯混合动力系统的技术特点

丰田普锐斯采用丰田汽车公司自行开发的 THS（toyota hybrid system）混合动力系统，其主要由汽油发动机和电动机等组成。THS 的核心是由行星齿轮组组成的动力组合器（或称为动力分配器），作用是协调发动机和电动机的运行和动力传递。THS 有多种变型产品，如改进型的 THS-Ⅱ（图 3-1-1）、在 THS 基础上增加无级变速器得到的 THS-C（C 代表无级变速器）以及在 THS-Ⅱ基础上增加电气式四轮驱动系统（E-Four）得到的 THS-Ⅱ + E-Four 等，其基本原理都非常相似。

1. 阿特金森（Atkinson）循环发动机

丰田普锐斯汽油发动机采用的是阿特金森循环工作原理，热效率高，膨胀比大。阿特金森循环是利用延迟进气门关闭时刻的方法，在压缩冲程的起始阶段（活塞开始上行时），允许部分进入气缸的空气回流到进气歧管，有效延迟了压缩起始点，故膨胀比增大，但实际压缩比并没有增大。这种方法能增大节气门的开度，在部分负荷时减小进气管负压，从而减小进气损失。

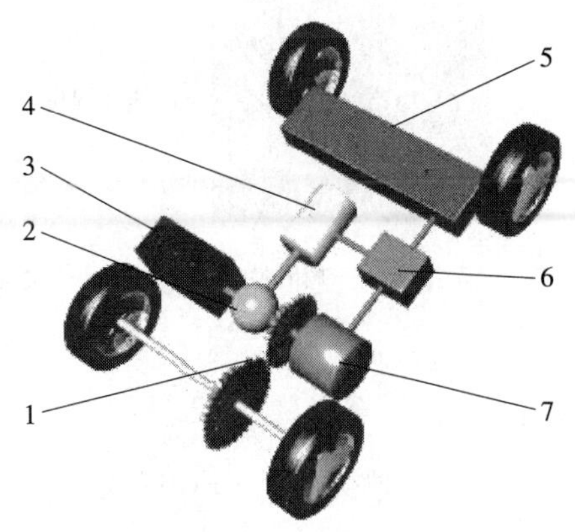

图 3-1-1 THS-Ⅱ

1—减速器 2—行星齿轮机构 3—发动机 4—MG1（发电机） 5—动力蓄电池 6—变换器总成 7—MG2（电动机）

2. 线控（by-wire）技术

线控技术源自航空工业，即由“电线”或者

电信号取代机械连接装置来实现控制传递，具有响应快、质量轻、占地小的特点。在丰田普锐斯混合动力汽车上，节气门、制动、换挡、牵引力控制和车辆稳定性控制（VSC+）等都采用了线控技术，极大提高了整车操控性。

3. 电控无级变速器

丰田普锐斯没有真正意义的无级变速器（CVT），但其变速理论与无级变速器的变速理论相同。丰田普锐斯的动力分配装置将发动机和电动机的动力分配给驱动轮或发电机，通过选择性控制驱动电机、发动机和发电机的转速，模拟变速器传动比的连续变化，控制效果与普通无级变速器（CVT）一样。

4. 电动牵引力控制系统

丰田普锐斯是世界首款采用电动牵引力控制系统的车型。当汽车防滑控制单元（ECU）检测到车轮打滑时，电动牵引力控制系统立即切断电动机传递给车轮的驱动力，同时采取制动控制，而传统牵引力控制系统则是切断来自发动机的动力，由于电控系统传递控制信号更加快速，所以提高了整车的主动安全性。

5. 电子换挡杆

丰田普锐斯采用电子换挡杆，换挡杆安装在仪表盘上，操作更加灵活、方便。换挡杆每次运作完后，会自动回到原位；驻车开关采用按键控制，独立设置于换挡杆上方，按下驻车开关的控制按键与将传统自动变速器手柄置于“P”挡是一样的效果。图 3–1–2 所示为丰田普锐斯电子换挡杆示意图。

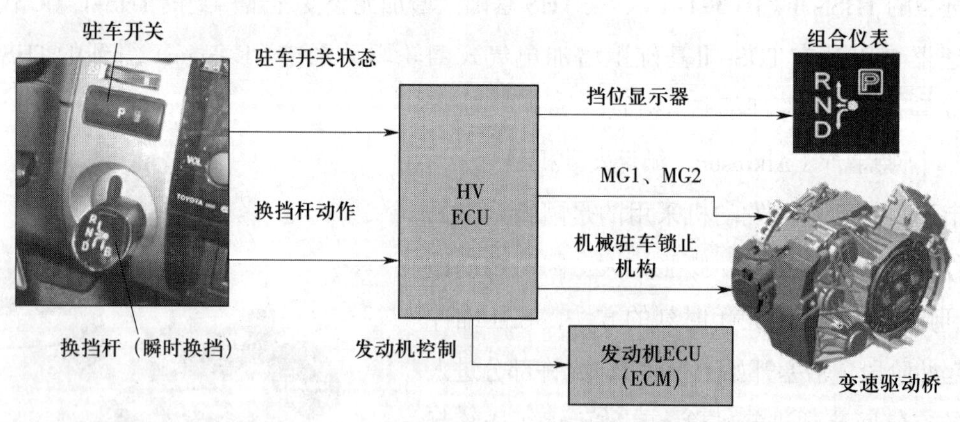

图 3–1–2　丰田普锐斯电子换挡杆示意图

6. 电控制动系统（ECB）

丰田普锐斯采用的是独特的电控制动系统（ECB）。当踩下制动踏板时，电控制动系统（ECB）会迅速做出响应，与其他主动安全系统（如 VSC+）相互配合。除了制动，ECB 还能提升再生制动系统的效率，回收车辆制动时的动能。为防止在电源系统发生故障时，车辆无法制动，ECB 还设置了独立的备用电源。

7. 全电动空调系统

传统汽车的空调压缩机由曲轴通过传动带进行驱动，而丰田普锐斯的空调压缩机由空调变频器进行驱动，由于不依靠发动机驱动，所以其具有以下优点：

（1）发动机熄火状态下，空调系统依然能够发挥最大效率。

（2）空调系统独立于发动机运行，不会降低汽车的动力性能。

（3）电动水泵能够在发动机熄火的状态下向加热器供热。

丰田普锐斯电动空调系统如图 3–1–3 所示，其压缩机比传统压缩机体积小 40%、质量轻 50%，可直接安装到发动机上。

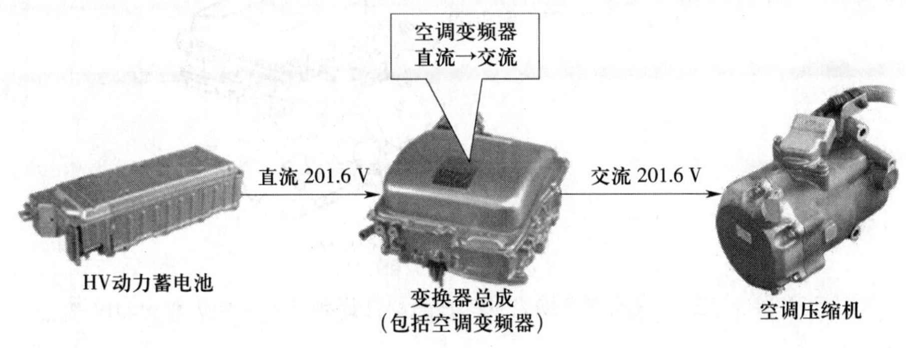

图 3–1–3 丰田普锐斯电动空调系统

8. 智能驾驶辅助系统

丰田普锐斯携带智能驾驶辅助系统，包括车道保持系统、车道偏离预警系统、自适应巡航系统和主动安全系统等。当汽车开启全速自适应巡航后，车辆能够自动保持与前车的安全距离，始终在车道中央行驶；若遇紧急情况，车辆传感器将自动识别驾驶员驾控状况，主动协助驾驶员刹车。

二、丰田普锐斯混合动力系统的组成

丰田普锐斯混合动力系统采用串联与并联相结合（混联）的方式工作，使车辆达到节能减排的效果，其主要部件在车身和发动机舱中的位置如图 3–1–4 所示，在驾驶室内的位置如图 3–1–5 所示。

1. HV 变速驱动桥

丰田普锐斯混合动力系统的 HV 变速驱动桥由 MG1（1 号电动机 / 发电机）、MG2（2 号电动机 / 发电机）和行星齿轮组组成。

（1）MG1

由发动机带动旋转产生高压电，以驱动 MG2 或为 HV 动力蓄电池充电。同时，也可作为发动机的起动机，其技术参数见表 3–1–1。

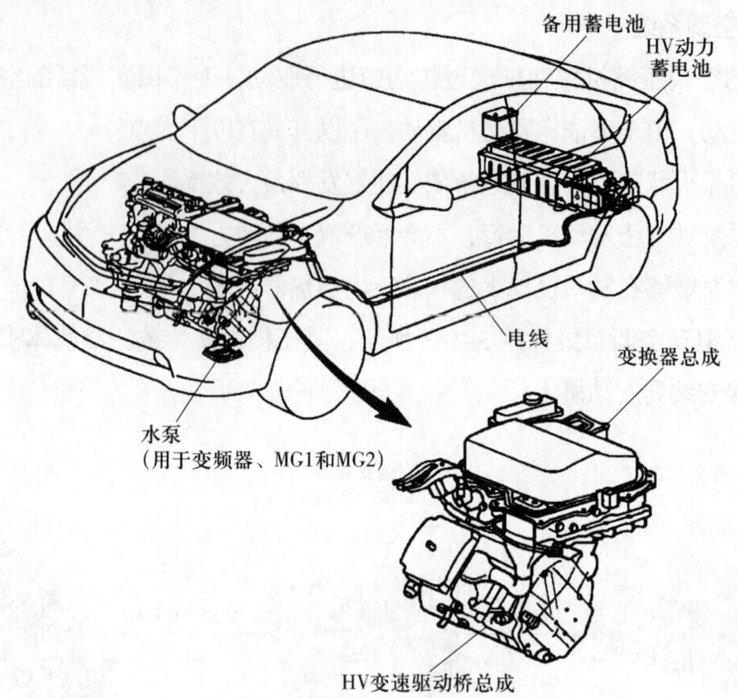

图 3-1-4　丰田普锐斯混合动力系统主要部件在车身和发动机舱中的位置

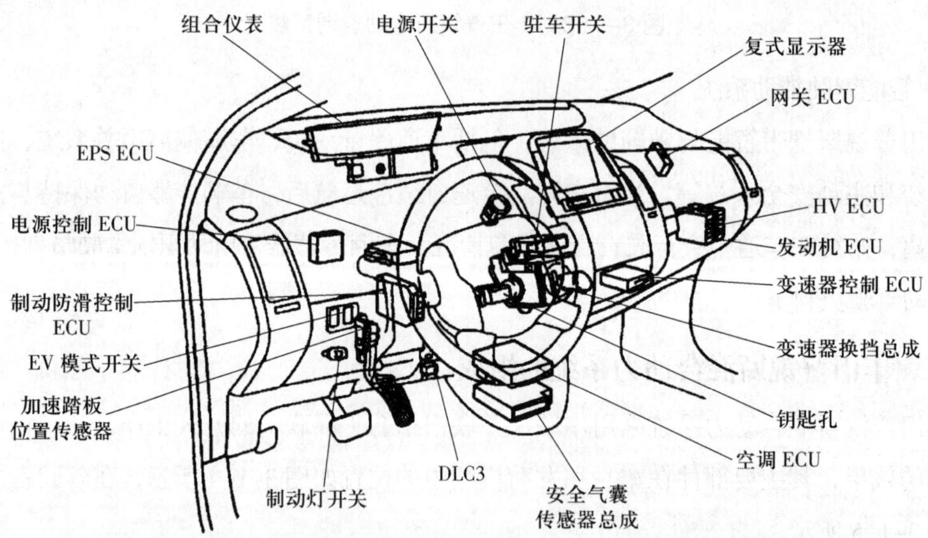

图 3-1-5　丰田普锐斯混合动力系统主要部件在驾驶室内的位置

表 3-1-1　MG1 的技术参数

项目	新车型	旧车型
类型	永磁同步电机	永磁同步电机
功能	发电机、发动机的起动机	发电机、发动机的起动机
最高电压 /V	AC 500	AC 273.6
冷却系统	水冷	水冷

（2）MG2

由 MG1 或 HV 动力蓄电池的电力驱动，使车辆行驶。车辆制动时，回收制动能量转换为电能为 HV 动力蓄电池充电（再生制动控制），其技术参数见表 3–1–2。

表 3–1–2　MG2 的技术参数

项目	新车型	旧车型
类型	永磁同步电机	永磁同步电机
功能	发电机、驱动车轮	发电机、驱动车轮
最高电压 /V	AC 500	AC 273.6
最大输出功率 /［kW/（r/min）］	50（1 200 ~ 1 540）	33（1 040 ~ 5 600）
最大转矩 /［N · m/（r/min）］	400（0 ~ 1 200）	350（0 ~ 1 200）
冷却系统	水冷	水冷

MG1 和 MG2 结构紧凑、质量轻，均属高效的永磁同步电机，如图 3–1–6 所示。

图 3–1–6　MG1 和 MG2
1—MG1　2—MG2

必要时，MG1 可作为辅助动力源为发动机提供辅助动力，使车辆达到优良的动态性能，包括平稳起步和加速。启动再生制动后，MG2 将车辆动力转换为电能并储存在 HV 动力蓄电池中，MG1 为 HV 动力蓄电池重新充电并为 MG2 供电。此外，通过调节发电量（改变发电机的转速），MG1 有效地控制变速驱动桥实现连续可变变速器的功能。

图 3–1–7 所示为 MG1 和 MG2 的连接电路及工作原理。三相交流电经过定子线圈的三相绕组时，电动机内产生旋转磁场。通过以转子的旋转位置和转速控制旋转磁场，从而使

转子的永磁铁受到旋转磁场的吸引产生转矩，产生的转矩可用于与电流相匹配的所有用途，而转速由交流电的频率控制。此外，通过对旋转磁场和转子磁铁的角度作适当调整，可以产生较大的转矩和较高的转速。

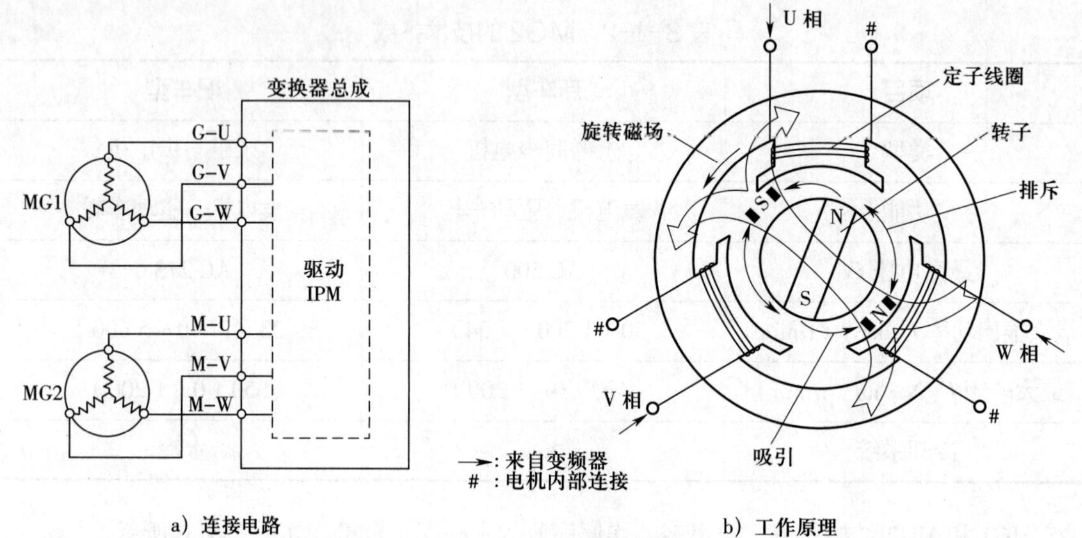

图 3–1–7　MG1 和 MG2 的连接电路及工作原理

（3）行星齿轮组

以最佳比例分配发动机动力，一部分用于直接驱动车辆，另一部分用来带动发电机发电。

2. HV 动力蓄电池

丰田普锐斯 HV 动力蓄电池如图 3–1–8 所示，主要在车辆起步、加速和爬坡时，为电动机 / 发电机提供电能。

一至三代的丰田普锐斯 HV 动力蓄电池均采用的是镍氢（Ni–MH）蓄电池，其安装于车辆行李舱靠近后排座椅下方。该动力蓄电池具有质量轻、容量高，配合 THS–Ⅱ系统特性使用时间长等特点。车辆正常工作时，THS–Ⅱ系统可通过充 / 放电来保持 HV 动力蓄电池 SOC（荷电状态）的恒定，因此车辆可以不依靠外部设备充电。

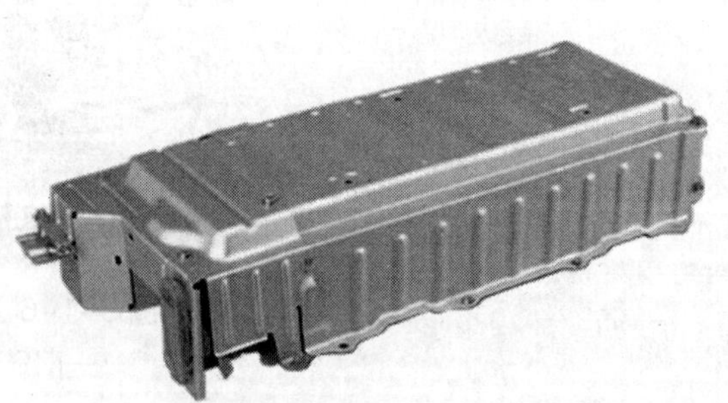

图 3–1–8　丰田普锐斯 HV 动力蓄电池

3. 变换器总成

（1）主要功用及组成

丰田普锐斯混合动力系统变换器总成如图 3–1–9 所示，其作用是将 HV 动力蓄电池的高压直流电（DC）转换为驱动 MG1 和 MG2 所需的交流电（AC）；同时，将 MG1 和 MG2

产生的交流电（AC）转换为可供车辆电气组件使用以及为 HV 动力蓄电池充电的直流电（DC）。其组成部件包括变频器、增压转换器、DC/DC 变换器、空调变频器和冷却系统。

（2）工作原理

图 3-1-10 所示为丰田普锐斯混合动力系统变换器总成的工作电路。变频器功率晶体管的启动由 HV ECU 控制，此外，变频器还将电流控制（如输出电流或电压）信息传输到 HV ECU。变频器和 MG1、MG2 一起，由发动机冷却系统分离的专用散

图 3-1-9 丰田普锐斯混合动力系统变换器总成

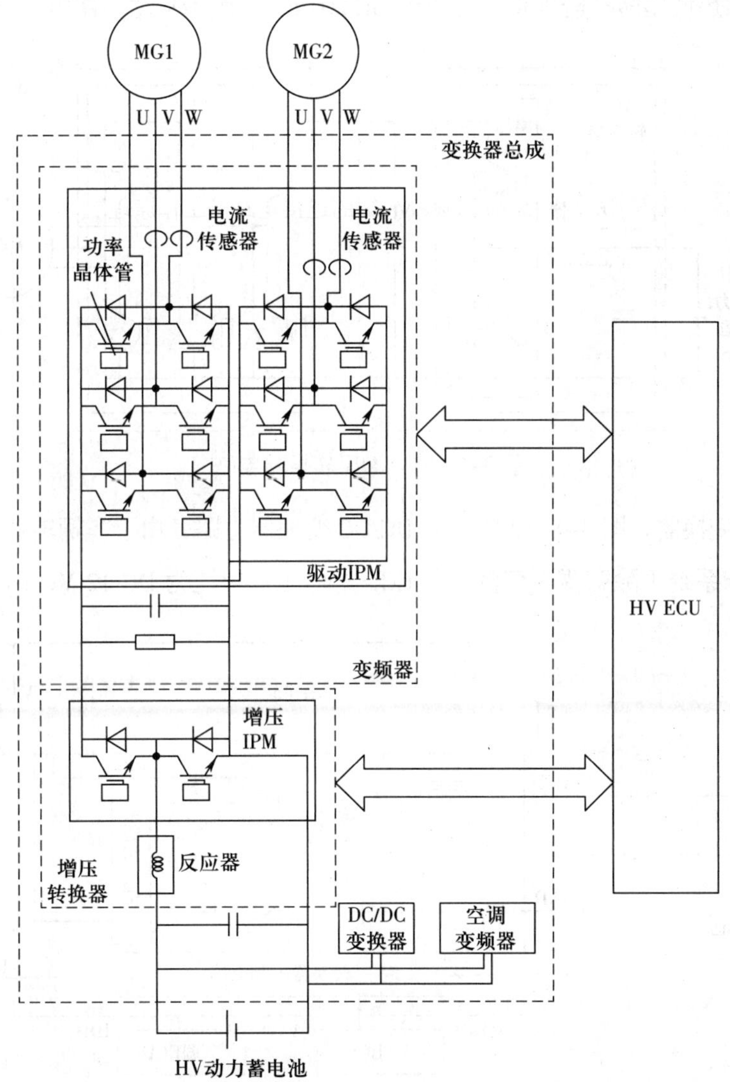

图 3-1-10 丰田普锐斯混合动力系统变换器总成的工作电路

热器冷却。如果车辆发生碰撞，安装在变速器内部的断路器传感器会检测到碰撞信号从而关停系统。变换器总成中采用增压转换器，可将 HV 动力蓄电池 DC 201.6 V 的输出电压升压到 DC 500 V，电压提升后，变频器再将直流电转换为交流电。

MG1、MG2 桥电路和信号处理 / 保护功能处理器集成在 IPM（智能功率模块）中，以提高车辆性能。变换器总成中的空调变频器为空调系统中的电动变频压缩机供电，变换器总成散热器和发动机散热器集成为一体，更加合理地利用了发动机舱内空间。

1）增压转换器。图 3–1–11 所示为增压转换器电路，其主要包括增压 IPM（智能功率模块）和 IGBT（绝缘栅双极晶体管）等。增压转换器通过这些组件，将 HV 动力蓄电池的输出电压由 DC 201.6 V 增大到 DC 500 V。

当 MG1 或 MG2 作为发电机工作时，变频器将其生成的高压交流电（201.6 ~ 500 V）转换为直流电，然后增压转换器再将其降压到 DC 201.6 V，为 HV 动力蓄电池充电。

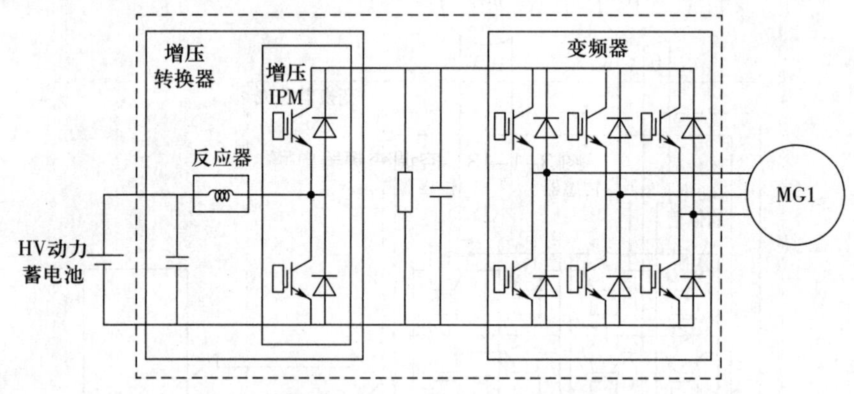

图 3–1–11　增压转换器电路

2）DC/DC 变换器。图 3–1–12 所示为 DC/DC 变换器电路，由于车辆辅助设备，如车灯、音响系统、空调系统（除空调压缩机）和 ECU 等的工作电压为 DC 12 V，而 THS– Ⅱ发电机

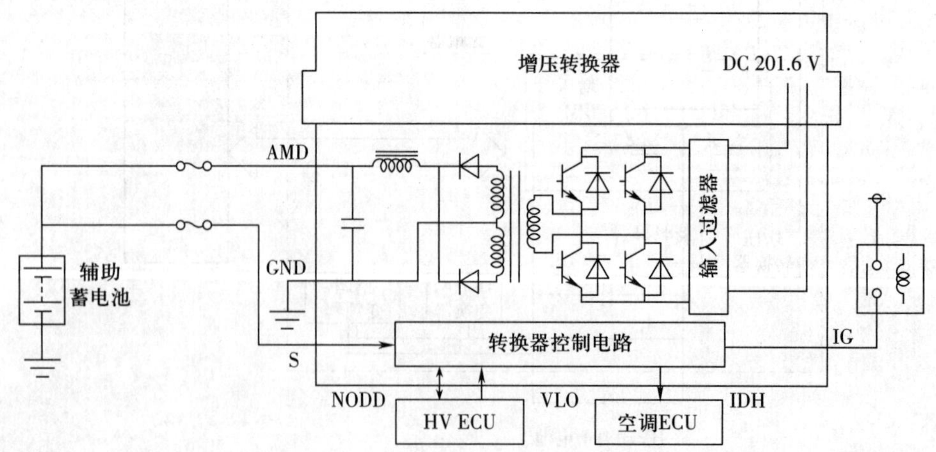

图 3–1–12　DC/DC 变换器电路

的输出电压为 DC 201.6 V，所以需要通过 DC/DC 变换器将电压降低到 DC 12 V 为辅助蓄电池充电。DC/DC 变换器位于变换器总成的下部。

3）空调变频器。图 3-1-13 所示为空调变频器电路，其主要是为空调系统中的电动变频压缩机供电，将 HV 动力蓄电池的输出电压由 DC 201.6 V 转换为 AC 201.6 V。

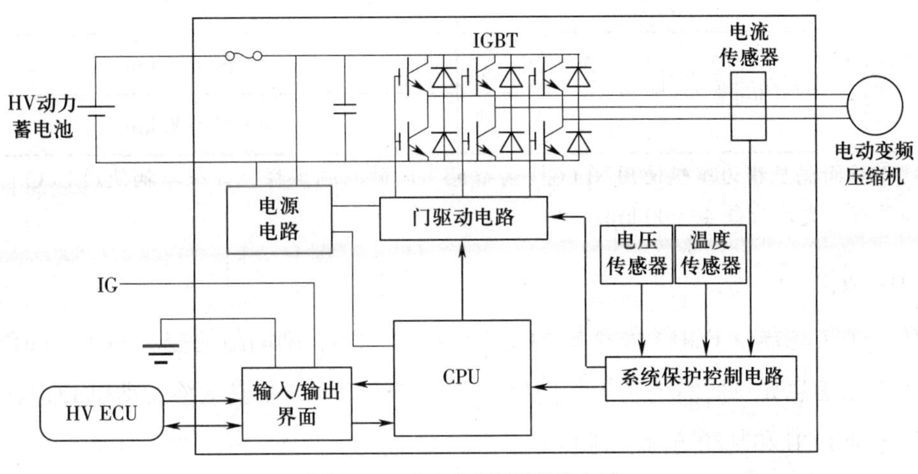

图 3-1-13 空调变频器电路

4）冷却系统。变换器总成、MG1 和 MG2 采用配备水泵的冷却系统，如图 3-1-14 所示，该冷却系统与发动机冷却系统分开，但散热器与发动机散热器集成一起，这样，散热器的结构得到简化，空间也得到有效利用。冷却系统参数见表 3-1-3。

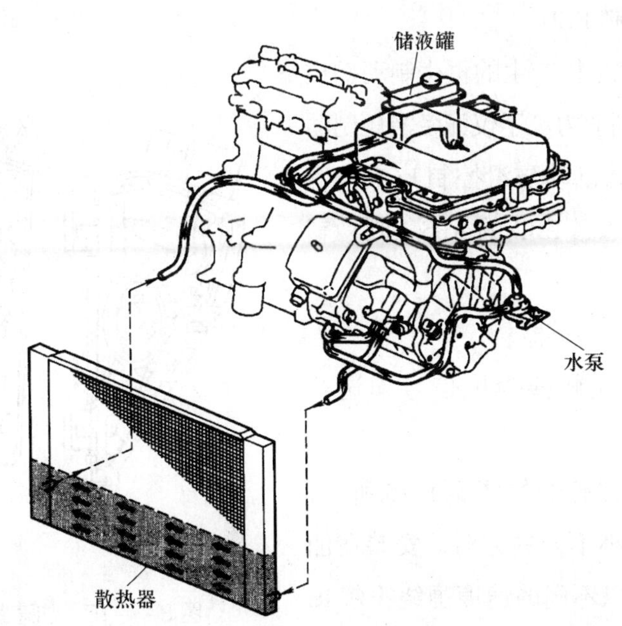

图 3-1-14 变换器总成、MG1 和 MG2 采用配备水泵的冷却系统

表 3–1–3　变换器总成、MG1 和 MG2 的冷却系统参数

<table>
<tr><td>水泵</td><td colspan="2">排放量 /（L/min）</td><td>10 或者更高（65 ℃）</td></tr>
<tr><td rowspan="5">冷却液</td><td colspan="2">容量 /L</td><td>2.7</td></tr>
<tr><td colspan="2">类别</td><td>丰田纯牌超级长效冷却液（SLLC）</td></tr>
<tr><td colspan="2">颜色</td><td>粉红色</td></tr>
<tr><td rowspan="2">维护间隔</td><td>第一次</td><td>160 000 km</td></tr>
<tr><td>以后</td><td>每 80 000 km ①</td></tr>
</table>

注：①该间隔里程为车辆使用 SLLC（粉红色）时的间隔里程，如果车辆使用 LLC（红色），则该间隔里程应更改为每 40 000 km。

4. HV ECU

接收每个传感器及 ECU（发动机 ECU、蓄电池 ECU、制动防滑控制 ECU 和 EPS ECU）的信息，根据信息计算所需的转矩和输出功率，并将计算结果发送给发动机 ECU、变换器总成、蓄电池 ECU 和制动防滑控制 ECU。

5. 发动机 ECU

根据接收的来自 HV ECU 的发动机目标转速和所需发动机动力信息，启动 ETCS–i（智能电子节气门）。

6. 蓄电池 ECU

监控 HV 动力蓄电池的充电状态。

7. 制动防滑控制 ECU

控制电动机 / 发电机产生的再生制动并控制液压制动，使总制动力等于仅配备液压制动的传统车辆。同样，制动防滑控制 ECU 照常进行制动系统控制（带 EBD 的 ABS、制动辅助和 VSC+）。

8. 加速踏板位置传感器

将加速踏板角度转换为电信号输送给 HV ECU。

加速踏板位置传感器如图 3–1–15 所示，当加速踏板受到大小不一的力时，安装在加速踏板臂上的磁轭以不同的速度围绕霍尔 IC 旋转，这时，磁通的变化量由霍尔 IC 转换

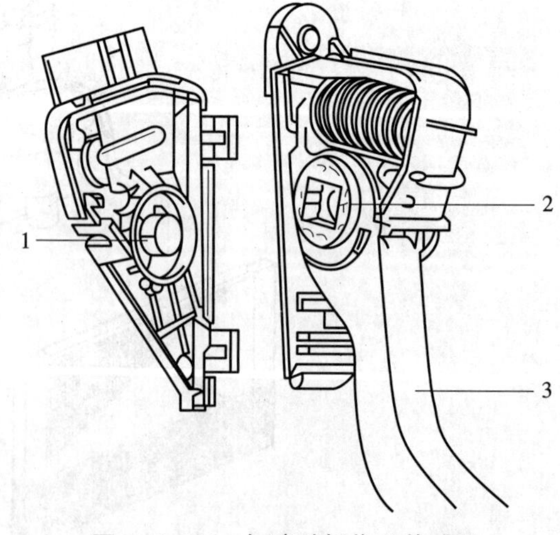

图 3–1–15　加速踏板位置传感器
1—霍尔 IC　2—磁轭　3—加速踏板臂

为电信号输送给 HV ECU，显示加速踏板受力的大小。图 3–1–16 所示为加速踏板传感器电路。

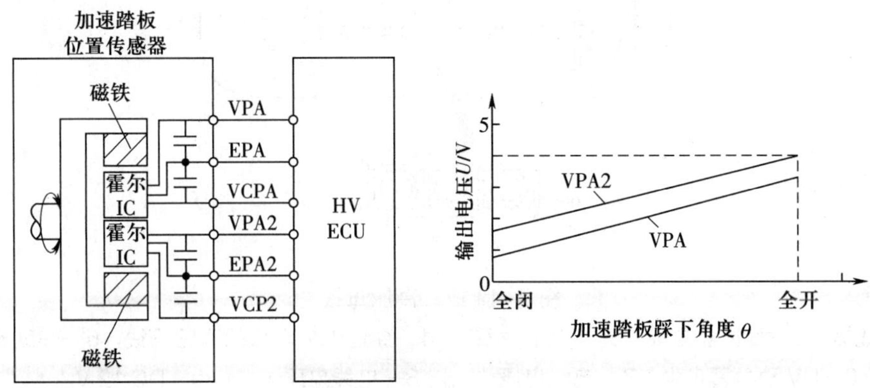

图 3–1–16 加速踏板位置传感器电路

9. 挡位传感器

将挡位转换为电信号输送给 HV ECU。

10. 系统主继电器（SMR）

用来自 HV ECU 的信号连接或断开蓄电池和变换器总成间的高压电路。

11. 互锁开关（用于变换器总成盖和维护插接器）

确认变换器总成盖和维护插接器均已安装完毕。

12. 断路器传感器

如果检测到车辆发生碰撞，则切断高压电路。

13. 维护插接器

在检查或维修车辆时，要拆下此开关，关闭 HV 动力蓄电池高压电路。

14. 高压母线

将变换器总成与 HV 动力蓄电池、MG1、MG2 以及空调压缩机等部件进行相连，以传输高电压、高电流。电线一端接在 HV 动力蓄电池的左前连接器上，另一端从后排座椅下经过，穿过地板沿地板下加强件一直连接到发动机室中的变换器总成，如图 3–1–17 所示。这种屏蔽电线可减少电磁干扰，辅助蓄电池的 DC 12 V 配线排布与上述电线相同。高压线束和接头采用橙色，以与普通低压线束区分。

三、丰田普锐斯混合动力系统工作状态与原理

1. 工作状态

根据行驶条件的不同，车辆在稳定运行过程中，混合动力系统为最大限度适应车辆的行驶状况，可能处于不同的工作状态。

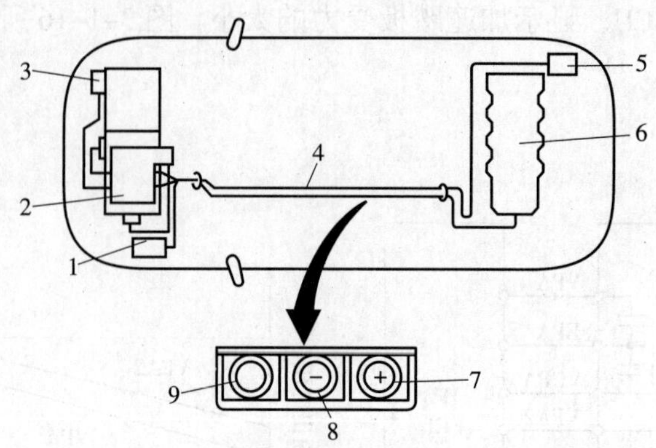

图 3–1–17　高压母线

1—接线盒　2—变换器总成　3—空调压缩机　4—穿过中央地板的高压母线　5—辅助蓄电池
6—HV 动力蓄电池　7—电线电压（+）　8—电线电压（–）　9—DC 12 V（+）

（1）HV 动力蓄电池向 MG2 供电，以驱动车辆，如图 3–1–18 所示。

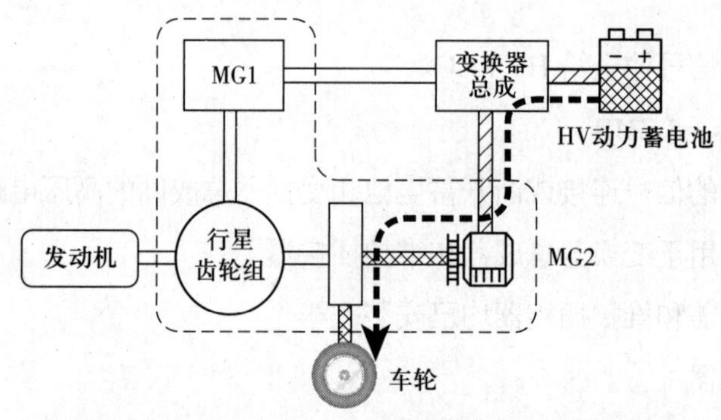

图 3–1–18　HV 动力蓄电池向 MG2 供电

（2）发动机通过行星齿轮组驱动车辆时，MG1 由发动机通过行星齿轮组带动旋转，为 MG2 提供电能，如图 3–1–19 所示。

（3）MG1 由发动机通过行星齿轮组带动旋转，为 HV 动力蓄电池充电，如图 3–1–20 所示。

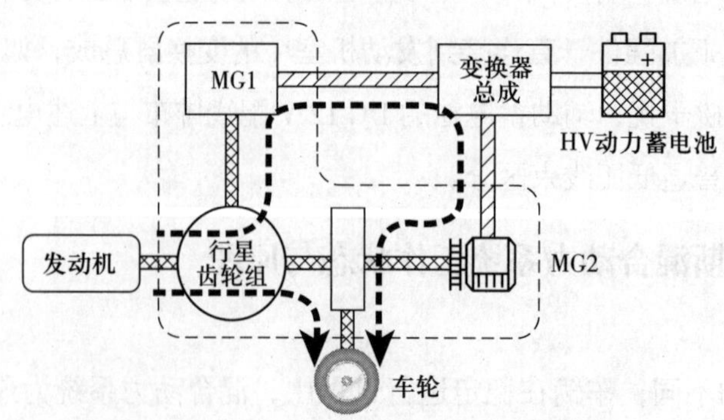

图 3–1–19　发动机通过行星齿轮组驱动车辆

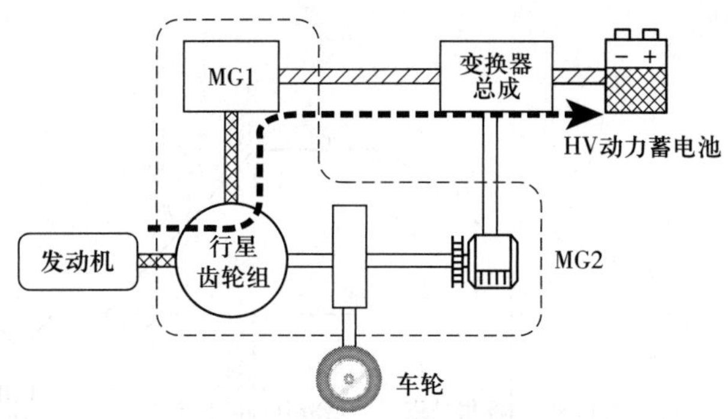

图 3-1-20　MG1 为 HV 动力蓄电池充电

（4）车辆减速时，车轮的动能被 MG2 回收并转化为电能，为 HV 动力蓄电池充电，如图 3-1-21 所示。

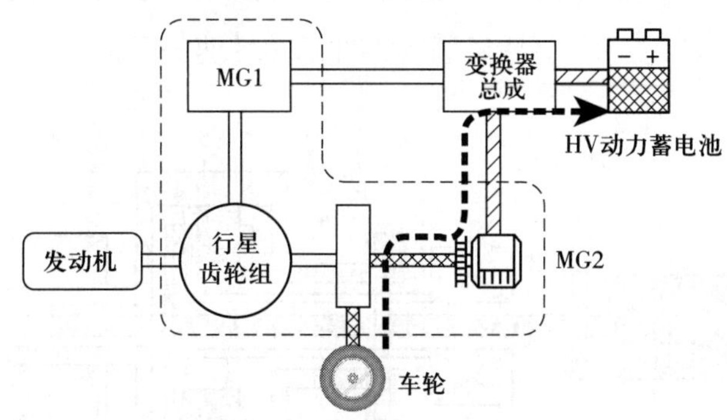

图 3-1-21　车轮的动能被回收

HV ECU 根据车辆行驶状况，在（1）、（2）、（3）、（1）+（2）+（3）或（4）工作状态间转换，但当 HV 动力蓄电池的 SOC（荷电状态）较低时，发动机将带动 MG1 为 HV 动力蓄电池充电。

丰田普锐斯使用发动机和 MG2 提供的两种动力，并由 MG1 作为发电机，THS-Ⅱ系统将根据车辆不同行驶状况优化组合两种动力。

HV ECU 始终监视车辆 SOC、蓄电池温度、冷却液温度和电载荷状况。在“READY”指示灯点且车辆处于“P”或者倒车挡时，如果监视项目符合条件，则 HV ECU 发出指令，启动发动机，驱动 MG1，为 HV 动力蓄电池充电。

2. 工作原理

图 3-1-22 反映了车辆的常见行驶状况，根据图 3-1-22 可以分析 THS-Ⅱ系统是如何控制发动机、MG1 和 MG2 驱动车辆的。

在图 3-1-22 中，*A* 段表示仪表板上“READY”灯点亮；*B* 段表示车辆起步；*C* 段表示发动机微加速；*D* 段表示小负荷巡航；*E* 段表示节气门全开加速；*F* 段表示减速行驶；*G* 段表示倒车。

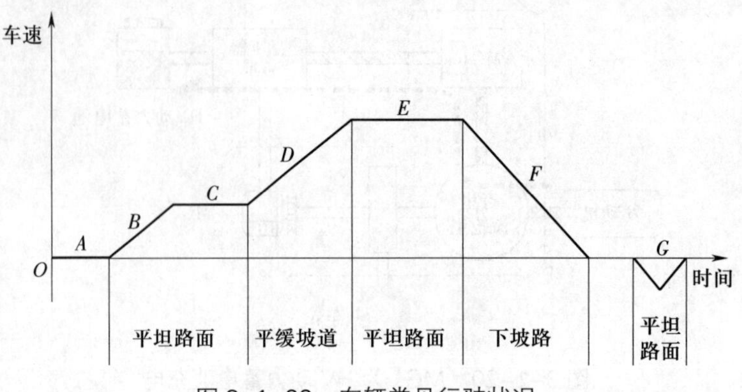

图 3-1-22　车辆常见行驶状况

图 3-1-23 所示为行星齿轮组与发动机、MG1 和 MG2 的连接关系。发动机连接行星架，MG1 连接太阳齿轮，MG2 连接环齿轮，如图 3-1-24 所示。根据相对运动关系可以非常方便地用“模拟杠杆”图来表示行星齿轮组各部件的角转速关系，如图 3-1-25 所示。杠杆 3

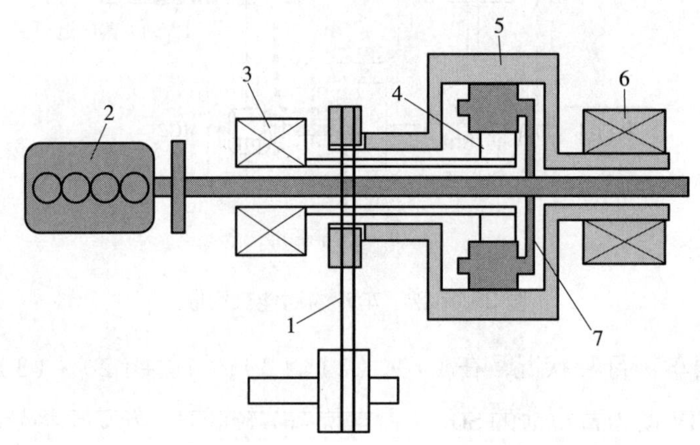

图 3-1-23　行星齿轮组与发动机、MG1 和 MG2 的连接关系

1—驱动链　2—发动机　3—MG1　4—太阳齿轮　5—环齿轮　6—MG2　7—行星架

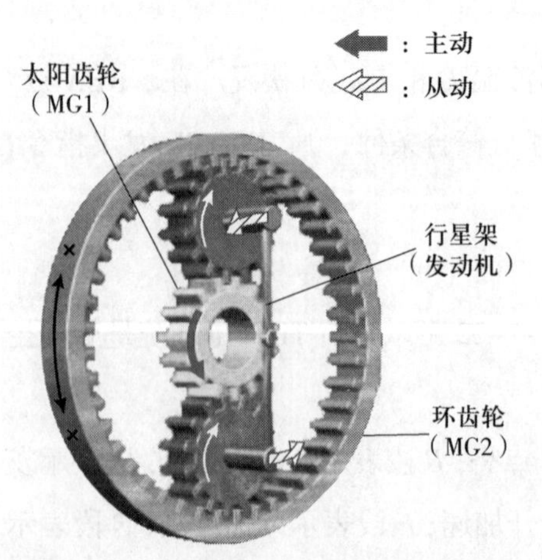

图 3-1-24　丰田普锐斯行星齿轮组

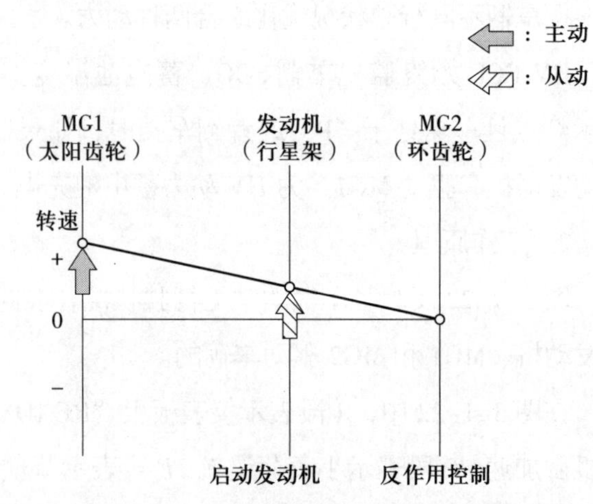

图 3-1-25　表示行星轮系角速度关系的“模拟杠杆”图

个节点的相对位置由太阳齿轮（MG1）与环齿轮（MG2）的齿数确定，相对于水平基准位置，同侧表示运转方向相同、异侧表示运转方向相反，相对于基准位置的高度（垂直位移）相似于转速。

表 3-1-4 列出的“模拟杠杆”图对行星齿轮组构件的旋转方向、转速和电源平衡等进行了直观表示。“模拟杠杆”图中，3 个齿轮的转速始终可用一条直线进行连接。“模拟杠杆”图还对 MG1、MG2 的放电和发电状态、旋转方向和转矩状态作了说明。

表 3-1-4 “模拟杠杆”图

状态	旋转方向	转矩状态	例图
放电	正转	+ 转矩	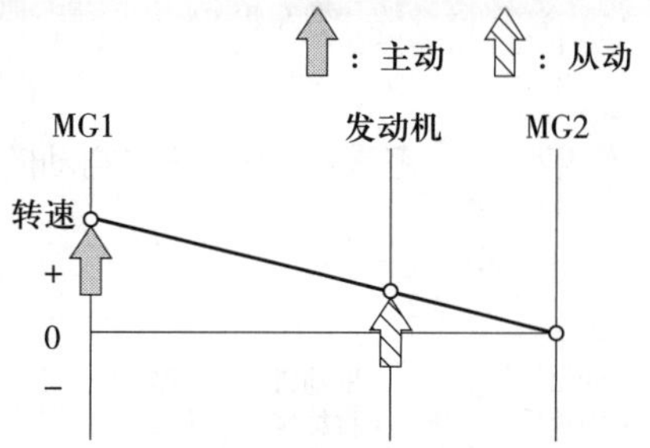 ：主动 ：从动 MG1 发动机 MG2 转速 + 0 −
	+ 侧	箭头向上	
	反转	− 转矩	
	− 侧	箭头向下	
发电	正转	− 转矩	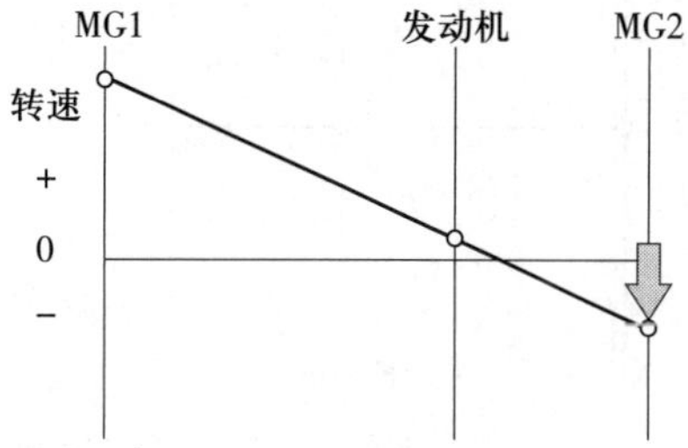 MG1 发动机 MG2 转速 + 0 −
	+ 侧	箭头向下	MG1 发动机 MG2 转速 + 0 −

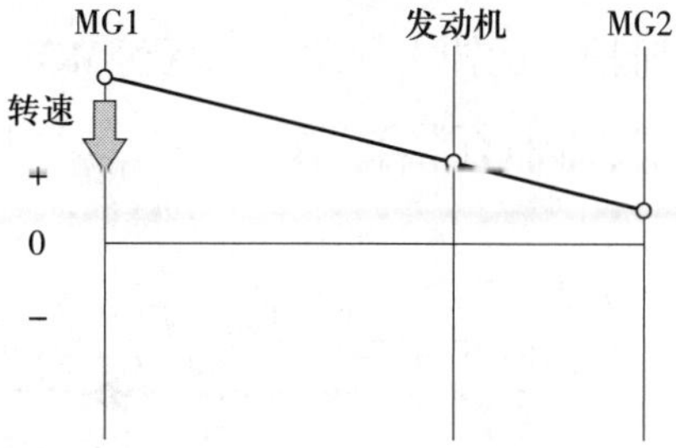

（1）准备启动阶段（图 3-1-22 所示 *A* 阶段）

如果冷却液温度、SOC、蓄电池温度和电载荷状态不满足条件，即使驾驶员按下“POWER”开关，“READY”指示灯点亮，发动机也不会运转。

启动发动机：仪表盘上的“READY”指示灯点亮、车辆处于“P”或者倒车挡时，如果 HV ECU 监视到所有项目均正常，则 HV ECU 启动 MG1，从而启动发动机。

发动机运行期间，为防止连接MG1的太阳齿轮施加反作用力转动连接MG2的环齿轮并驱动车轮，MG2接收电流，施加制动，这个功能称为“反作用控制”，此时行星齿轮组的运行状态和“模拟杠杆”图，如图3-1-26和图3-1-27所示。

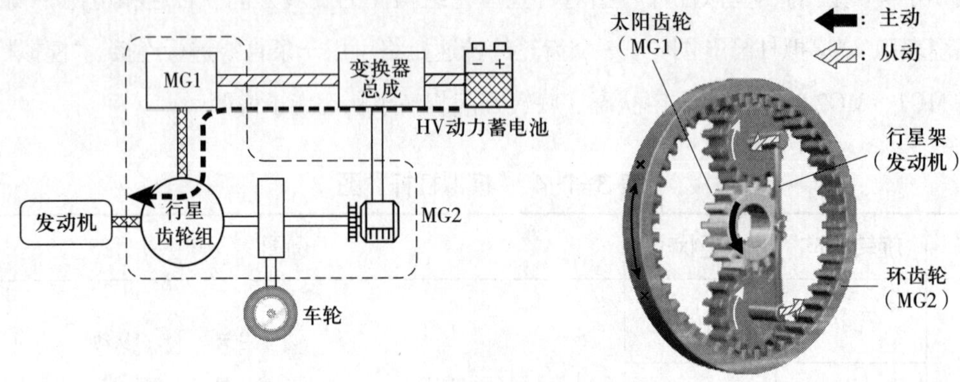

图3-1-26　准备启动阶段行星齿轮组的运行状态

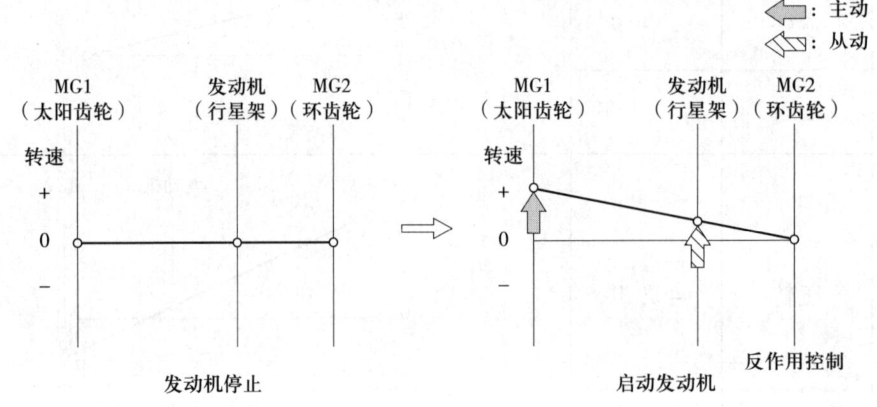

图3-1-27　行星齿轮组“模拟杠杆”图（1）

在随后阶段，运转中的发动机驱动MG1，为HV动力蓄电池充电，此时行星齿轮组的运行状态和“模拟杠杆”图，如图3-1-28和图3-1-29所示。

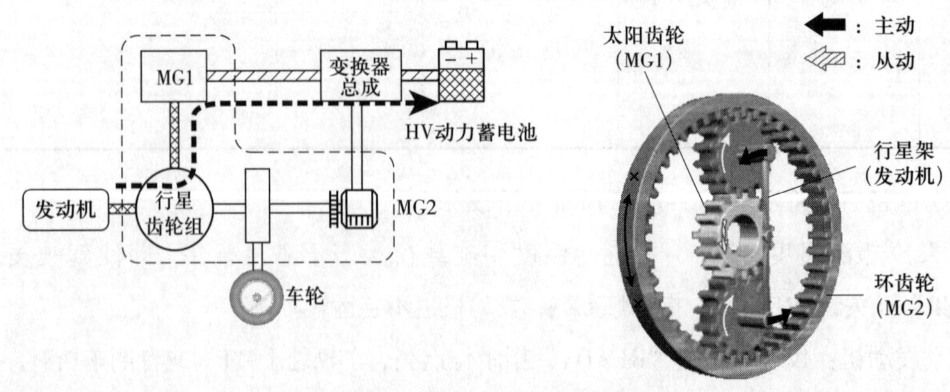

图3-1-28　MG1为HV动力蓄电池充电行星齿轮组的运行状态

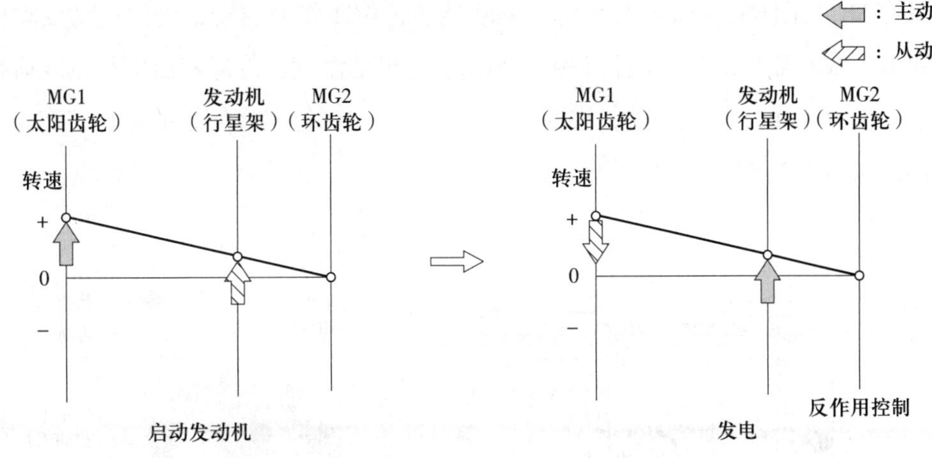

图 3–1–29 行星齿轮组“模拟杠杆”图（2）

（2）起步工况（图 3–1–22 所示 *B* 阶段）

MG2 驱动车辆起动后，车辆仅由 MG2 驱动。这时，发动机保持停止状态，MG1 反方向旋转而不发电，此时行星齿轮组的运行状态和“模拟杠杆”图，如图 3–1–30 和图 3–1–31 所示。

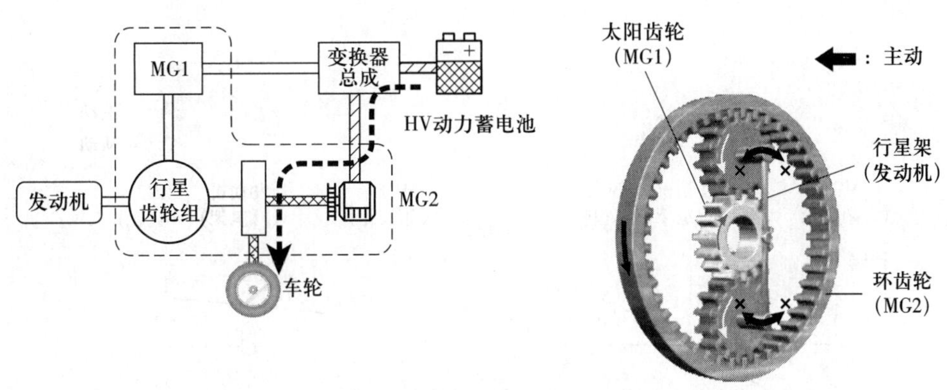

图 3–1–30 起步工况下行星齿轮组的运行状态

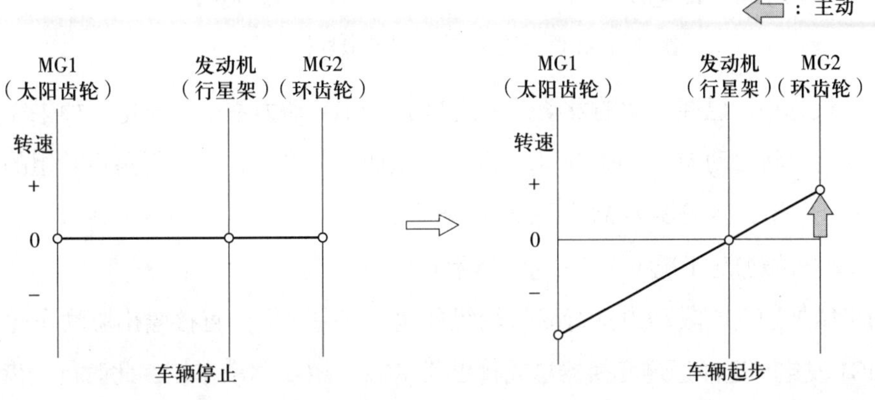

图 3–1–31 行星齿轮组“模拟杠杆”图（3）

当只有 MG2 工作时，如果增大所需驱动转矩，MG1 将被启动，进而启动发动机。同样，如果 HV ECU 监视的任一项目，包括 SOC、蓄电池温度、冷却液温度和电载荷状态等与规定值有偏差，MG1 将被启动，进而启动发动机，此时行星齿轮组的运行状态和“模拟杠杆”图，如图 3–1–32 和图 3–1–33 所示。

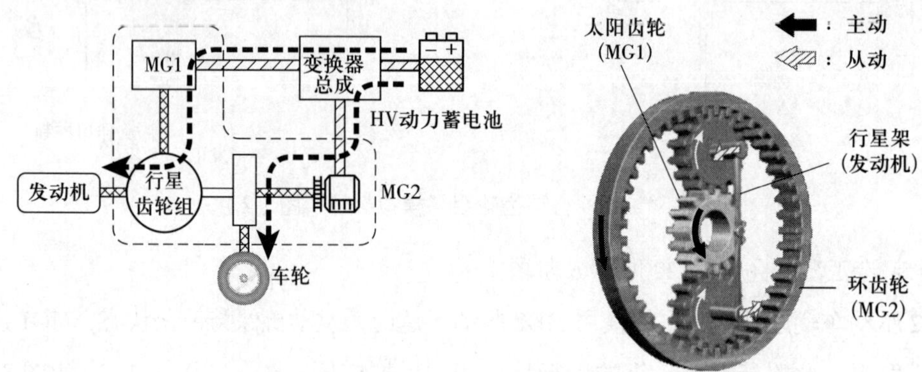

图 3–1–32　发动机启动后行星齿轮组的运行状态

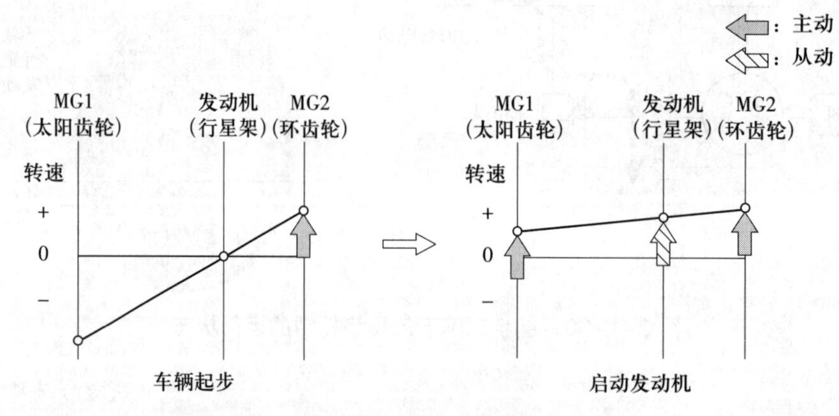

图 3–1–33　行星齿轮组“模拟杠杆”图（4）

在随后状态中，已经启动的发动机将使 MG1 为 HV 动力蓄电池充电。如果需要增大驱动转矩，发动机将启动 MG1 并转变为“发动机微加速”模式，此时行星齿轮组的运行状态和“模拟杠杆”图，如图 3–1–34 和图 3–1–35 所示。

（3）发动机微加速工况（图 3–1–22 所示 *C* 阶段）

发动机微加速时，其动力由行星齿轮组分配。其中一部分直接输出驱动车轮，剩余动力用于 MG1 发电，电能通过变换器总成输出到 MG2，MG2 驱动车轮，此时行星齿轮组的运行状态和“模拟杠杆”图，如图 3–1–36 和图 3–1–37 所示。

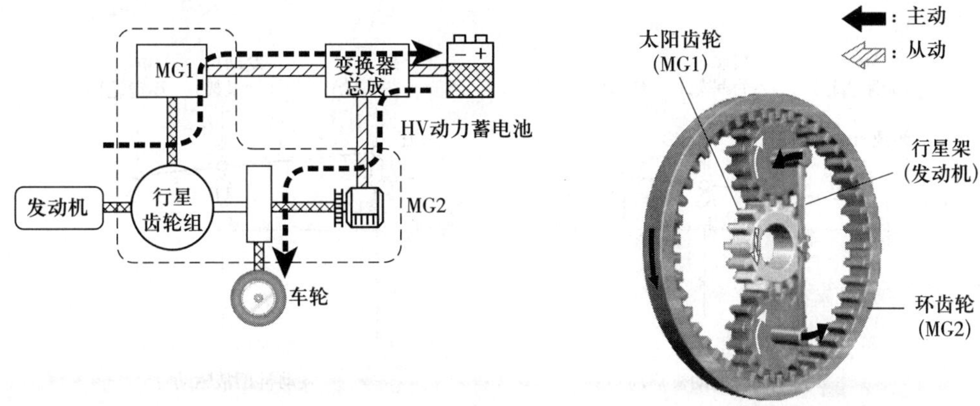

图 3-1-34 发动机驱动发电机行星齿轮组的运行状态

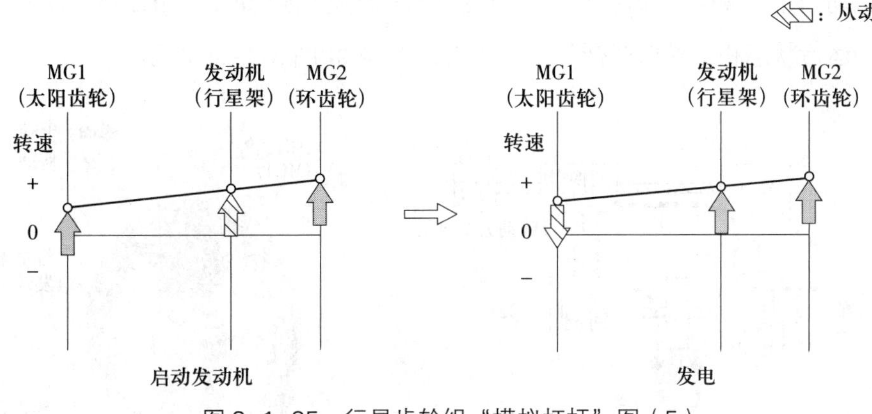

图 3-1-35 行星齿轮组“模拟杠杆”图（5）

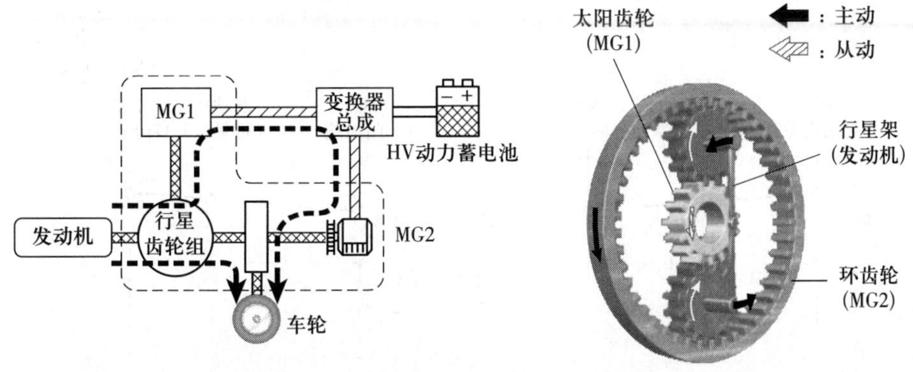

图 3-1-36 发动机微加速工况行星齿轮组的运行状态

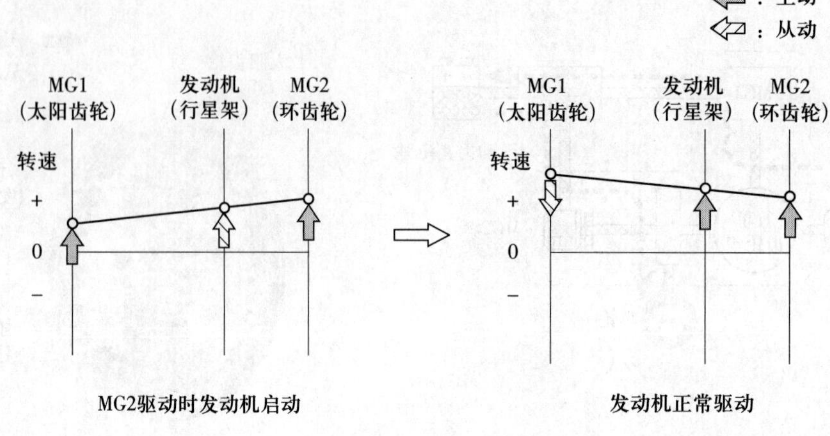

图 3–1–37　行星齿轮组“模拟杠杆”图（6）

（4）低载荷巡航工况（图 3–1–24 所示 *D* 阶段）

车辆以低载荷巡航时，发动机的动力由行星齿轮分配。其中一部分动力直接输出驱动车轮，剩余动力用于 MG1 发电，电能通过变换器总成输出到 MG2，MG2 驱动车轮，此时行星齿轮组的运行状态和“模拟杠杆”图，如图 3–1–38 和图 3–1–39 所示。

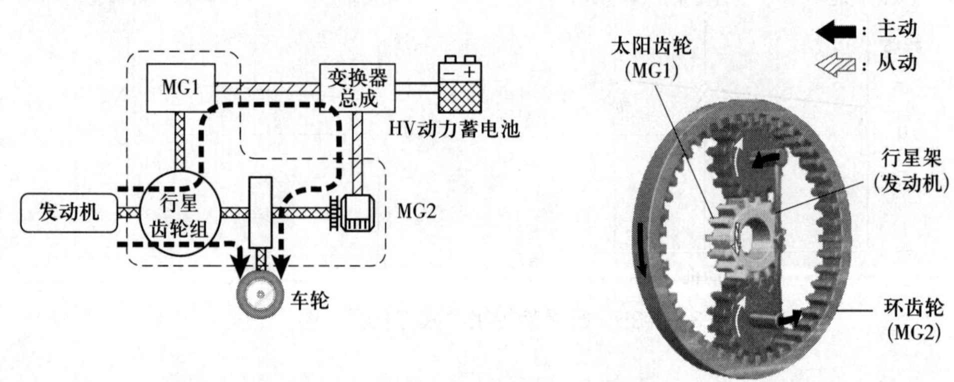

图 3–1–38　低载荷巡航工况行星齿轮组的运行状态

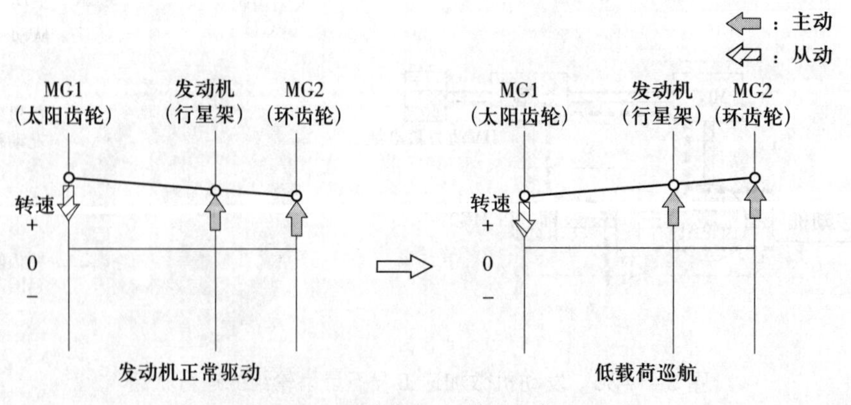

图 3–1–39　行星齿轮组“模拟杠杆”图（7）

（5）节气门全开加速工况（图 3–1–22 所示 *E* 阶段）

车辆从低载荷巡航转换为节气门全开加速模式时，系统将在保证 MG2 动力的基础上，增加 HV 动力蓄电池的电动力输出，此时行星齿轮组的运行状态和“模拟杠杆”图，如图 3–1–40 和图 3–1–41 所示。

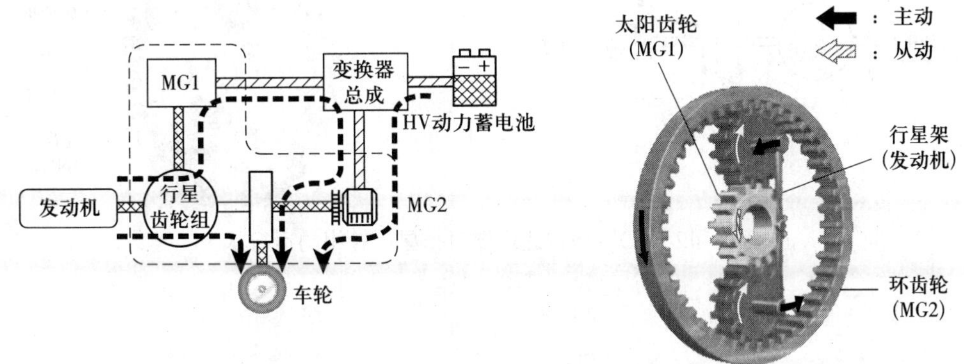

图 3–1–40　节气门全开加速工况行星齿轮组的运行状态

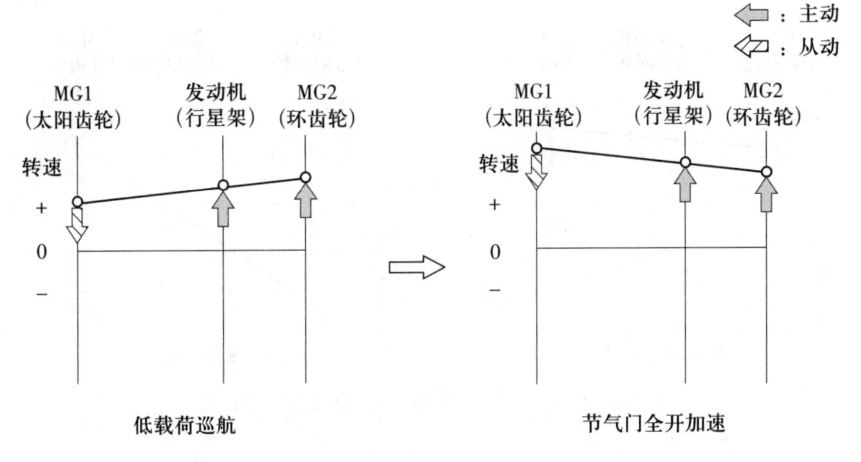

图 3–1–41　行星齿轮组“模拟杠杆”图（8）

（6）减速工况（图 3–1–22 所示 *F* 阶段）

1）“D”挡减速行驶。车辆以“D”挡减速行驶时，发动机停止工作。这时，车轮驱动 MG2，使 MG2 作为发电机运行，为 HV 动力蓄电池充电，此时行星齿轮组的运行状态和“模拟杠杆”图，如图 3–1–42 和图 3–1–43 所示。车辆从较高速度开始减速时，发动机以预定速度继续工作，保护行星齿轮机构。

2）“B”挡减速行驶。车辆以“B”挡减速行驶时，车轮驱动 MG2，使 MG2 作为发电机工作，为 HV 动力蓄电池充电，并为 MG1 供电。这样，MG1 保持发动机转速并施加发动机制动，此时行星齿轮组的运行状态和“模拟杠杆”图，如图 3–1–44 和图 3–1–45 所示。这时，发动机燃油供给被切断。

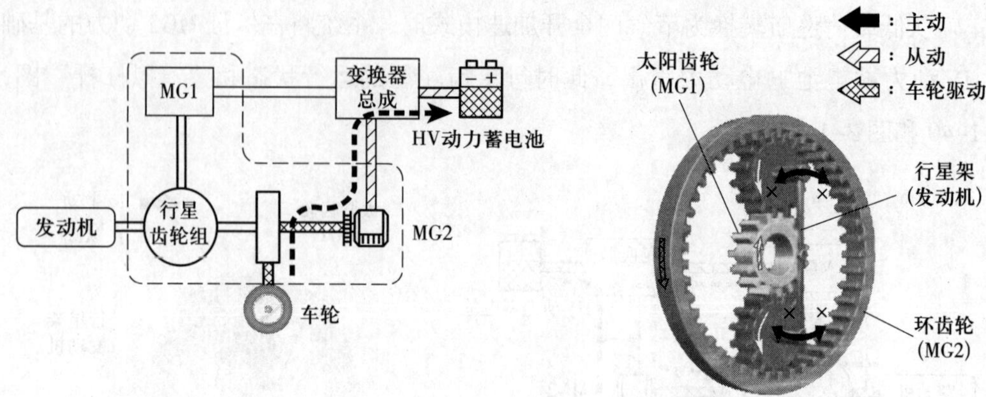

图 3-1-42 “D”挡减速行驶时行星齿轮组的运行状态

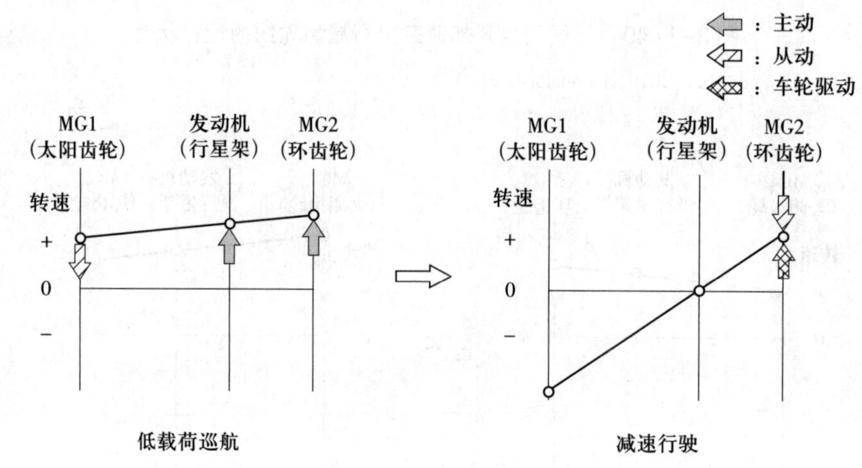

图 3-1-43 行星齿轮组“模拟杠杆”图（9）

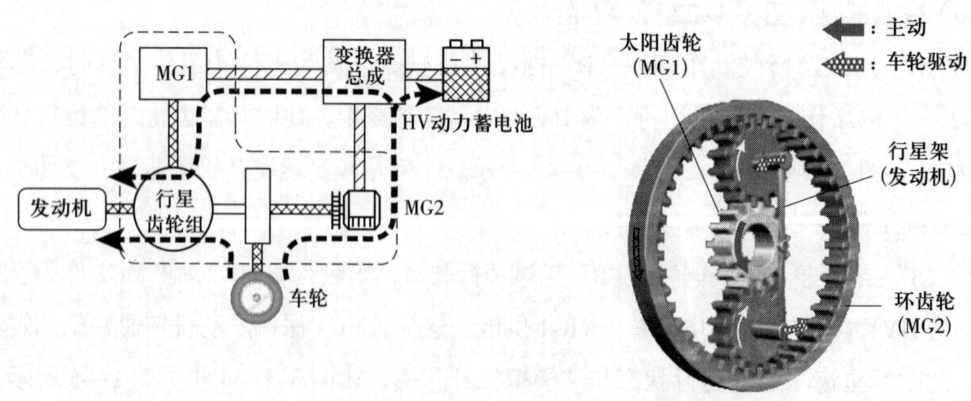

图 3-1-44 “B”挡减速行驶时行星齿轮组的运行状态

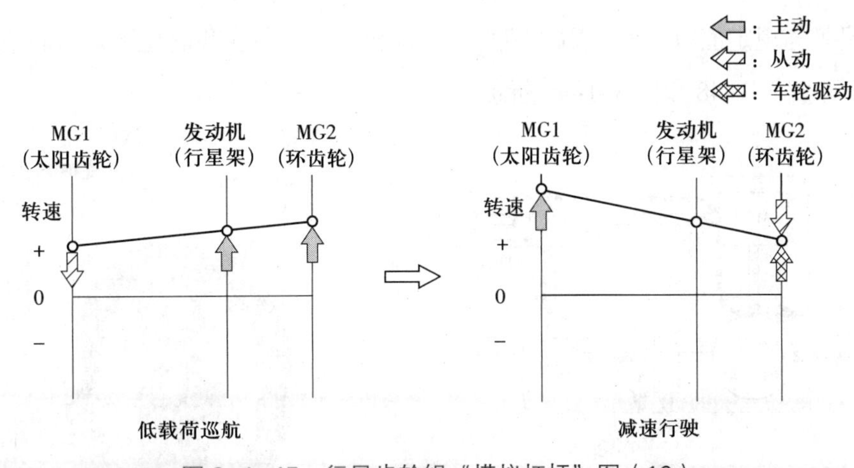

图 3-1-45 行星齿轮组“模拟杠杆”图（10）

（7）倒车工况（图 3-1-22 所示 *G* 阶段）

1）车辆倒车。仅由 MG2 为车辆提供动力。此时，MG2 反向旋转，发动机不工作，MG1 正向旋转但不发电，此时行星齿轮组的运行状态和“模拟杠杆”图，如图 3-1-46 和图 3-1-47 所示。

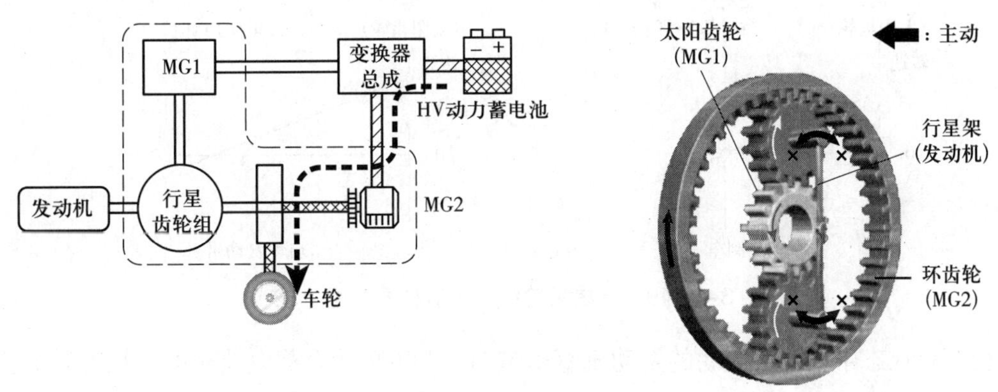

图 3-1-46 倒车工况行星齿轮组的运行状态

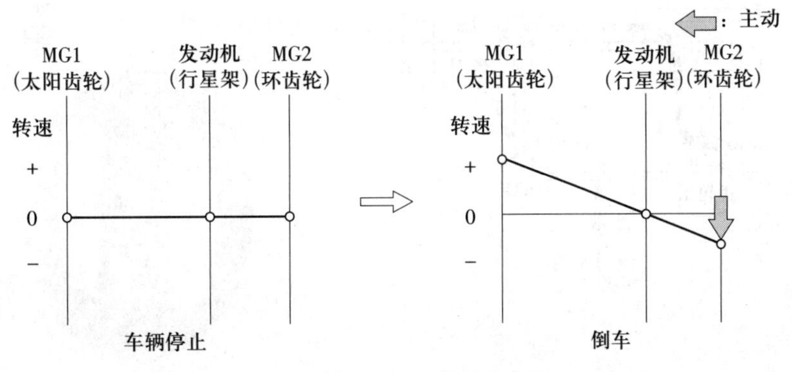

图 3-1-47 行星齿轮组“模拟杠杆”图（11）

2）启动发动机。如果 HV ECU 监视的任一项目，如 SOC、蓄电池温度、冷却液温度和电载荷状况等与规定值有偏差，MG1 将启动发动机，此时行星齿轮组的运行状态和“模拟杠杆”图，如图 3-1-48 和图 3-1-49 所示。

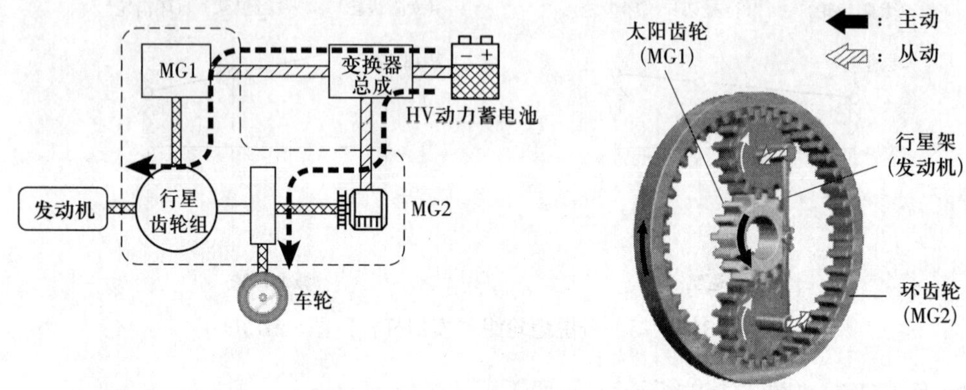

图 3-1-48　启动发动机行星齿轮组的运行状态

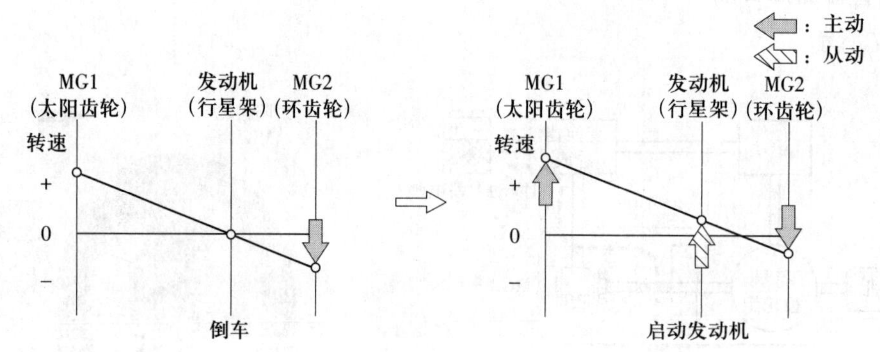

图 3-1-49　行星齿轮组“模拟杠杆”图（12）

在随后状态中，已经启动的发动机驱动 MG1，为 HV 动力蓄电池充电，此时行星齿轮组的运行状态和“模拟杠杆”图，如图 3-1-50 和图 3-1-51 所示。

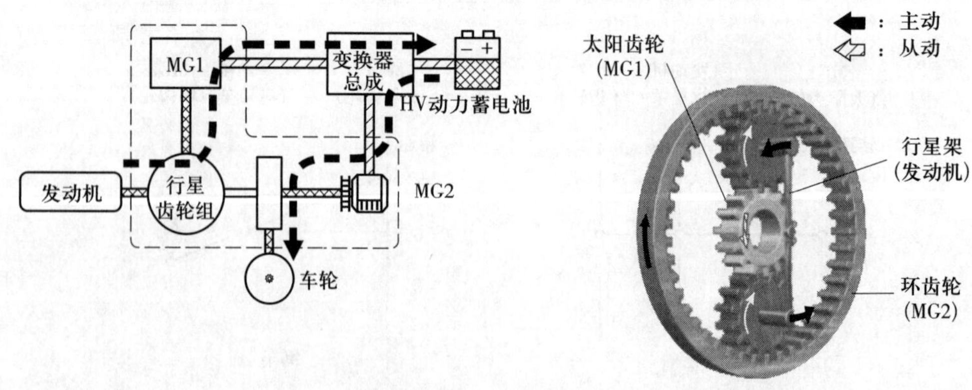

图 3-1-50　发动机驱动发电机行星齿轮组的运行状态

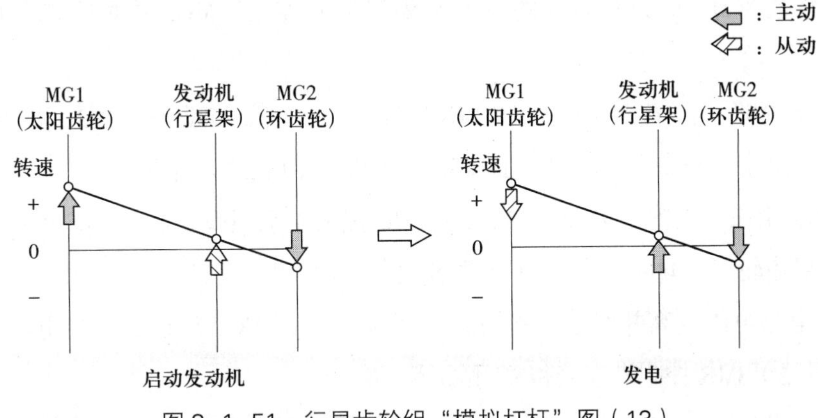

图 3–1–51　行星齿轮组“模拟杠杆”图（13）

四、丰田普锐斯混合动力控制系统

1. 控制系统的组成

丰田普锐斯混合动力控制系统的组成，如图 3–1–52 所示。

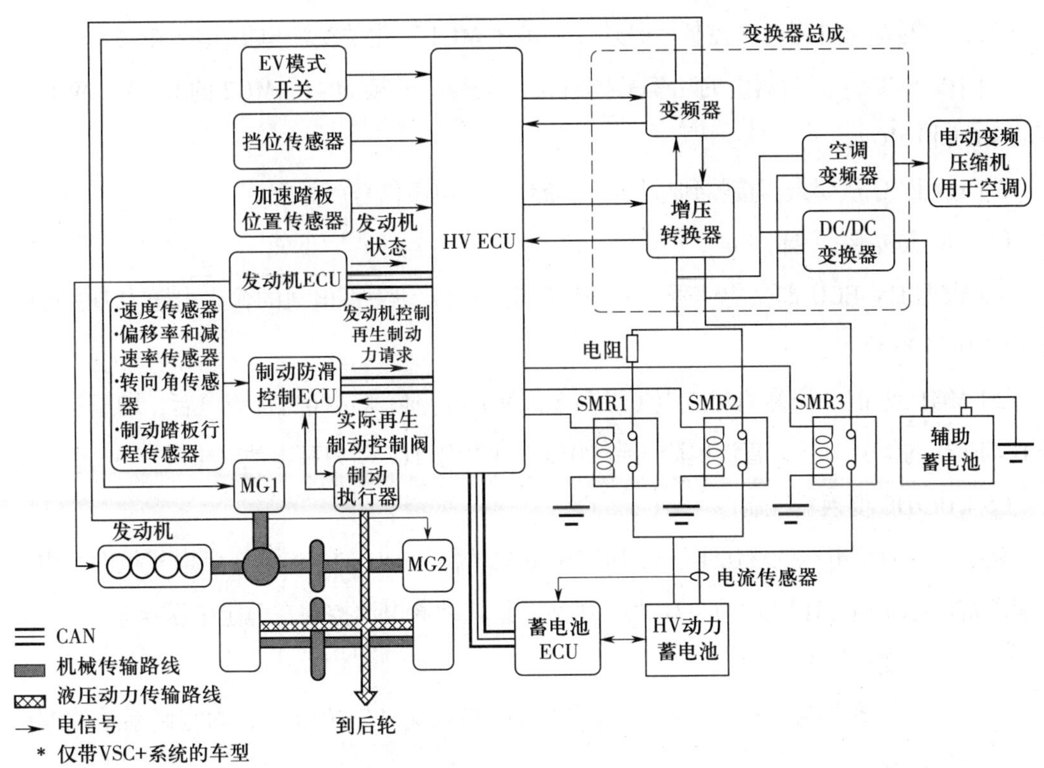

图 3–1–52　丰田普锐斯混合动力控制系统的组成

（1）HV ECU 控制

根据转矩请求、再生制动控制和 HV 动力蓄电池的 SOC（荷电状态），控制 MG1、MG2

和发动机。具体工作状态由挡位、加速踏板踩下角度和车速确定。

HV ECU 监控 HV 动力蓄电池的 SOC 和温度以及 MG1、MG2 并对这些项目实施最优控制。

车辆处于“N”挡（空挡）时，HV ECU 实施关闭控制，自动关闭 MG1 和 MG2。

车辆在陡坡上松开制动起动时，上坡辅助控制可以防止车辆下滑。

如果驱动轮在没有附着力时空转，HV ECU 提供电动机牵引力控制，抑制 MG2 旋转，进而保护行星齿轮组，同时防止 MG1 产生过大电流。

为防止电路电压过高并保证电路切断的可靠性，HV ECU 通过三个继电器的作用实施（系统主继电器）SMR 控制来连接和关闭高压电路。

（2）发动机 ECU 控制

发动机 ECU 接收 HV ECU 发送的发动机目标转速和所需的发动机动力，以控制 ETCS-i 系统、燃油喷射量、点火正时和 VVT-i 系统（可变气门正时系统）。

（3）变频器控制

1）根据 HV ECU 提供的信号，将 HV 动力蓄电池的直流电转换为交流电，以驱动 MG1 和 MG2，同时也可进行逆向控制。另外，还可将 MG1 产生的交流电提供给 MG2。

2）HV ECU 向变频器内的功率晶体管发送信号，转换 MG1、MG2 的 U、V、W 相，以驱动 MG1 和 MG2。

3）HV ECU 从变频器接收到过热、过流或故障电压信号后关闭。

（4）增压转换器控制

1）根据 HV ECU 提供的信号，增压转换器将 HV 动力蓄电池的输出电压由 DC 201.6 V 升高到 DC 500 V。

2）MG1 或 MG2 产生的交流电（最高 500 V）由变频器转换为直流电后，增压转换器根据 HV ECU 的信号，将该直流电降压到 201.6 V（用于 HV 动力蓄电池充电）。

（5）DC/DC 变换器控制

将 HV 动力蓄电池的输出电压由 DC 201.6 V 转化为 DC 12 V，为车辆电气组件供电，并为辅助蓄电池充电（DC 12 V），DC/DC 变换器将辅助蓄电池控制在恒定电压状态。

（6）空调变频器控制

将 HV 动力蓄电池的输出电压由 DC 201.6 V 转换为 AC 201.6 V，为空调系统的电动变频压缩机供电。

（7）MG1 和 MG2 控制

1）MG1 由发动机带动旋转产生高压交流电（最高 500 V），以驱动 MG2 或为 HV 动力蓄电池充电，同时也可作为发动机的起动机。

2）MG2 由 MG1 或 HV 动力蓄电池供电力，驱动车辆行驶。

3）制动或松开加速踏板时，MG2 回收制动能量转换为电能为 HV 动力蓄电池充电（再生制动控制）。

4）速度传感器（转角传感器）检测到 MG1、MG2 的转速和位置并将信号输出到 HV ECU。

5）温度传感器检测到 MG2 温度，并将温度信号发送到 HV ECU。

（8）制动防滑控制 ECU 控制

制动时，制动防滑控制 ECU 计算所需的再生制动力并将信号发送到 HV ECU。接收到信号后，HV ECU 第一时间将实际再生制动控制的数据，发送到制动防滑控制 ECU。根据这个结果，制动防滑控制 ECU 计算并执行所需的液压制动力。

（9）蓄电池 ECU 控制

蓄电池 ECU 实施监视控制，监视 HV 动力蓄电池和冷却风扇的状态，使 HV 动力蓄电池保持在预定的温度，对这些组件实施最优控制。

（10）换挡控制

1）HV ECU 根据挡位传感器提供的挡位检测信号（“R”“N”“D”“B”），控制 MG1、MG2 和发动机，以调整车辆行驶状态适应所选挡位。

2）变速器控制 ECU 通过 HV ECU 提供的信号，检测驾驶员是否按下驻车开关。然后，操作换挡控制执行器，通过机械机构锁止变速驱动桥。

（11）碰撞控制

车辆发生碰撞时，如果 HV ECU 接收到安全气囊传感器总成发出的气囊张开信号，或变换器总成中断路器传感器发出的执行信号，则关闭 SMR（系统主继电器）以切断整车电源。

（12）电动机驱动模式控制

仪表板上的 EV 模式开关被驾驶员打开后，如果条件满足，则 HV ECU 使车辆由 MG2 独立驱动。

（13）巡航控制系统控制

HV ECU 接收到巡航控制开关发出的信号后，将发动机、MG1 和 MG2 的动力调节到最佳组合，以获得目标车速。

（14）指示灯和警告灯点亮控制

使灯点亮或闪烁，通知驾驶员车辆状态或提示系统故障。

（15）诊断

HV ECU 检测到车辆故障时，会进行故障诊断并存储相应故障数据。

（16）安全保护

HV ECU 检测到车辆故障时，会根据存储在存储器中的故障数据停止或控制执行器和ECU。

THS 控制系统的组成框图，如图 3–1–53 所示。

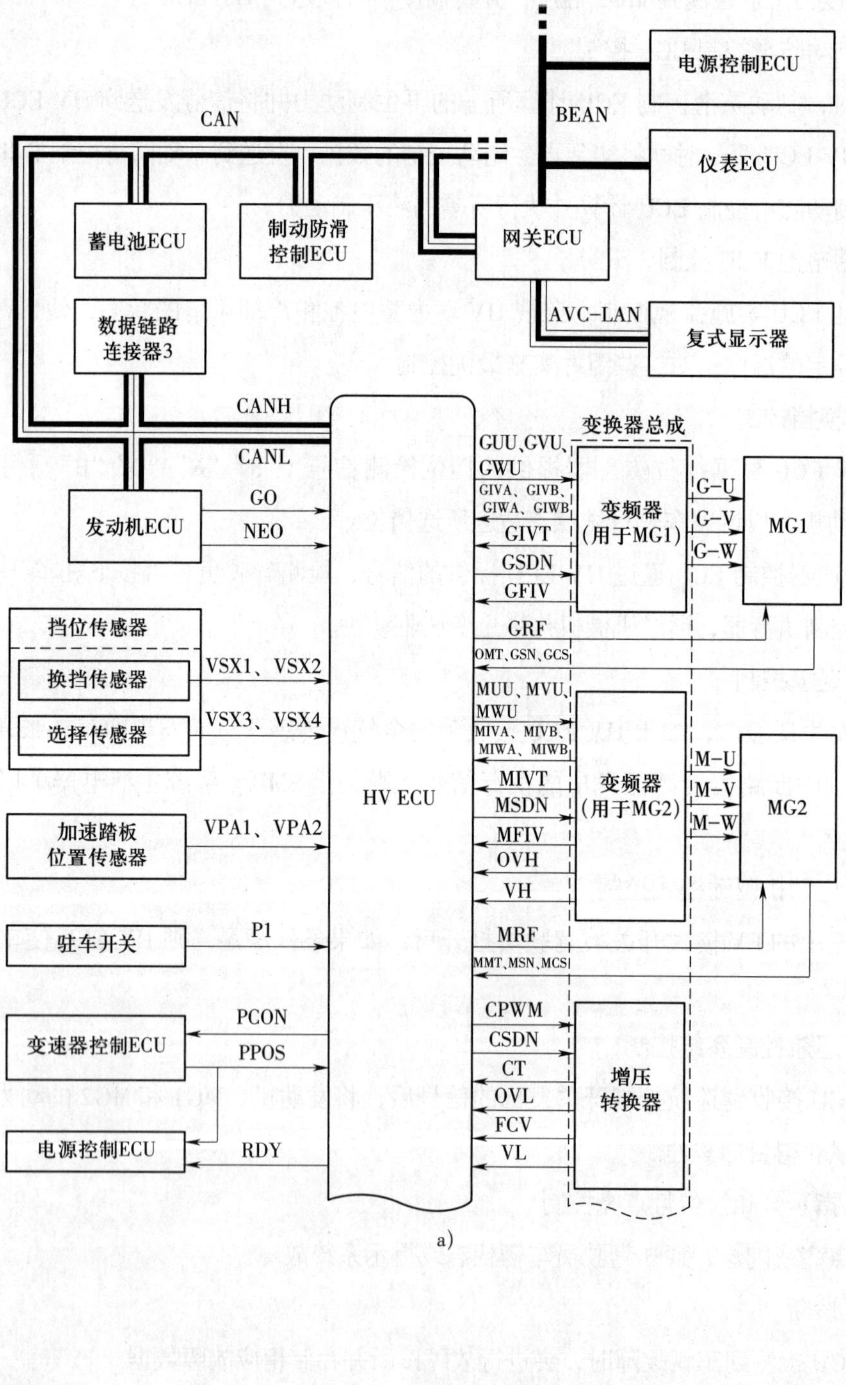

a)

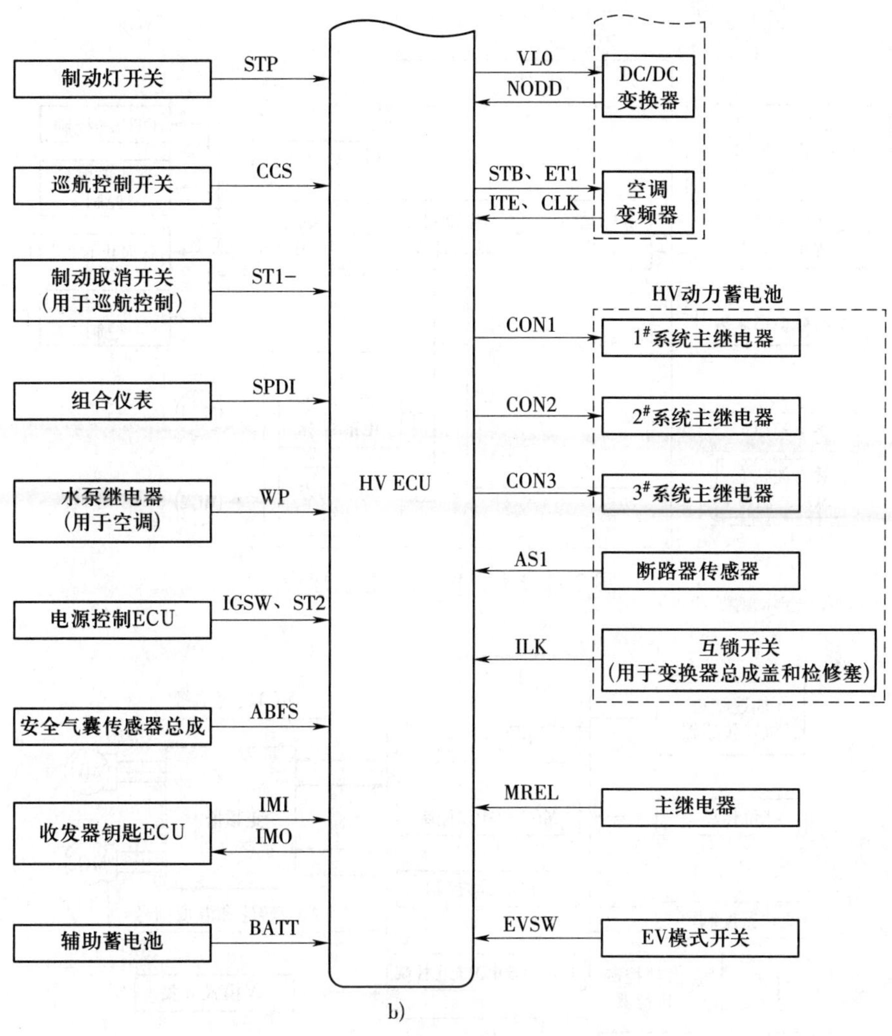

图 3-1-53 THS 控制系统的组成框图

2. 控制系统的主要功能

（1）HV ECU 控制

HV ECU 根据加速踏板位置传感器发出的信号检测加速踏板施加力的大小；HV ECU 收到 MG1 和 MG2 速度传感器（转角传感器）发出的车速信号，并根据挡位传感器的信号检测挡位；HV ECU 根据这些信息确定车辆的行驶状态，对 MG1、MG2 和发动机的动力进行最优控制。此外，HV ECU 对动力的转矩和输出进行最优控制以实现低耗油和更清洁的排放目标等。

HV ECU 控制原理如图 3-1-54 所示，其结构框图如图 3-1-55 所示。

1）系统监视控制功能。蓄电池 ECU 始终监视 HV 动力蓄电池的 SOC（荷电状态），并将 SOC 发送到 HV ECU。SOC 过低时，HV ECU 提高发动机的功率输出以驱动 MG1 为 HV 动力蓄电池充电；发动机停止时，MG1 工作启动发动机；然后，发动机驱动发 MG1 为 HV

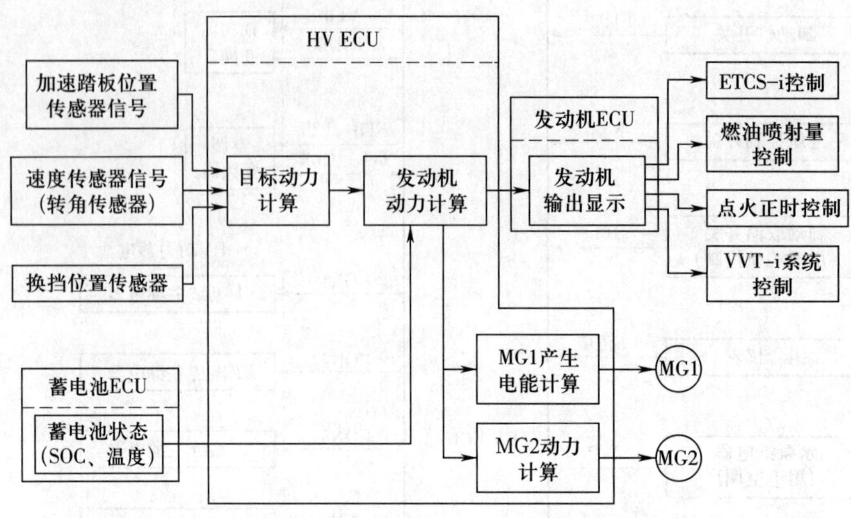

图 3-1-54　HV ECU 控制原理

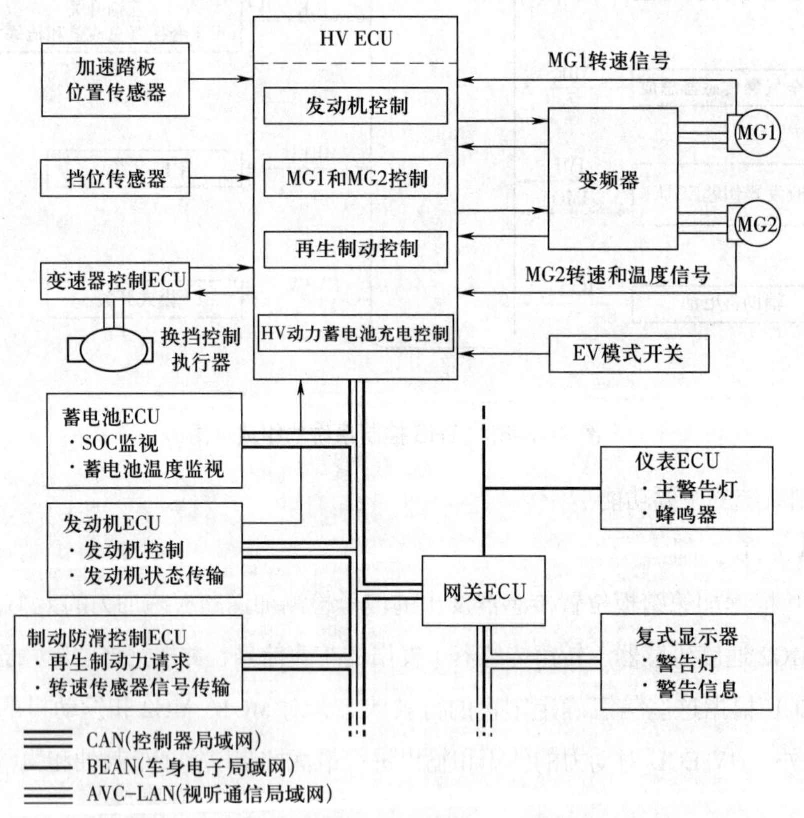

图 3-1-55　HV ECU 结构框图

动力蓄电池充电。若 SOC 较低或 HV 动力蓄电池、MG1、MG2 的温度高出规定值，则 HV ECU 限制它们对驱动轮的动力输出，直到它们恢复正常。内置于 MG2 中的温度传感器直接检测 MG2 的温度，HV ECU 检测 MG1 的温度。

2）关闭控制功能。一般来说，车辆处于“N”挡时，MG1 和 MG2 被关闭。这是由于 MG2 通过机械机构直接与前轮相连，所以必须停止 MG1 和 MG2 来切断动力。

车辆行驶时，如果制动踏板被踩下并且某个车轮锁止，则带 EBD 的 ABS 启动工作。而后，系统请求 MG2 输出低转矩为重新驱动车轮提供辅助动力，这时，即使车辆处于“N”挡，系统也会取消关闭功能使车轮转动。车轮重新旋转后，系统恢复关闭功能。

车辆以“D”或“B”挡行驶，制动踏板被踩下时，再生制动开始工作。这时，驾驶员换挡到“N”挡，在再生制动请求转矩减少的同时，制动液压增大以避免制动黏滞。从这以后，系统实施关闭功能。

MG1、MG2 以比规定值更高的转速工作时，关闭功能取消。

3）上坡辅助控制功能。车辆在陡坡上起动，容易出现下滑现象，上坡辅助控制可以有效防止这种下滑。由于电动机具有高灵敏度的转速传感器，它可以通过感应坡度和车辆下降的角度，增大电动机的转矩以确保安全，如果施加了上坡辅助控制，则制动会施加到车辆后轮，防止车辆滑坡，这时，HV ECU 向制动防滑控制 ECU 发送后轮制动起动信号。

4）电动机牵引力控制功能。车辆在光滑路面上行驶时，如果驱动轮打滑导致 MG2 旋转过快，会引起相关行星齿轮组转速增大，这种状况下会对行星齿轮组中的啮合部件等造成损伤，某些时候还可能会使 MG1 产生过量电能。因此，如果转速传感器信号表明转速发生突变，HV ECU 确定 MG2 转速过大，则会施加制动力以抑制其转速，保护行星齿轮组。

如果只有一个驱动轮旋转过快，HV ECU 通过左右车轮的转速传感器监视它们的转速差，HV ECU 将指令发送到制动防滑控制 ECU，以对转速过快的车轮施加制动。这些控制方法可以起到与制动控制系统的 TRC 同样的作用。

5）雪地起步驱动轮转速控制功能。车辆在雪地起步时，驱动轮受控制和无控制状态下的转速情况，如图 3-1-56 所示。这一过程中，行星齿轮组的运行情况和驱动轮抓地力“模拟杠杆”图，如图 3-1-57 所示。

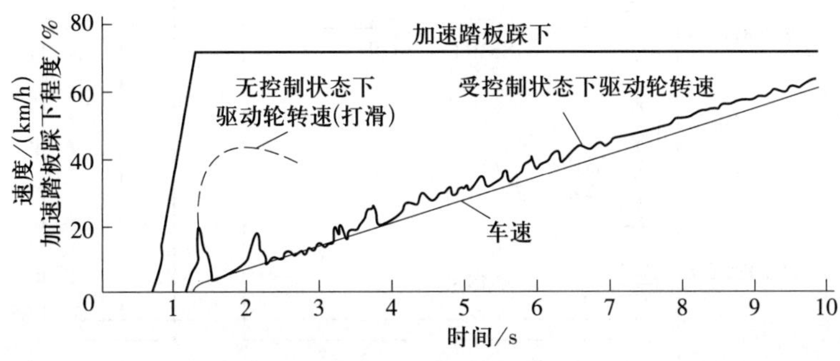

图 3-1-56 雪地起步时驱动轮受控制和不受控制状态下的转速情况

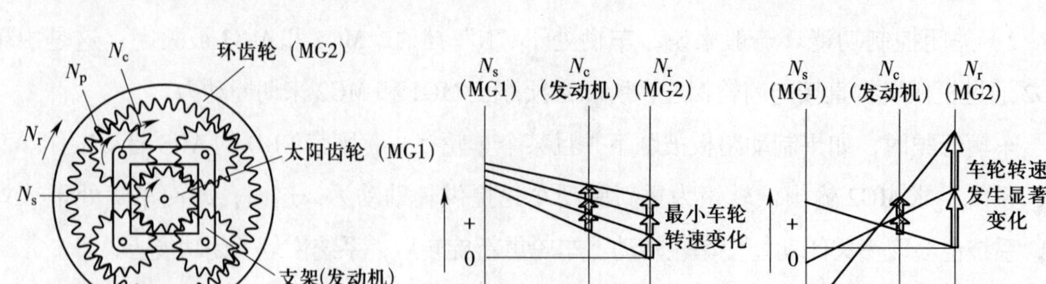

图 3–1–57　行星齿轮组的运行情况和驱动轮抓地力“模拟杠杆”图

如果驱动轮抓地力正常，那么 MG2（驱动轮）转速的变化很小，它们和发动机之间的速度差就很小，这样，行星齿轮组分界线的相对转速差也就很小，从而达到平衡，如图 3–1–57b 所示。

如果驱动轮失去牵引力，那么 MG2（驱动轮）的转速会有很大变化。这种情况下，由于转速变化量较小的发动机无法随 MG2 转动，会导致整个行星齿轮组的转速增加，如图 3–1–57c 所示。

HV ECU 通过 MG2 转速传感器提供的转速信号监测其转速变化，以计算驱动轮的打滑量，根据打滑量，HV ECU 将抑制 MG2 的旋转来控制制动力，如图 3–1–58 所示。

6）系统主继电器（SMR）控制功能。SMR 负责接收来自 HV ECU 的指令，以实现对 HV 动力蓄电池和变换器总成之间高压电路的连接或断开操作。这种继电器一共有 3 个，其中，负极侧有 1 个，正极侧有 2 个，如图 3–1–59 所示。这 3 个继电器配合工作，一起保证系统的正常运行状态。

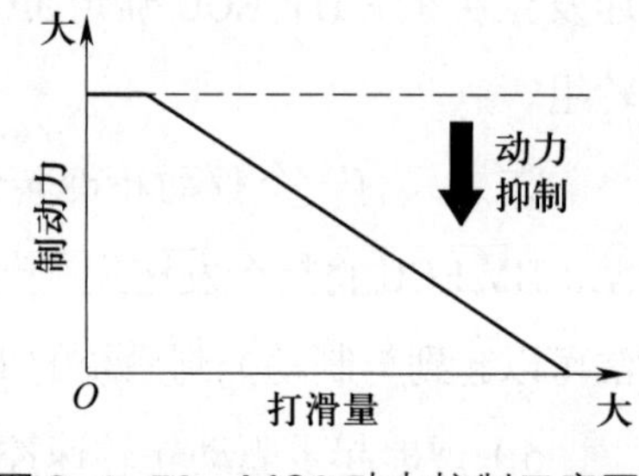

图 3–1–58　MG2 动力控制示意图

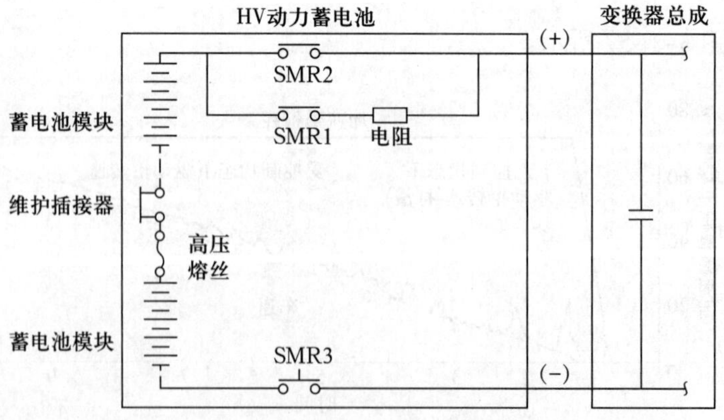

图 3–1–59　HV 动力蓄电池和变换器总成之间到高压电路

注：图中符号均为厂家手册原图，与国标存在差异。

①电源打开。电路中的SMR1和SMR3触点闭合；接下来，SMR2触点闭合，然后SMR1触点断开，如图3–1–60所示。这种方式可以控制流过电阻器的电流，使电路中的触点受到保护，避免强电流损害。

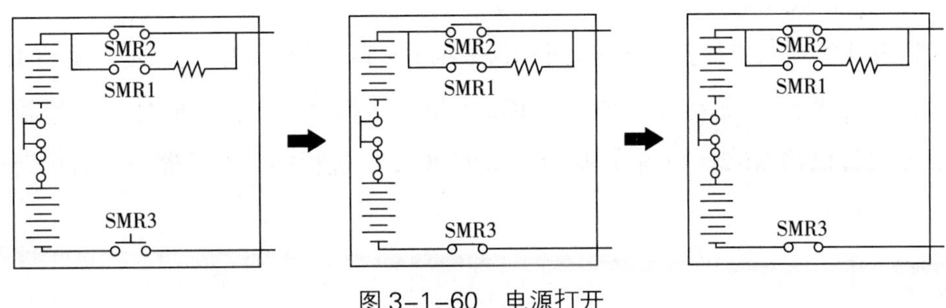

图3–1–60 电源打开

②电源关闭。SMR2和SMR3触点相继断开，HV ECU进而确认每一个继电器是否关闭，这样，HV ECU便可确认SMR2是否卡住，如图3–1–61所示。

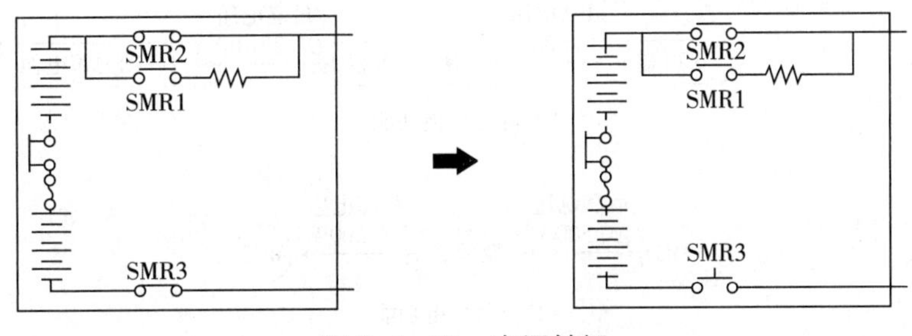

图3–1–61 电源关闭

（2）发动机ECU控制

发动机ECU接收到HV ECU发送的发动机目标转速和所需动力信号后，控制ETCS–i系统、燃油喷射量、点火正时和VVT–i系统，其控制框图如图3–1–62所示。

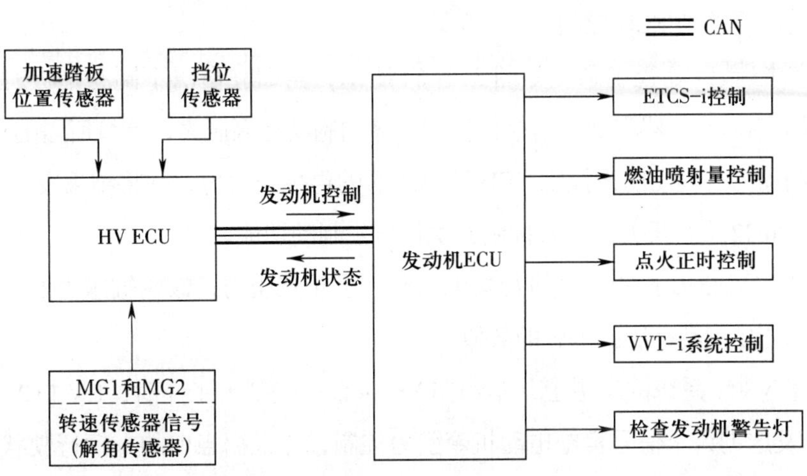

图3–1–62 发动机ECU控制框图

此外，发动机 ECU 还将发动机工作状态信号发送到 HV ECU；按照 THS-Ⅱ控制，发动机 ECU 在接收到 HV ECU 发送的发动机停止信号后，使发动机停机；系统出现故障时，发动机 ECU 通过 HV ECU 的指令打开检查发动机警告灯。

（3）变换器总成控制

变换器总成控制系统如图 3-1-63 所示，根据 HV ECU 提供的信号，变频器将 HV 动力蓄电池的直流电转换为交流电为 MG1、MG2 供电或执行反向操作。此外，变频器将 MG1 产生的交流电提供给 MG2，电流在从 MG1 流向 MG2 的过程中，变频器将交流电转换为直流电。

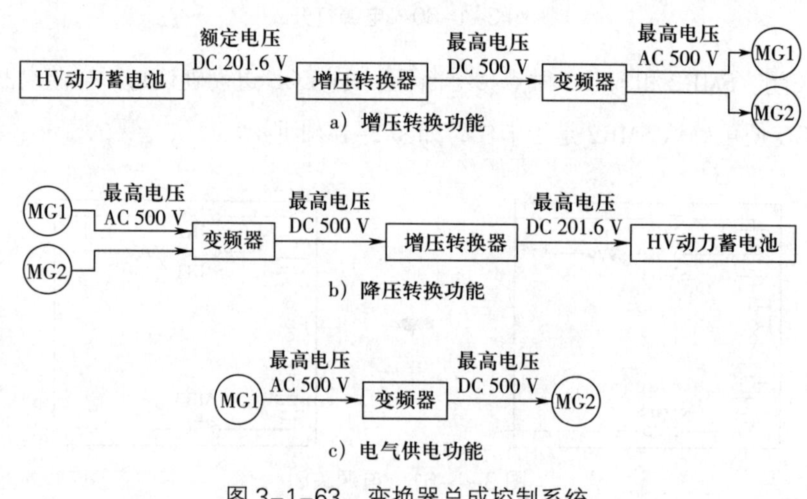

图 3-1-63　变换器总成控制系统

根据 MG1、MG2 发出的转子信息和从蓄电池 ECU 发送的 HV 动力蓄电池 SOC 信息等，HV ECU 将信号传输到变频器内部的功率晶体管，以转换 MG1、MG2 定子线圈的 U、V、W 相。关闭 MG1、MG2 的电流时，HV ECU 发送信号到变频器。

（4）制动防滑控制 ECU 控制

制动防滑控制 ECU 控制系统如图 3-1-64 所示，当驾驶员踩下制动踏板时，制动防滑控制 ECU 根据制动执行器和制动踏板行程传感器的制动总泵压力，计算所需的总制动力。

根据总制动力，制动防滑控制 ECU 计算所需的再生制动力，并将结果发送到 HV ECU。HV ECU 启动 MG2 进行反方向转矩控制并执行再生制动功能。

制动防滑控制 ECU 控制制动执行器电磁阀产生轮缸压力，该轮缸压力的大小等于总制动力减去实际再生制动控制因素后的数值。

在安装了 VSC+ 系统的车型上，车辆在 VSC+ 系统控制下工作时，HV ECU 根据制动防滑控制 ECU 发送的请求信号实施电动机牵引力控制，即根据当前的车辆行驶状态控制发动机、MG1 和 MG2。

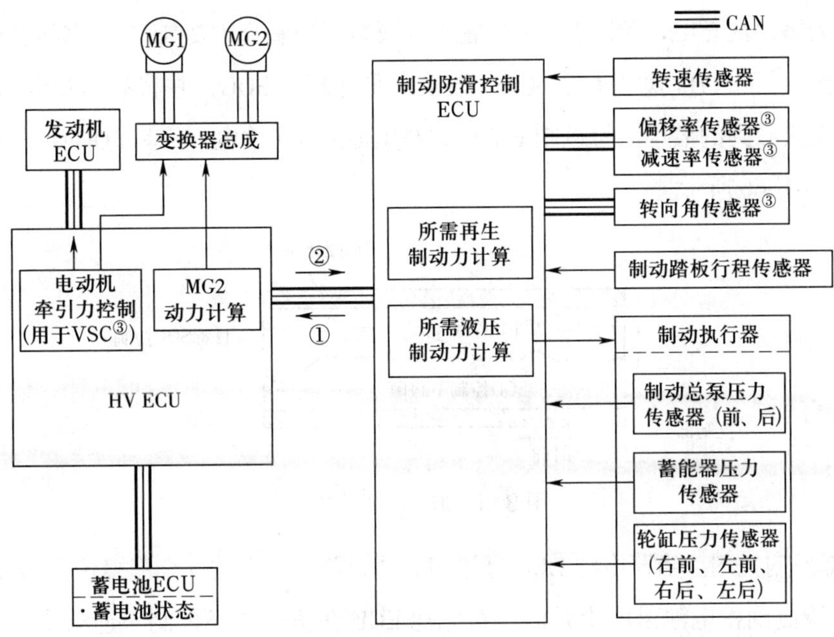

①再生制动力请求，电动机牵引力控制请求（用于 VSC+ 系统）

②实际再生制动控制数值，液压制动控制请求（用于下坡辅助控制）

③仅用于带 VSC+ 系统的车型

图 3-1-64　制动防滑控制 ECU 控制系统

（5）蓄电池 ECU 控制

蓄电池 ECU 控制系统如图 3-1-65 所示，其主要对 HV 动力蓄电池的 SOC（荷电状态）、温度、电压以及是否泄漏等进行实时监控，并将监控信息发送到 HV ECU。其中，蓄电池 ECU 通过 HV 动力蓄电池内的温度传感器检测其温度，并操作冷却风扇来控制温度。

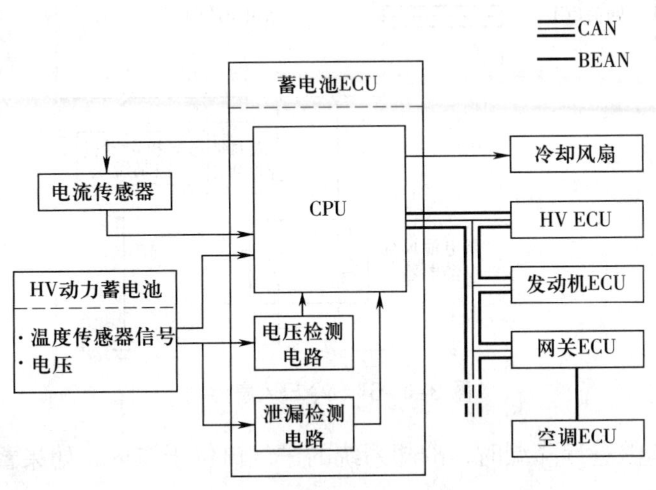

图 3-1-65　蓄电池 ECU 控制系统

1）SOC控制。车辆行驶时，由于加速期间HV动力蓄电池给MG2供电，减速时再生制动给HV动力蓄电池充电，所以HV动力蓄电池反复经历着充/放电过程。蓄电池ECU根据电流传感器检测到的HV动力蓄电池充/放电水平计算其SOC，并将数据发送到HV ECU，HV ECU根据接收到的数据信号控制HV动力蓄电池的充/放电，将其SOC始终控制在稳定水平，如图3-1-66所示。

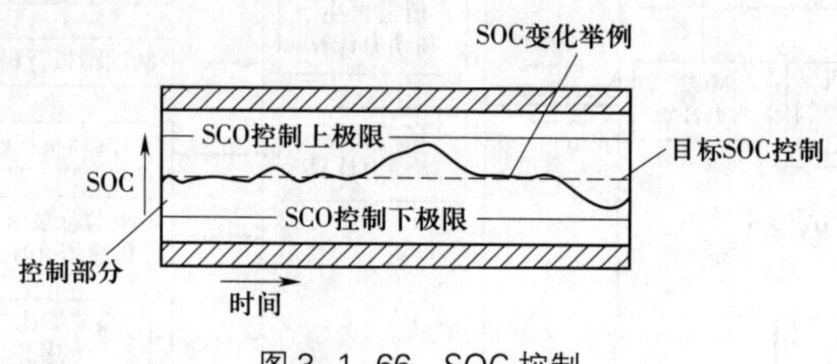

图3-1-66　SOC控制

2）冷却风扇控制。当蓄电池ECU通过HV动力蓄电池内的3个温度传感器和1个进气温度传感器检测到蓄电池温度上升时，蓄电池ECU在负载循环控制下连续启动冷却风扇，将HV动力蓄电池的温度维持在规定范围内，如图3-1-67所示。

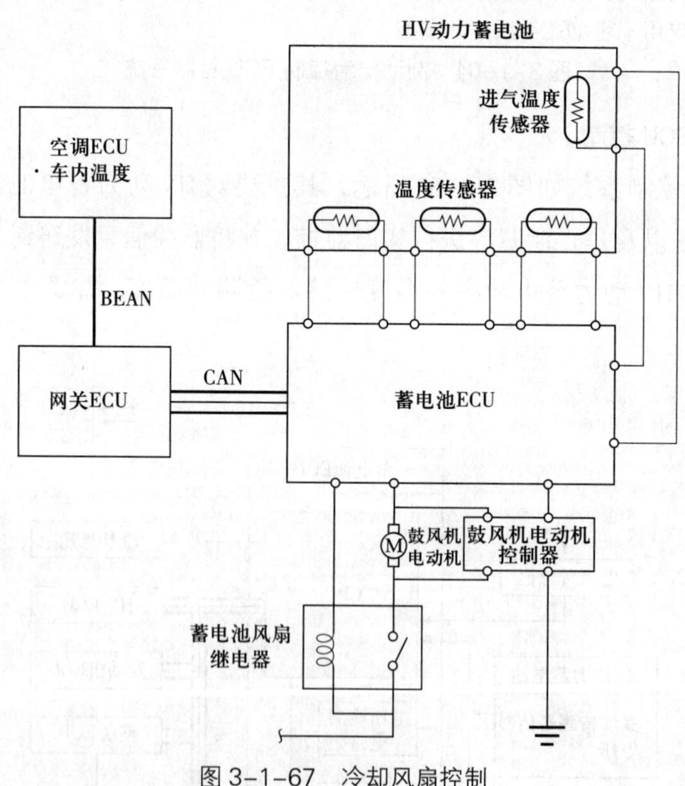

图3-1-67　冷却风扇控制

空调系统对车内进行降温时，冷却系统的进气口位于车内，如果蓄电池ECU检测到HV动力蓄电池的温度出现偏差，则蓄电池ECU会关闭冷却风扇或将其固定为低挡速，目的是为了先降低车内温度。

（6）汽车碰撞控制

汽车碰撞控制系统如图 3-1-68 所示，当车辆发生碰撞时，如果 HV ECU 接收到安全气囊传感器总成发出的气囊张开信号或变换器总成中断路器传感器发出的执行信号，HV ECU 将关闭 SMR（系统主继电器）从而切断总电源以确保安全。

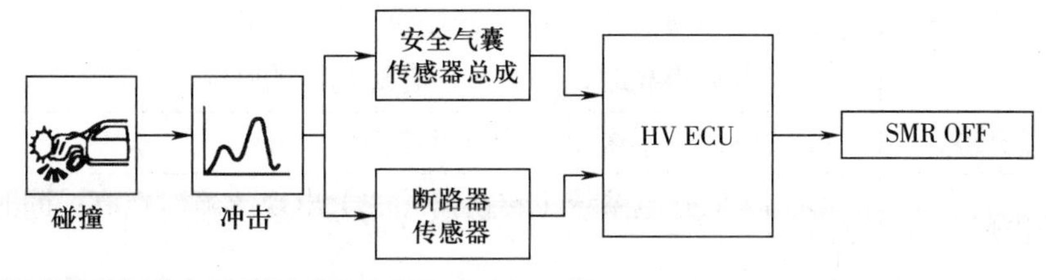

图 3-1-68 汽车碰撞控制系统

（7）纯电动驱动模式控制

为降低行车噪声和减少尾气排放，可以手动按下控制台上的 EV 模式开关，将车辆切换为纯电动驱动模式，如图 3-1-69 所示，模式切换后，组合仪表板上的 EV 模式指示灯将点亮。

图 3-1-69 EV 模式开关

切换为 EV 模式后，发动机停止工作，车辆只由 MG2 驱动行驶，除非发生以下情形：

1）EV 模式开关关闭。

2）车速超过规定值。

3）加速踏板角度超过规定值。

4）HV 动力蓄电池温度超出正常范围。

5）HV 动力蓄电池 SOC 下降到规定水平以下（如果 SOC 在规定水平以下，车辆在平坦路面上连续行驶 1 ~ 2 km 后，EV 模式将关闭）。

（8）指示和警告

THS-Ⅱ系统指示灯和警告灯的作用见表 3-1-5。

表 3-1-5　THS-Ⅱ系统指示灯和警告灯的作用

项目	概述
“READY”灯	车辆处于“P”挡时，如果驾驶员踩下制动踏板并同时按下启动按钮，此灯闪烁
主警告灯	此灯的主要功能是提示驾驶员 THS-Ⅱ系统出现故障或 HV 动力蓄电池 SOC 低于标准值，或是冷却液温度异常、油压异常、ESP 系统故障，以及变速器控制 ECU 故障等 主警告灯点亮时，一般会伴有蜂鸣器的鸣叫
检查发动机警告灯	发动机控制系统出现故障时点亮
充电警告灯	DC 12 V 充电系统（转换器总成）出现故障时点亮；同时，主警告灯点亮
HV 动力蓄电池警告灯	此警告灯点亮是通知驾驶员 SOC 低于最小标准值；同时，主警告灯点亮
混合动力系统警告灯	此警告灯点亮是通知驾驶员 THS-Ⅱ系统出现故障；同时，主警告灯点亮

在 THS-Ⅱ系统中，如果 HV ECU、发动机 ECU 或蓄电池 ECU 等检测到故障，则 ECU 会对故障进行诊断并储存诊断故障代码（DTC）。此外，为了通知驾驶员有故障发生，ECU 会触发相应警告灯点亮，甚至还会伴有蜂鸣声。

（9）诊断故障代码（DTC）存储

HV ECU、发动机 ECU 和蓄电池 ECU 将存储各自的 DTC。THS-Ⅱ系统在常规的 DTC 主 5 位代码的基础上新添加了 3 位数字信息代码。这样，在故障排除时可进一步缩小故障确认范围。

故障诊断时，可以使用智能测试仪Ⅱ读取 DTC。一些 DTC 较以往更加细化了怀疑部位，同时为其制定了新的 DTC；此外，还增添了和新增项目相对应的 DTC。

（10）安全保护

如果 HV ECU 检测到 THS-Ⅱ系统故障，那么它将根据存储器中的 DTC 控制系统。

第二节　丰田普锐斯混合动力系统主要部件

学习目标

1. 掌握丰田普锐斯混合动力系统蓄电池的结构和工作原理。
2. 掌握丰田普锐斯混合动力系统电动机 / 发电机的结构和性能特点。
3. 熟悉丰田普锐斯混合动力汽车底盘换挡驱动桥的组成、主要部件以及换挡控制系统。

一、丰田普锐斯混合动力系统蓄电池

第三代丰田普锐斯的HV动力蓄电池全部采用密封式的镍氢（Ni-MH）蓄电池。这种蓄电池具有功率密度高和使用寿命长的特点。

每个单体镍氢蓄电池的额定电压为1.2 V，在丰田普锐斯混合动力系统中，每6个单体镍氢蓄电池串联组成为一个7.2 V的电池模块，若干电池模块串联构成蓄电池组。第一代蓄电池组由38个电池模块组成，总电压为273.6 V；第二代和第三代蓄电池组由28个电池模块组成，总电压为201.6 V。

丰田普锐斯HV动力蓄电池总成包括蓄电池组、蓄电池ECU和SMR（系统主继电器）等，其集中组装在一个信号箱中，安装于行李舱靠近后排座椅下方，这样可更有效地利用车内空间，如图3-2-1所示。

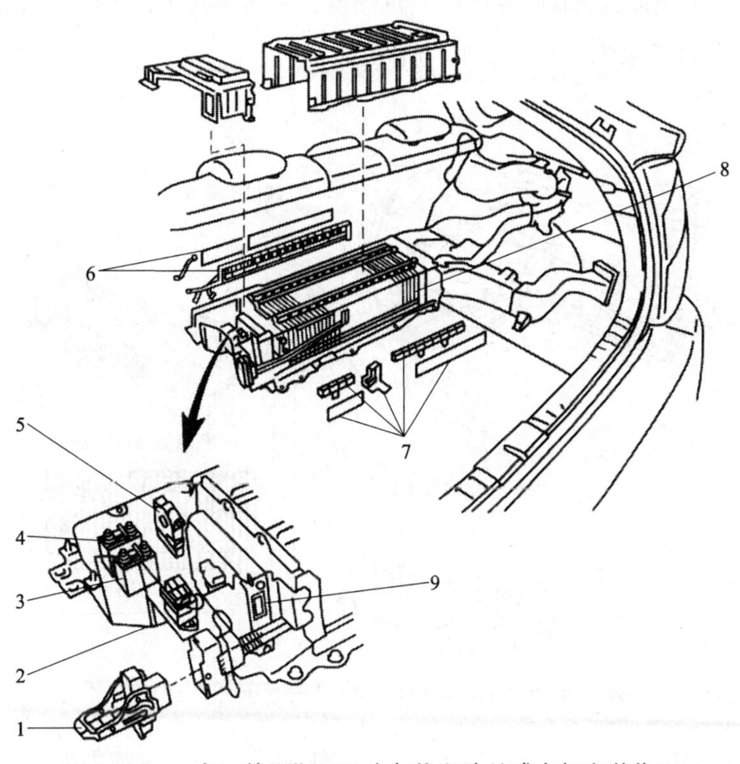

图3-2-1　丰田普锐斯HV动力蓄电池总成车辆安装位置

1—维护插接器　2—SMR1　3—SMR2　4—SMR3　5—电流传感器　6—前母线模块
7—后母线模块　8—蓄电池组　9—蓄电池ECU

1. 维护插接器

在检查或维修前应拆下维护插接器，如图3-2-2所示，确保HV动力蓄电池中部的高压电路被切断，以保证维修人员安全。维护插接器总成包括互锁的导线开关，检修时将卡箍翻起，关闭导线开关，进而切断SMR。为保证安全，在拔下维护插接器前一定要关闭点火开关。高压电路的主熔断器位于维护插接器总成内部。

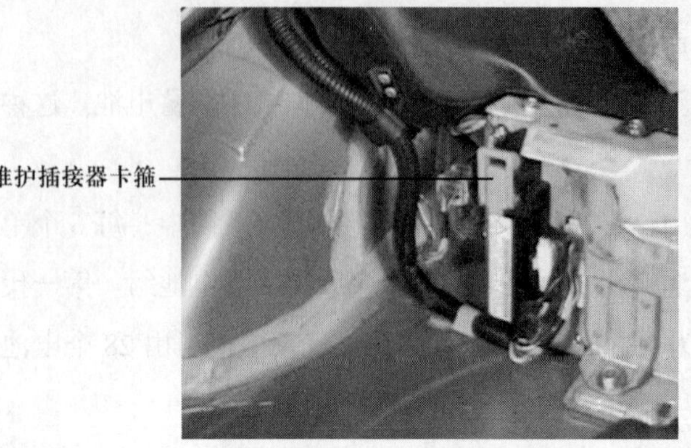

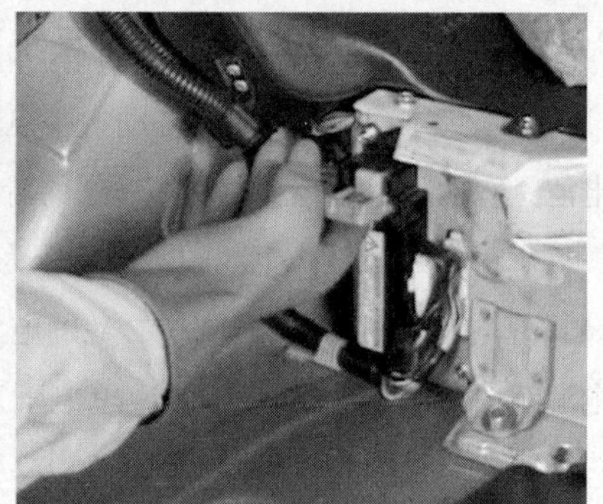

图 3-2-2　拆下维护插接器

2. HV 动力蓄电池冷却系统

HV 动力蓄电池重复充 / 放电会产生大量热量，为确保其正常工作，车辆为 HV 动力蓄电池配备了专用的冷却系统，如图 3-2-3 所示。

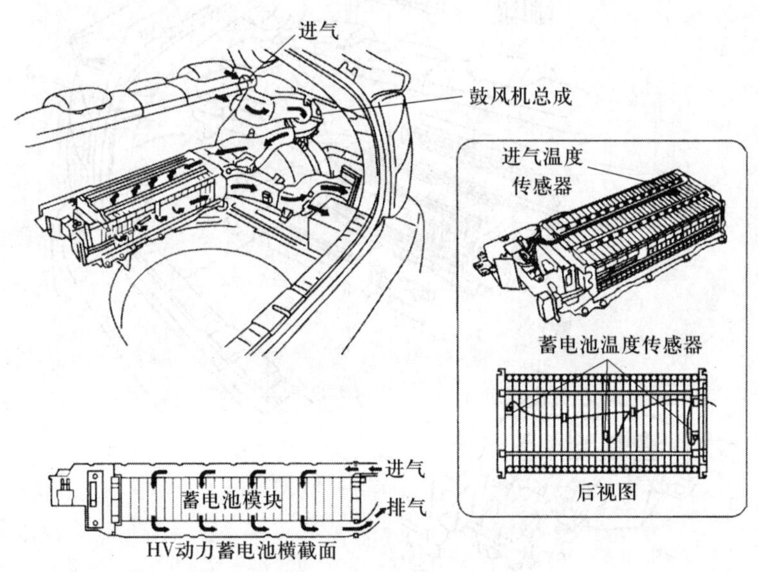

图 3-2-3　丰田普锐斯 HV 动力蓄电池冷却系统

行李舱右侧的冷却风扇可以通过后排座椅右侧的进气口吸进车内空气；此后，从蓄电池顶部右侧进入的空气从上到下流经蓄电池模块并将电池加以冷却；然后，空气经排气口排到车外。

蓄电池 ECU 控制冷却风扇工作，蓄电池 ECU 根据 HV 动力蓄电池内部的 3 个蓄电池温度传感器和进气温度传感器给出的信号将 HV 动力蓄电池温度控制在合适的范围内。

3. 蓄电池 ECU

图 3-2-4 所示为丰田普锐斯 HV 动力蓄电池总成，图中标示 2 为蓄电池 ECU 所在位置，其主要功能包括：

（1）监测 HV 动力蓄电池 SOC 水平，根据 SOC 变化情况，向 HV ECU 发出充 / 放电请求，确保 SOC 始终保持在标准值范围内。

（2）监测 HV 动力蓄电池的温度，根据温度变化情况，调整冷却风扇，使 HV 动力蓄电池的温度保持在正常范围内。

4. 荷电状态（SOC）

蓄电池 ECU 不断检测 HV 动力蓄电池的温度、电压和电流，同时也检查电池是否漏电。若检测到电池故障，则限制电池充 / 放电，以保护 HV 动力蓄电池。

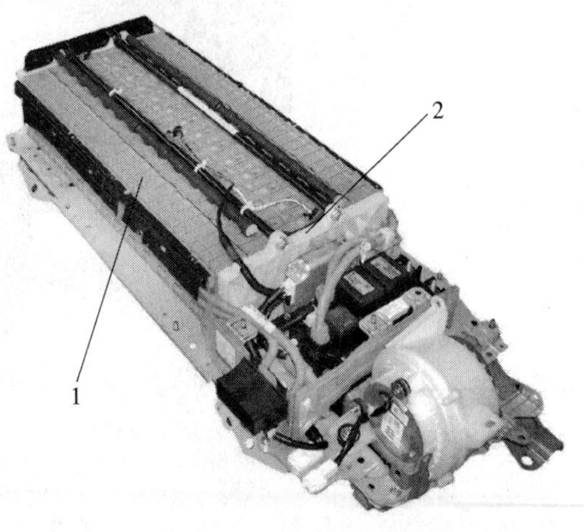

图 3–2–4 丰田普锐斯 HV 动力蓄电池总成
1—蓄电池组 2—蓄电池 ECU

HV 动力蓄电池的目标 SOC 为 60%，若 SOC 降到目标值以下，则 HV ECU 会向发动机 ECU 发出信号，增大输出功率，为 HV 动力蓄电池充电。若 SOC 只降低 20%，发动机不会输出动力。通常 SOC 从高到低的差值不超过 20% 为正常。若 SOC 变化量超过 20%，则意味着 HV 动力蓄电池不能修正或不能保持 SOC 的差值在可接受范围内。

5. 系统主继电器（SMR）

SMR 按照 HV ECU 发出的指令连接或断开 HV 动力蓄电池和变换器总成之间的高压电路，如图 3–2–5 所示。

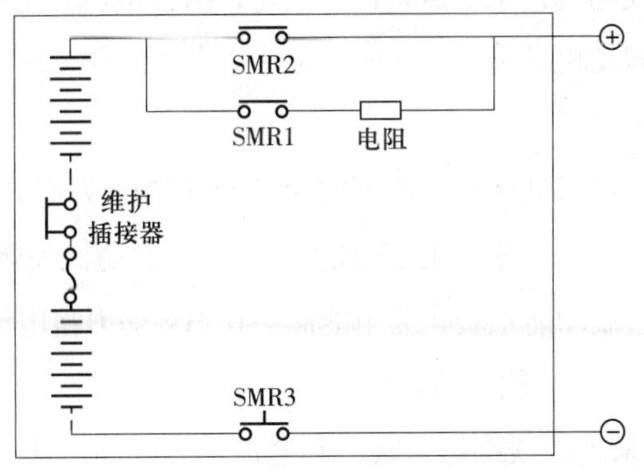

图 3–2–5 HV 动力蓄电池和变换器总成之间的高压电路

电路接通时，SMR1 和 SMR3 导通，SMR1 电路中的电阻保护电路可避免电路承受过大初始电流。SMR2 导通和 SMR1 断开时电流在电路中可自由流动。

6. 辅助蓄电池

丰田普锐斯混合动力汽车采用的 DC 12 V 免维护辅助蓄电池，如图 3–2–6 所示，其安装在行李舱中，通过连接的汽车金属车架接地。

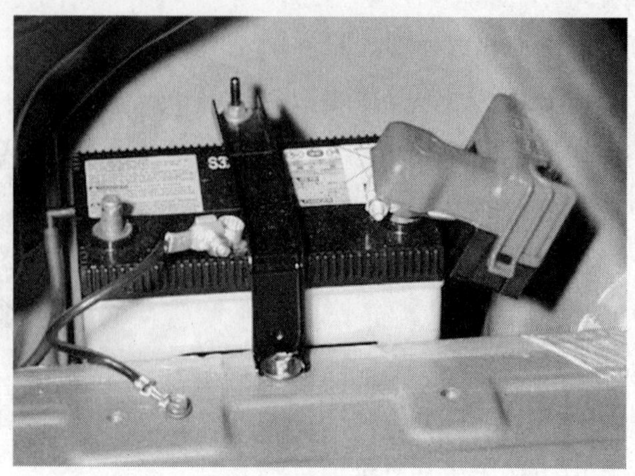

图 3-2-6　辅助蓄电池

辅助蓄电池只能用丰田专用的充电机充电，如果用其他充电机，要是没有专门的电压控制设施，可能会毁坏电池。充电时，将蓄电池从车上拆下。如果超过 2 周时间不用车，应断开蓄电池，以防止电池自放电。

二、丰田普锐斯混合动力系统电动机 / 发电机

丰田普锐斯混合动力系统有两台电动机 / 发电机，即 MG1 和 MG2。

1. MG1 的作用

（1）作为动力分离装置的控制元件。MG1 与太阳齿轮相连，动力控制单元按照一定的控制策略改变其转速和转矩，从而实现无级变速功能。

（2）作为发电机将发动机冗余能量转化为电能，给蓄电池充电或给 MG2 供电。

（3）作为发动机的起动机。

2. MG2 的作用

（1）提供辅助动力，以保证任何工况下发动机始终在高效区域工作。

（2）当汽车制动、下坡或驾驶员松开加速踏板时，发动机关闭，MG2 作为发电机，在汽车惯性作用下发电，将制动能量转化为电能储存在 HV 动力蓄电池中。

3. MG2 的输出功率特性和输出转矩特性

MG2 自第二代开始采用并联绕组方式，其通过升压回路，获得了比第一代串联绕组方式高 1 倍的工作电压，同时，第二代 MG2 还优化了气隙磁场，不仅缩小了体积，并且提高了转矩和效率；第三代 MG2 将工作电压进一步提高到了 650 V，最高输出功率增大了 20%，最高转速提高了约 1 倍，体积和质量也进一步缩减，如图 3-2-7 所示。

此外，由于体积减小，造成 MG2 转矩下降，因此第三代丰田普锐斯混合动力汽车的动力系统采用了一个行星齿轮作为 MG2 的减速机构。第三代 MG2 的输出功率特性如图 3-2-8 中虚线所示，输出转矩特性如图 3-2-8 中实线所示。

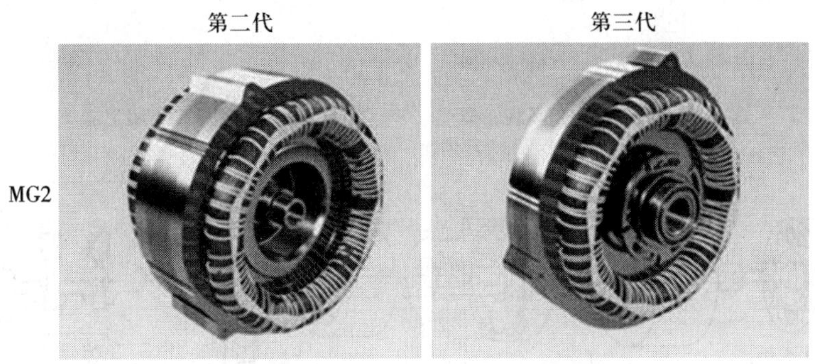

图 3-2-7 第二代和第三代 MG2

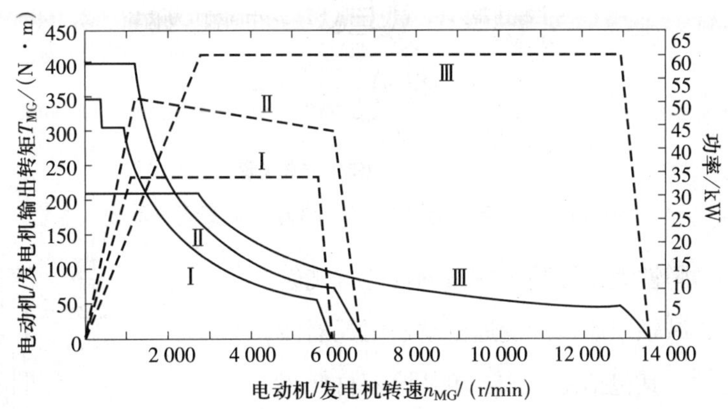

图 3-2-8 第三代 MG2 的输出功率特性和输出转矩特性

三、丰田普锐斯混合动力汽车底盘

1. 变速驱动桥

丰田普锐斯混合动力汽车变速驱动桥由行星齿轮组、变速驱动桥阻尼器、MG1、MG2和减速装置（包括无声链、中间轴主动齿轮、中间轴从动齿轮、差速器齿轮装置、主减速器环齿轮和主减速器小齿轮）等组成，其中，减速装置通过主动链轮与其他部件一起安装在同心轴上，动力通过主动链轮和无声链进行传递，如图 3-2-9 所示。

（1）行星齿轮组

发动机的输出功率通过行星齿轮组的传输被分为两部分，一部分用来驱动车辆行驶，另一部分用来驱动 MG1 发电。

作为行星齿轮组的一部分，太阳齿轮连接到 MG1 上，环齿轮连接到 MG2 上，行星架连接到发动机输出轴上，动力通过传动链传送到中间轴主动齿轮。

（2）变速驱动桥阻尼器

变速驱动桥阻尼器（也称减振器），如图 3-2-10 所示，采用了具有低扭转特性的螺旋

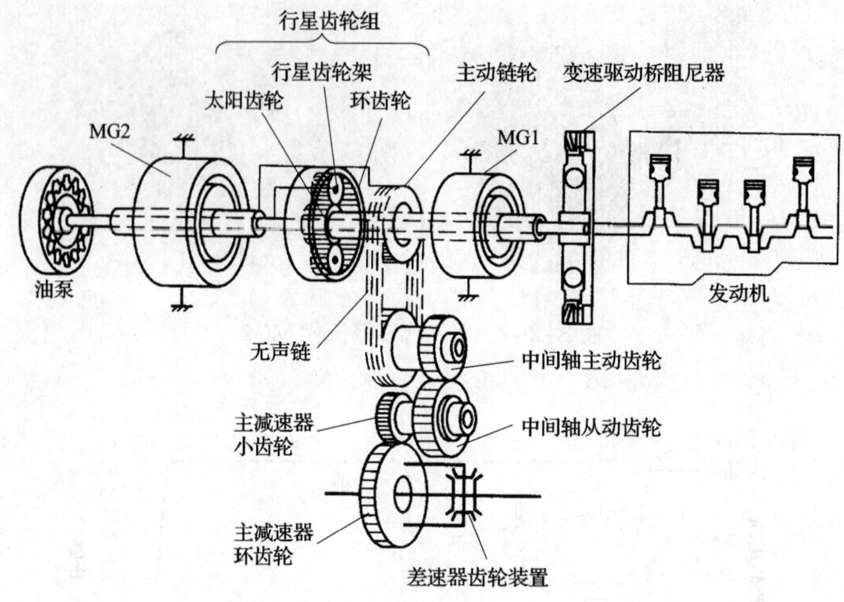

图 3-2-9　丰田普锐斯混合动力汽车变速驱动桥

弹簧，其刚度小、弹性大，提高了减振的性能。飞轮的形状得到优化，减轻了质量。变速驱动桥阻尼器传递发动机的驱动力，其包括用干式、单片摩擦材料制成的转矩波动吸收机构。

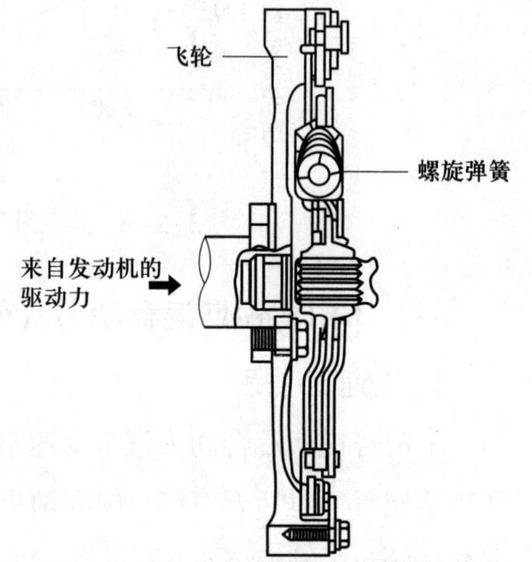

图 3-2-10　变速驱动桥阻尼器

（3）MG1 和 MG2

MG1 连接在行星齿轮组的太阳齿轮上，MG2 连接在环齿轮上。MG1 和 MG2 为精密仪器，因此不能对它们进行分解。如果这些组件发生故障，则整体更换混合动力变速驱动桥总成。

（4）减速装置

MG1 盖上的链轮支架为铝质材料，采用滚珠轴承承载中间轴从动齿轮轴。减速装置包括无声链、中间轴齿轮和主减速器齿轮。采用小链距的无声链可以保证运行时的静音效果，并且和齿轮传动机构相比，机构的总长度缩短。中间轴齿轮和主减速器齿轮的轮齿都经过高精密研磨，其齿腹得到了优化，以保证运行的高度安静。主减速器齿轮经过最佳配置，减小了发动机中心轴和差速器轴间的距离，使差速器的结构更加紧凑。

（5）差速器齿轮装置

采用和传统变速驱动桥差速器相类似的小齿轮型差速器齿轮装置。

（6）润滑装置

行星齿轮组和主轴轴承使用装有余摆曲线式油泵的强制润滑系统。减速装置和差速器使用同类型的润滑油。

2. 换挡控制系统

丰田普锐斯换挡控制系统采用紧凑型换挡杆（变速器换挡总成），如图 3–2–11 所示。其安装在仪表盘上，操作非常便利，驾驶员甚至可以用指尖控制；换挡后，驾驶员将手离开换挡杆，换挡杆会自动回到原位。

丰田普锐斯换挡控制系统采用电子通信变速系统，变速器换挡总成内的挡位传感器能检测挡位（“R”“N”“D”“B”）并发送信号到 HV ECU。HV ECU 控制发动机、MG1 和 MG2 的转速，从而产生最佳齿轮速比，其换挡控制原理如图 3–2–12 所示。

丰田普锐斯的驻车控制采用和换挡控制类似的电控装置，当驾驶员按下变速器换挡总成顶部的驻车开关时，“P”挡控制系统就会激活混合动力变速驱动桥上的换挡控制执行器，机械锁止中间轴从动齿轮，该齿轮与驻车锁齿轮连接，从而锁止驻车锁。

图 3–2–11 紧凑型换挡杆

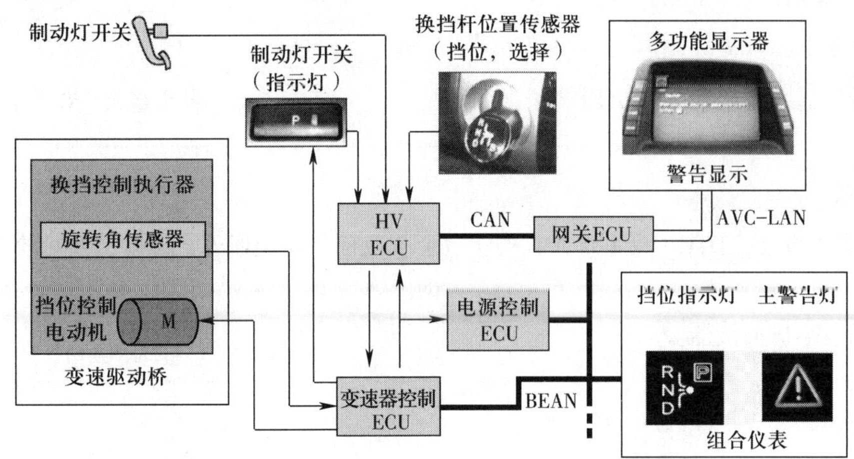

图 3–2–12 丰田普锐斯换挡控制原理

第三节　丰田普锐斯混合动力系统的维修

学习目标

1. 熟悉丰田普锐斯混合动力控制系统的电路及其特点。
2. 掌握丰田普锐斯混合动力汽车维修安全注意事项。
3. 掌握丰田普锐斯混合动力控制系统的维修。
4. 掌握丰田普锐斯 HV 动力蓄电池系统的维修。

一、丰田普锐斯混合动力控制系统维修

1. 注意事项

丰田普锐斯混合动力控制系统采用高压电路，不正确的操作可能导致漏电或电击，因此，检修过程中应特别注意以下事项：

（1）佩戴绝缘手套时

1）应检查手套是否破损，如图 3–3–1 所示。

2）应检查手套是否潮湿。

（2）对高压系统进行断电操作时

1）必须佩戴绝缘手套。

2）确保电源开关关闭。

3）断开辅助蓄电池上的负极端子电缆。

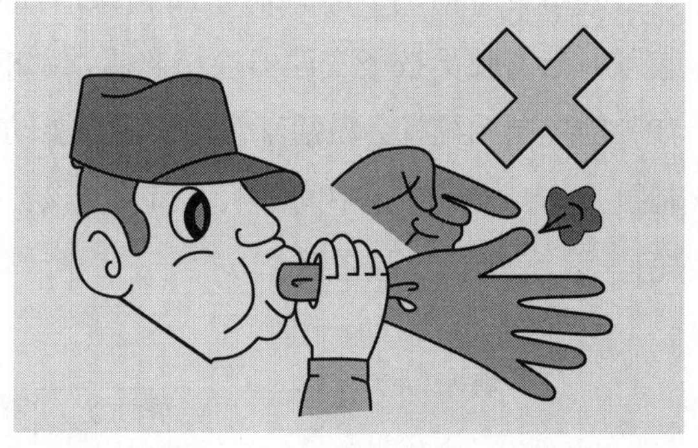

图 3–3–1　检查绝缘手套是否破损

注意：

断开电源后，DTC（故障诊断代码）也会被清除，因此断开电源前必须先检查 DTC。

4）拆下维护插接器。

注意：

拆下维护插接器后，不要操作电源开关，否则可能损坏混合动力汽车的蓄电池 ECU；检修车辆时，应将拆下来的维护插接器放到衣袋内，以防止他人重新连接维护插接器。

5）车辆放置 5 min。变换器总成内的高压电容器放电至少需要 5 min。

（3）检查线束和连接器时

高压电路的线束和连接器都是橙色的，HV 动力蓄电池等高压零件都贴有“高压”警

示，注意不要触碰配线。

（4）检查和维修时

1）工作开始前一定要断开电源。

2）检查、维修任何高压配线和零件时，必须佩戴绝缘手套。

3）对高压系统进行操作时，用类似“高压工作，请勿靠近！”的警告牌警示其他人员。

4）不要携带任何类似卡尺或测量卷尺的金属物体，这些物体可能掉落引起短路；拆下任何高压配线后，立刻用绝缘胶带将其绝缘，如图 3–3–2 所示。

5）务必按规定力矩将高压螺钉端子拧紧，力矩不足或过大都可能导致故障发生。

6）完成对高压系统的操作后和重新安装维护插接器前，应再次确认在工作平台周围没有遗留任何零件或工具，并确认高压端子已拧紧、连接器已连接。

2. 控制系统电路及主要部件位置

（1）控制系统电路

丰田普锐斯混合动力控制系统电路如图 3–3–3、图 3–3–4、图 3–3–5 和图 3–3–6 所示。

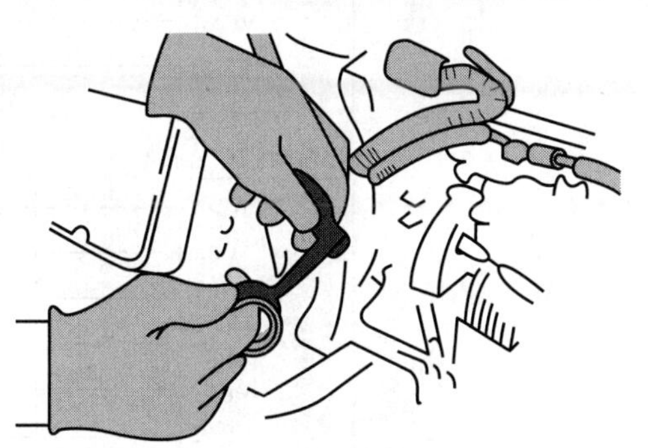

图 3–3–2　绝缘高压配线

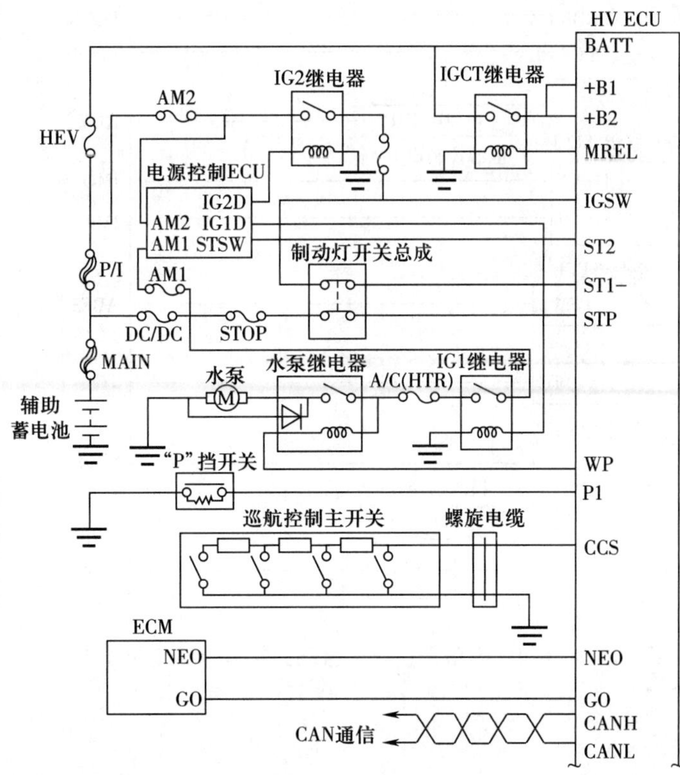

图 3–3–3　丰田普锐斯混合动力控制系统电路（1）

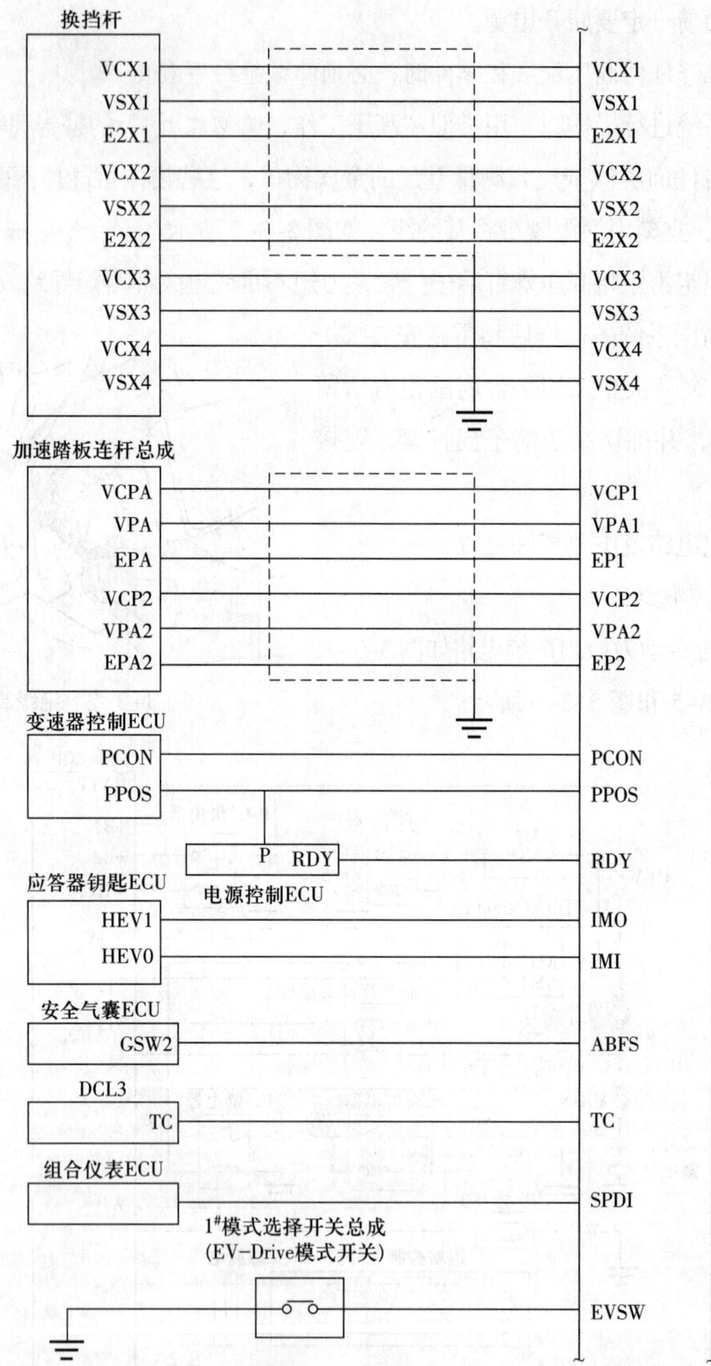

图 3-3-4　丰田普锐斯混合动力控制系统电路（2）

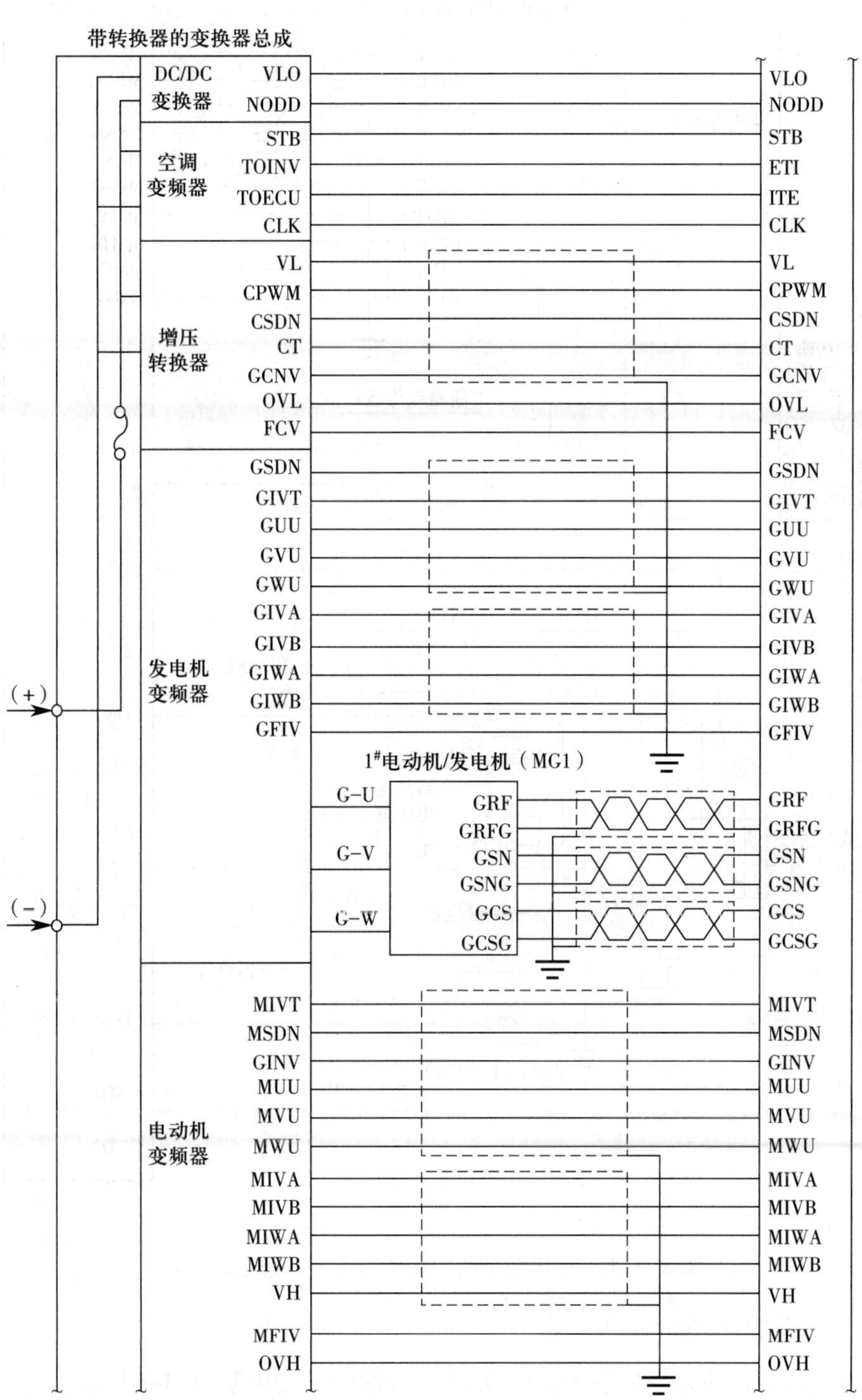

图 3-3-5　丰田普锐斯混合动力控制系统电路（3）

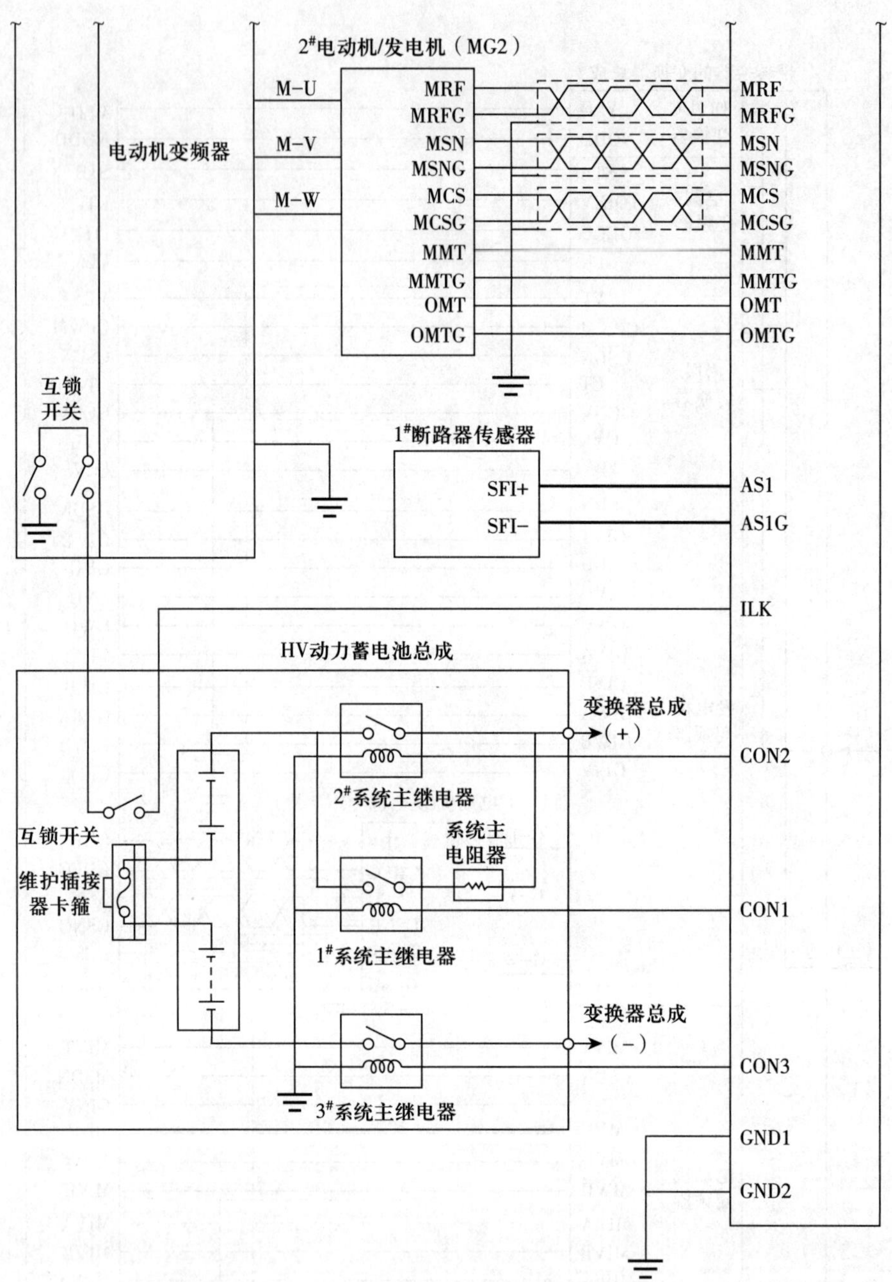

图 3-3-6　丰田普锐斯混合动力控制系统电路（4）

（2）控制系统主要部件位置

丰田普锐斯混合动力控制系统主要部件位置如图 3-3-7 和图 3-3-8 所示。

（3）HV 动力蓄电池主要部件位置

丰田普锐斯 HV 动力蓄电池主要部件位置如图 3-3-9 所示。

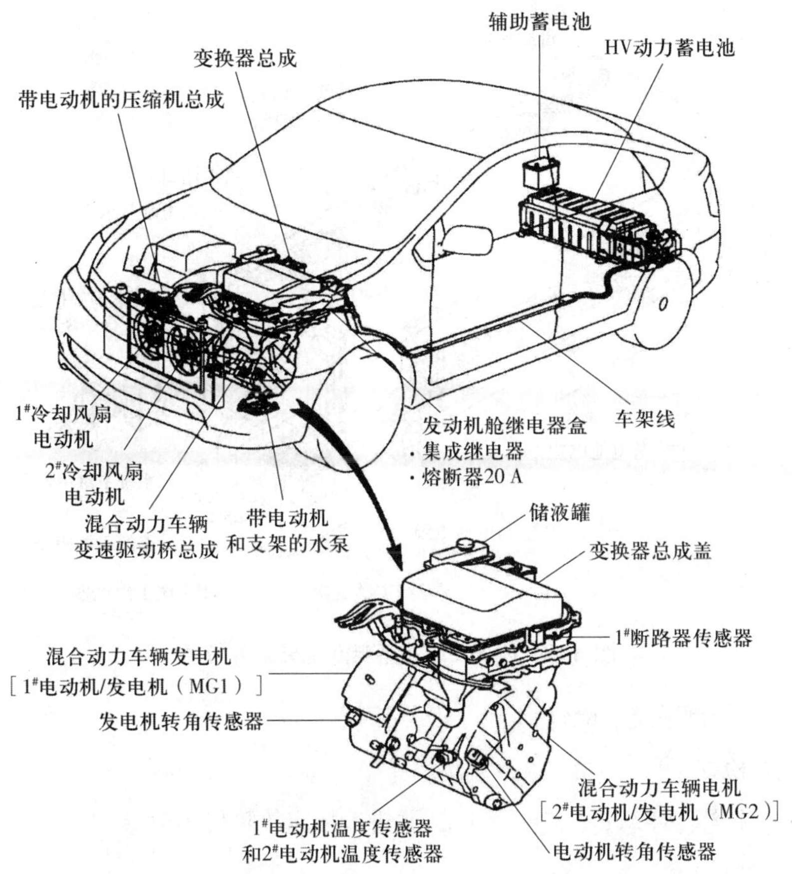

图 3-3-7 丰田普锐斯混合动力控制系统主要部件位置（1）

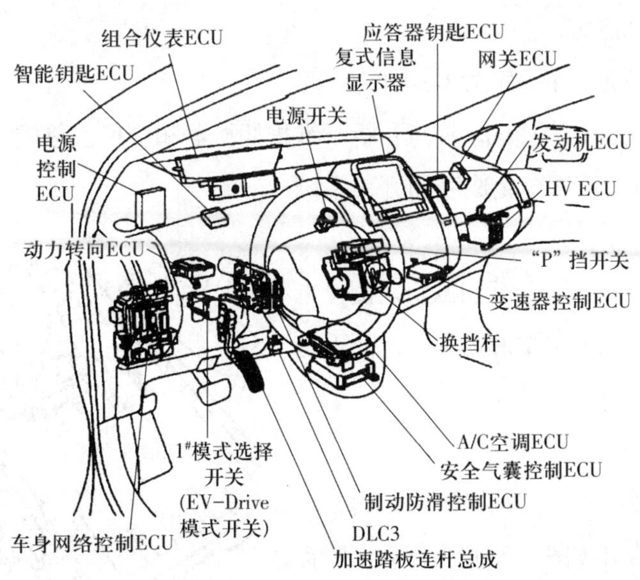

图 3-3-8 丰田普锐斯混合动力控制系统主要部件位置（2）

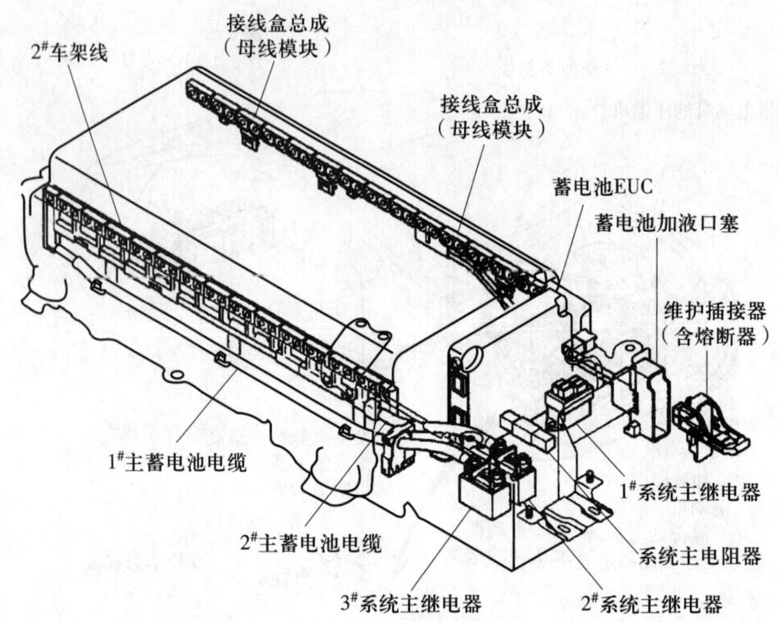

图 3–3–9　HV 动力蓄电池主要部件位置

3. 混合动力控制系统的检查

（1）变频器检查

检查前佩戴好绝缘手套；先查看 DTC，并进行相应故障代码清除。

1）关闭电源开关。

2）拆下维护插接器。

3）拆下变换器总成盖。

4）断开连接端子 A 和 B，如图 3–3–10 所示。

5）打开电源开关（IG 位置）。注意：拆下维护插接器和变换器总成盖后，如果再打开电源开关（IG 位置），系统会生成互锁开关系统的 DTC。

6）用电压表测量电压，然后用欧姆表测量电阻。注意：该项检查应该在线束侧进行，而不是在端子侧进行。

（2）变换器总成检查

检查前佩戴好绝缘手套；如果 HV 系统警告灯（图 3–3–11）、主警告灯（图 3–3–12）和放电警告灯（图 3–3–13）同时点亮，则检查 DTC 并进行相应故障排除。

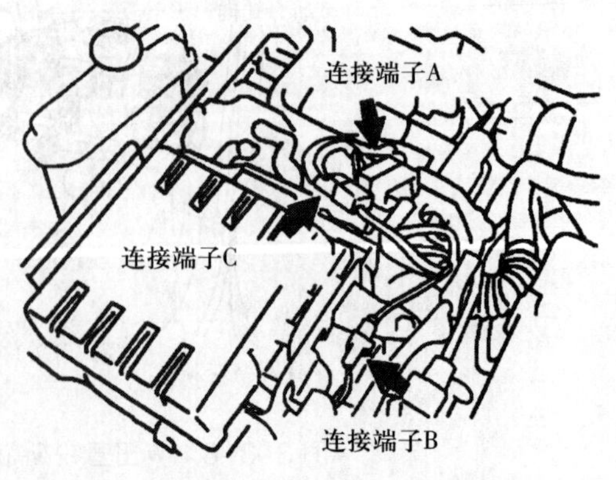

图 3–3–10　变换器总成连接端子

图 3–3–11 HV 系统警告灯

图 3–3–12 主警告灯

图 3–3–13 放电警告灯

1）检查运行情况

在“READY”灯（图 3–3–14）点亮和熄灭时，用电压表测量辅助蓄电池的端电压。辅助蓄电池端电压的标准值见表 3–3–1。

图 3–3–14 “READY”灯

表 3–3–1 辅助蓄电池端子的电压标准

“READY”灯	电压 /V
ON	14
OFF	12

注：“READY”灯点亮时，转换器输出电压；熄灭时，辅助蓄电池输出电压。

2）检查输出电流

①断开变换器总成上与 MG1 和 MG2 的连接电缆。

②在图 3–3–15 所示位置，安装万用表的交流 / 直流 400 A 探针。

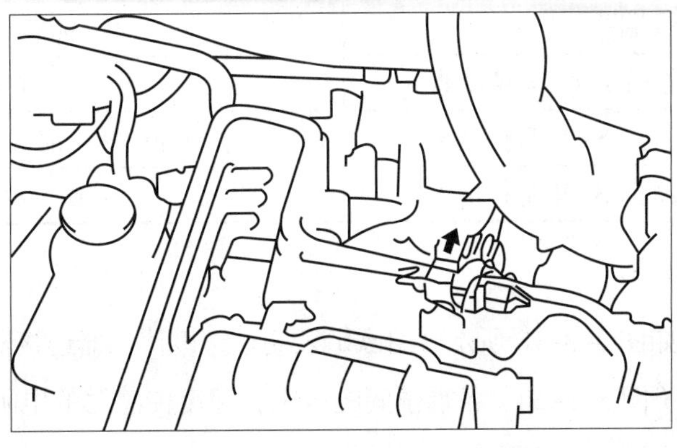

图 3–3–15 断开连接器（1）

③将 MG1 和 MG2 电缆连接到变换器总成。

④在“READY”灯点亮的条件下，依次操作 12 V 的电气设备，然后测量输出电流。

标准输出电流大约为 80 A 或更小，如果输出电流为 0 A 或大于 80 A，则检查输入 / 输出信号。

3）检查输入 / 输出信号

①如图 3–3–16 所示断开连接器。

②用电压表测量车身接地与车辆侧线束连接器的端子间的电压，此电压应与辅助蓄电池端子电压相同。

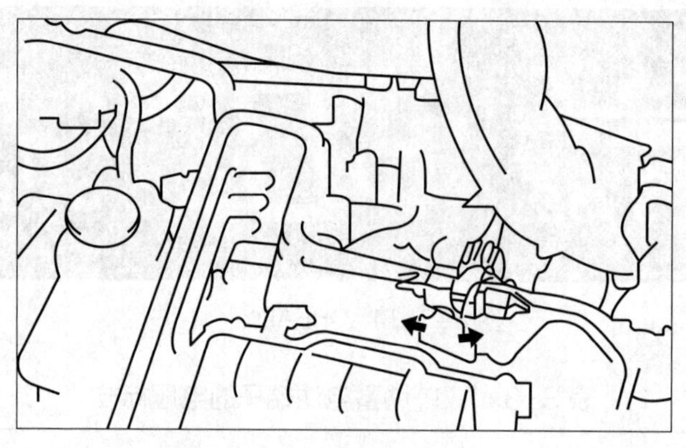

图 3–3–16　断开连接器（2）

③打开电源开关（在 IG 位置），用电压表和欧姆表测量车辆线束侧连接器端子（图 3–3–17）间的电压和电阻，连接器端子间的电压和电阻标准值见表 3–3–2；如果测量结果不符合标准值，则更换变换器总成。

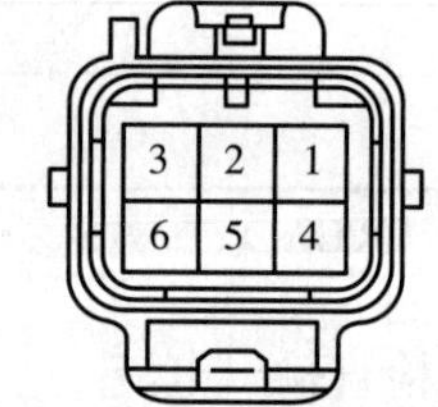

图 3–3–17　车辆线束侧连接器端子

表 3–3–2　连接器端子间的电压和电阻标准值

测量端子	标准值
端子 5– 车身接地（IGCT– 车身接地）	8 ~ 16 V
端子 3– 车身接地（S– 车身接地）	与辅助蓄电池端子电压相同
端子 1– 车身接地（S– 车身接地）	120 ~ 140 Ω

（3）速度传感器检查

速度传感器位置如图 3–3–18 所示，用欧姆表测量速度传感器连接器 A（图 3–3–19）和速度传感器连接器 B（图 3–3–20）各端子间的电阻，速度传感器的电阻标准值见表 3–3–3。如果测量结果不符合标准值，则更换车辆变速驱动桥总成。

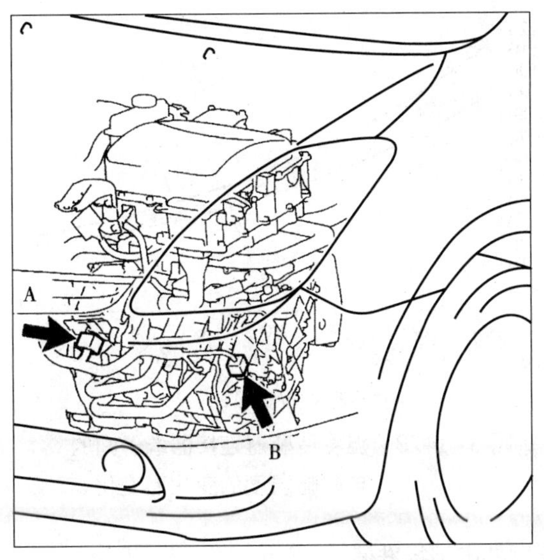

图 3–3–18　速度传感器位置

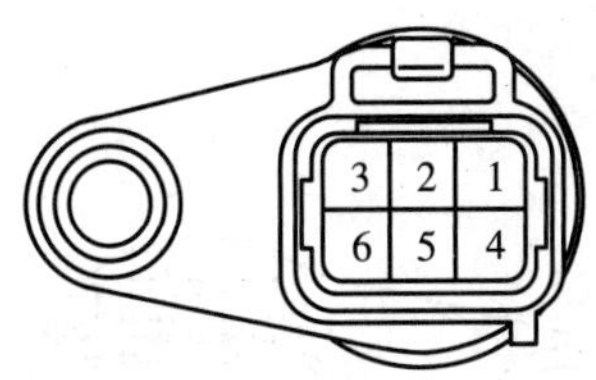

图 3–3–19　速度传感器连接器 A 端子

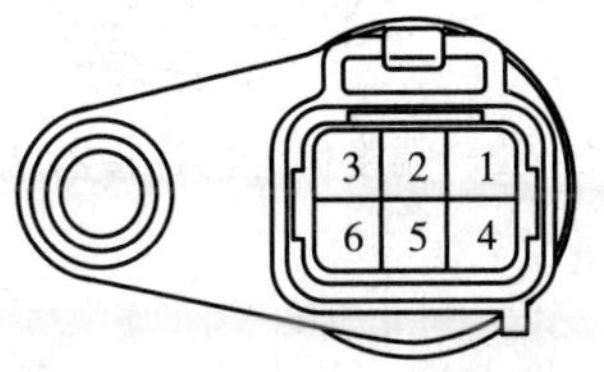

图 3–3–20　速度传感器连接器 B 端子

表 3–3–3　速度传感器的电阻标准值

测量端子	标准值
A1–A4（GCS–GCSG）	12.6 ~ 16.8 Ω
A2–A3（GCN–GSG）	12.6 ~ 16.8 Ω
A3–A4（GRF–GRFG）	7.65 ~ 10.2 Ω
B1–B4（MRF–MRFG）	7.65 ~ 10.2 Ω
B2–B2（MSN–MSNG）	12.6 ~ 16.8 Ω
B1–B4（MCS–MCSG）	12.6 ~ 16.8 Ω
上述所有端子 – 变速驱动桥壳	10 kΩ 或更大

（4）温度传感器检查

温度传感器位置如图 3–3–21 所示，用欧姆表测量温度传感器连接器端子（图 3–3–22）间的电阻，温度传感器连接器端子间的电阻随温度的变化而变化，如图 3–3–23 所示，温度传感器的电阻标准值见表 3–3–4。如果不符合标准值，则更换混合动力车辆变速驱动桥总成。

图 3–3–21　温度传感器位置

（5）加速踏板位置传感器检查

检查时，不用从加速踏板上拆下传感器，由 HV ECU 连接器端子进行检查即可，如图 3–3–24 所示。

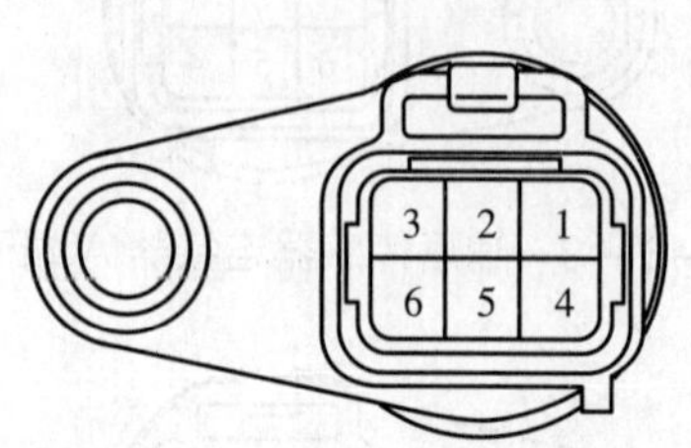

图 3–3–22　温度传感器连接器端子

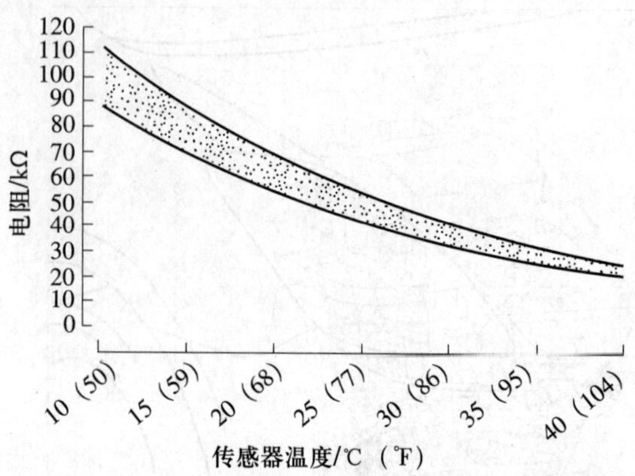

图 3–3–23　温度传感器连接器端子间的电阻随温度的变化而变化

表 3–3–4　温度传感器的电阻标准值

测量端子	标准值
C1–C4（MMT–MMTG）	10 ℃时，87.3 ~ 110.5 kΩ 40 ℃时，23.8 ~ 28.5 kΩ
C3–C6（OMT–OMTG）	10 ℃时，87.3 ~ 110.5 kΩ 40 ℃时，23.8 ~ 28.5 kΩ
上述所有端子 – 变速驱动桥壳	10 kΩ 或更大

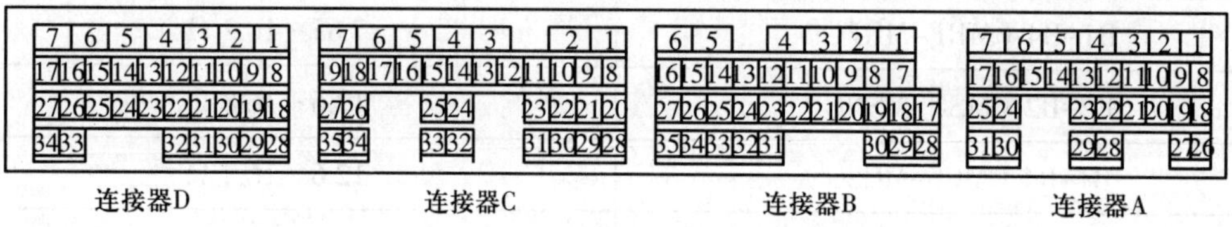

连接器D　连接器C　连接器B　连接器A

图 3–3–24　HV ECU 连接器端子

1）打开电源开关（在 IG 位置）。

2）用电压表测量。加速踏板位置传感器端子间的电压标准值见表 3–3–5。如果不符合标准值，则更换加速踏板连杆总成。

表 3–3–5　加速踏板位置传感器端子间的电压标准值

测量端子	测量条件	标准值
B25–B27（VCPl–EP1）	正常	4.5 ~ 5.5 V
B26–B27（VPAl–EP1）	不踩下加速踏板	0.5 ~ 1.1 V
B26–B27（VPAl–EPl）	逐渐踩下加速踏板	电压缓慢升高
B26–B27（VPAl–EPl）	完全踩下加速踏板	2.6 ~ 4.5 V

续表

测量端子	测量条件	标准值
B33–B35（VCP2–EP2）	正常	4.5 ~ 5.5 V
B34–B35（VPA2–EP2）	不踩下加速踏板	1.2 ~ 2.0 V
B34–B35（VPA2–EP2）	逐渐踩下加速踏板	电压缓慢升高
B34–B35（VPA2–EP2）	完全踩下加速踏板	3.4 ~ 5.3 V

4. 故障诊断实例——驱动电动机变换器总成电压过低故障

驱动电动机变换器总成电压过低故障的 DTC 为 POA78，其含义见表 3–3–6。

表 3–3–6 驱动电动机变换器总成电压过低故障 DTC 的含义

DTC	INF 代码	DTC 检测条件	故障可能发生部位
POA78	266	变换器总成电压（VH）传感器电路开路或 GND 短路	线束或连接器 变换器总成 HV ECU
POA78	267	变换器总成电压（VH）传感器电路 +B 短路	线束或连接器 变换器总成 HV ECU

（1）电路

变换器总成内的变频器包含一个三相桥电路，如图 3–3–25 所示，它由功率晶体管组成，用来转换直流电和三相交流电，晶体管的激活由 HV ECU 控制。

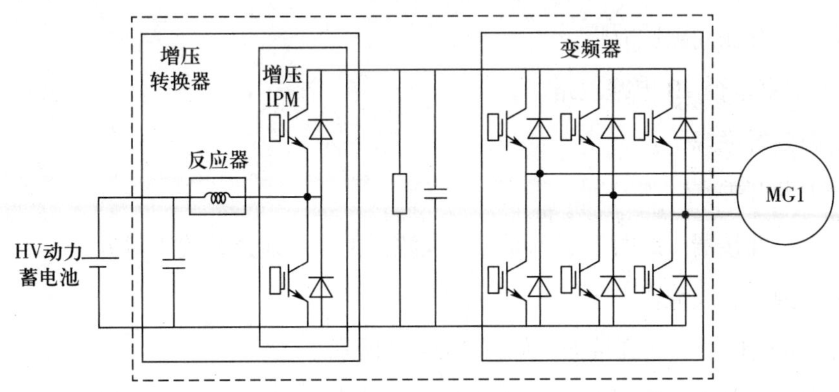

图 3–3–25 变换器总成内包含的三相桥电路

HV ECU 利用内置于变换器总成中的电压传感器，检测变换器总成升压后的高压并进行升压控制。变换器总成电压传感器根据变换器总成高压的不同，输出一个 0 ~ 5 V 的电压。高压值越高，输出电压越高；高压值越低，输出电压也越低，如图 3–3–26 所示。HV ECU 监控变换器总成电压变化并检测故障。

（2）检查步骤

检查高压系统之前，应采取必要的安全措施，避免发生触电事故。如戴上绝缘手套，拆下维护插接器并放置于衣袋内，等待高压电容器放电，时间至少 5 min，其间不要接触任何高压连接器或端子。

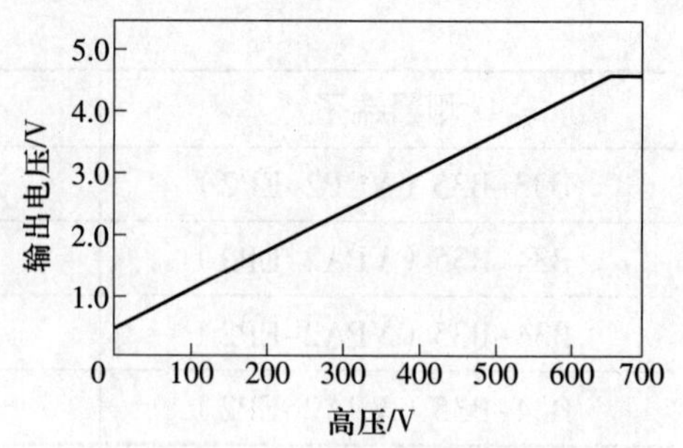

图 3–3–26　电压传感器输出电压与变换器总成高压的变化关系

1）读取 DTC（HV ECU）

①将智能测试仪Ⅱ连接至 DLC3。

②打开电源开关（在 IG 位置）。

③打开智能测试仪Ⅱ。

④进入智能测试仪Ⅱ的下列菜单：Powertrain/Hybrid Control/DTC。

⑤读取 DTC。

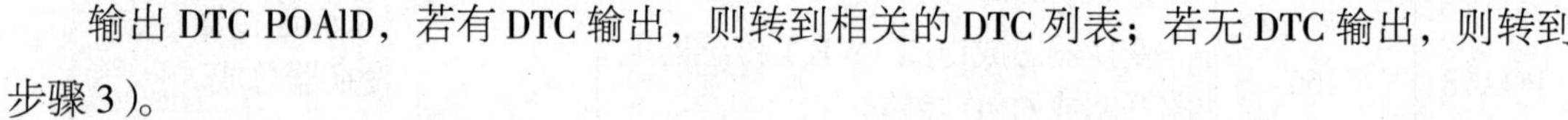
输出 DTC POAlD，若有 DTC 输出，则转到相关的 DTC 列表；若无 DTC 输出，则转到步骤 3）。

2）读取智能测试仪Ⅱ的数据（升压后 VH 电压）

①将智能测试仪Ⅱ连接至 DLC3。

②打开电源开关（IG 位置）。

③打开智能测试仪Ⅱ。

④进入智能测试仪Ⅱ的下列菜单：Powertrain/Hybrid Control/Data List。

⑤智能测试仪Ⅱ显示出升压数据。如果 VH 电压显示为 765 V，说明存在 +B 电路短路；如果 VH 电压显示为 0 V，说明存在电路开路或 GND 短路；如果 VH 电压显示为 1 ~ 764 V，则检查电路是否存在间歇性故障。

3）检查线束是否 +B 电路短路

操作前佩戴好绝缘手套。

①关闭电源开关。

②拆下维护插接器（此时一定不要打开电源开关，否则会导致故障）。

③拆下变换器总成盖。

④断开 I10 变换器总成连接器，如图 3–3–27 所示。

⑤打开电源开关（IG 位置）。

⚠ 注意：

拆下维护插接器和变换器总成盖后，如果打开电源开关（IG 位置），将输出互锁开关系统的 DTC。

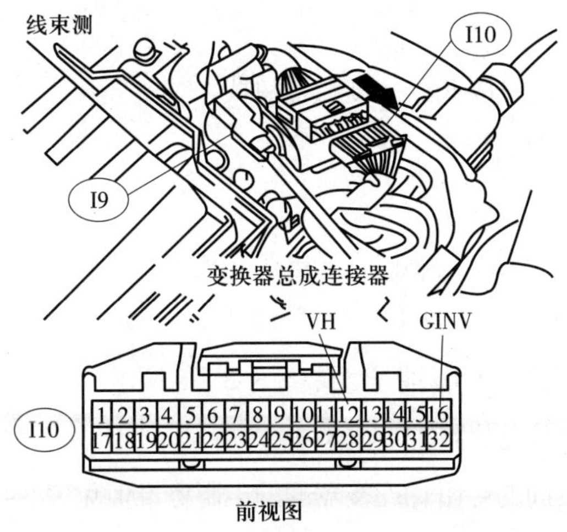

图 3-3-27　I10 变换器总成连接器

⑥进入智能测试仪Ⅱ的下列菜单：Powertrain/Hybrid Control/Data List。

⑦智能测试仪Ⅱ显示出数据，读取 VH 电压值，其标准值应为 0 V。

⑧关闭电源开关。

⑨重新连接变换器总成连接器。

⑩重新安装变换器总成盖。

重新安装维护插接器，若异常，则进行步骤④；若正常，则更换变换器总成。

4）检查 HV ECU 是否 +B 电路短路

①断开 HV ECU 连接器的 H11 端子，如图 3-3-28 所示。

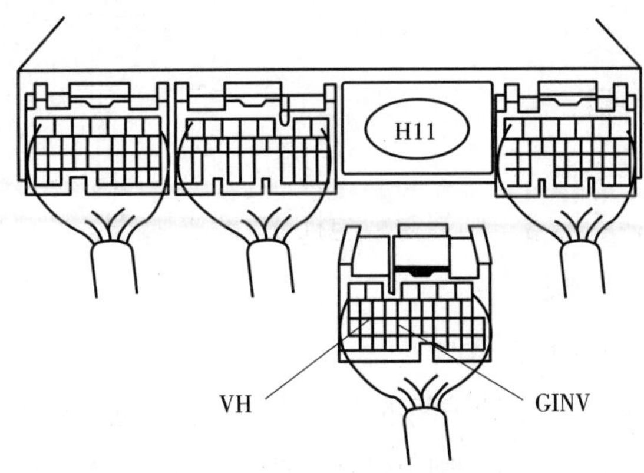

图 3-3-28　断开 HV ECU 连接器的 HI1 端子

②打开电源开关（IG 位置）。

③进入智能测试仪Ⅱ的下列菜单：Powertrain/Hybrid Control/Data List。

④智能测试仪Ⅱ显示出数据，读取 VH 电压值，其标准值应为 0 V。

⑤重新连接 HV ECU 连接器，若异常，则更换 HV ECU；若正常，则修理或更换线束和连接器。

5）检查线束和连接器（HV ECU、变换器总成）

操作前佩戴好绝缘手套。

①关闭电源开关。

②拆下维护插接器（这时一定不要打开电源开关）。

③拆下变换器总成盖。

④断开 HV ECU 连接器的 H11 端子，如图 3–3–28 所示。

⑤断开 I10 变换器总成连接器，如图 3–3–27 所示。

⑥检查线束侧连接器间的电阻，连接器间的电阻标准值见表 3–3–7 和表 3–3–8。

表 3–3–7　连接器间的电阻标准值（开路检查）

测量端子	标准值
VH（H11～26）–VH（I10～12）	小于 1 Ω
GINV（H11～23）–GINV（I10～16）	小于 1 Ω

表 3–3–8　连接器间的电阻标准值（短路检查）

测量端子	标准值
VH（H11～26）或 VH（I10～12）– 车身接地	10 kΩ 或更大
GINV（H11～23）或 GINV（I10～16）– 车身接地	10 kΩ 或更大

⑦连接变换器总成连接器。

⑧连接 HV ECU 连接器。

⑨安装变换器总成盖。

⑩安装维护插接器，若异常，则修理或更换线束和连接器。

6）检查 HV ECU（VH 电压）

①打开电源开关（“READY” 灯亮）。

②测量 HV ECU 连接器 H11 端子间的电压，其标准值见表 3–3–9。如果异常，则更换带转换器的变换器总成；如果正常，则更换混合动力车辆控制 ECU。

表 3–3–9　HV ECU 连接器 H11 端子间的电压标准值

测量端子	标准值
VH（H11～26）–GINV（H11～23）	1.6～3.8 V

二、HV 动力蓄电池系统维修

1. HV 动力蓄电池系统控制功能

（1）HV 动力蓄电池总成管理和安全保护功能

1）车辆加速行驶过程中，HV 动力蓄电池总成反复放电。蓄电池 ECU 监控 HV 动力蓄电池的电压、电流和温度，并测算 HV 动力蓄电池的 SOC（荷电状态），然后将结果输送给 HV ECU。HV ECU 根据 HV 动力蓄电池的 SOC 执行充 / 放电控制。

2）如果发生故障，蓄电池 ECU 则执行安全保护功能，依照故障程度保护 HV 动力蓄电池总成。

（2）蓄电池鼓风机电动机控制

车辆行驶时，为了控制 HV 动力蓄电池总成的温度上升，蓄电池 ECU 根据 HV 动力蓄电池总成的温度，决定并控制蓄电池鼓风机总成的操作模式。

2. HV 动力蓄电池系统电路

HV 动力蓄电池系统电路如图 3–3–29 所示。

3. HV 动力蓄电池总成主要部件

HV 动力蓄电池总成主要部件如图 3–3–30 所示。

4. HV 动力蓄电池系统检查

（1）检查蓄电池加液口塞的导通性

1）用欧姆表测量端子间电阻。蓄电池加液口塞如图 3–3–31 所示，其端子间的电阻标准值应为 10 Ω 或更大。如果不符合标准值，则更换蓄电池加液口塞。

2）将维护插接器安装到固定座上。

3）用欧姆表测量维护插接器（图 3–3–32）端子间的电阻，其标准值应小于 1 kΩ。如果不符合标准值，则更换蓄电池加液口塞。

（2）检查 1 号系统主继电器

1 号系统主继电器的连接器如图 3–3–33 所示，有连接器 B 和 C，两者形状相同，可通过端子一侧的线束长度和线束颜色来区分，具体见表 3–3–10。

1）检查导通性

①用欧姆表测量连接器端子间的电阻，其标准值见表 3–3–11。如果不符合标准值，则更换 1 号系统主继电器。

②在正、负极端子间施加电压，然后用欧姆表测量端子 6 和 A1（CONT1）间的电阻，其标准值应小于 1 Ω。如果不符合标准值，则更换 1 号系统主继电器。

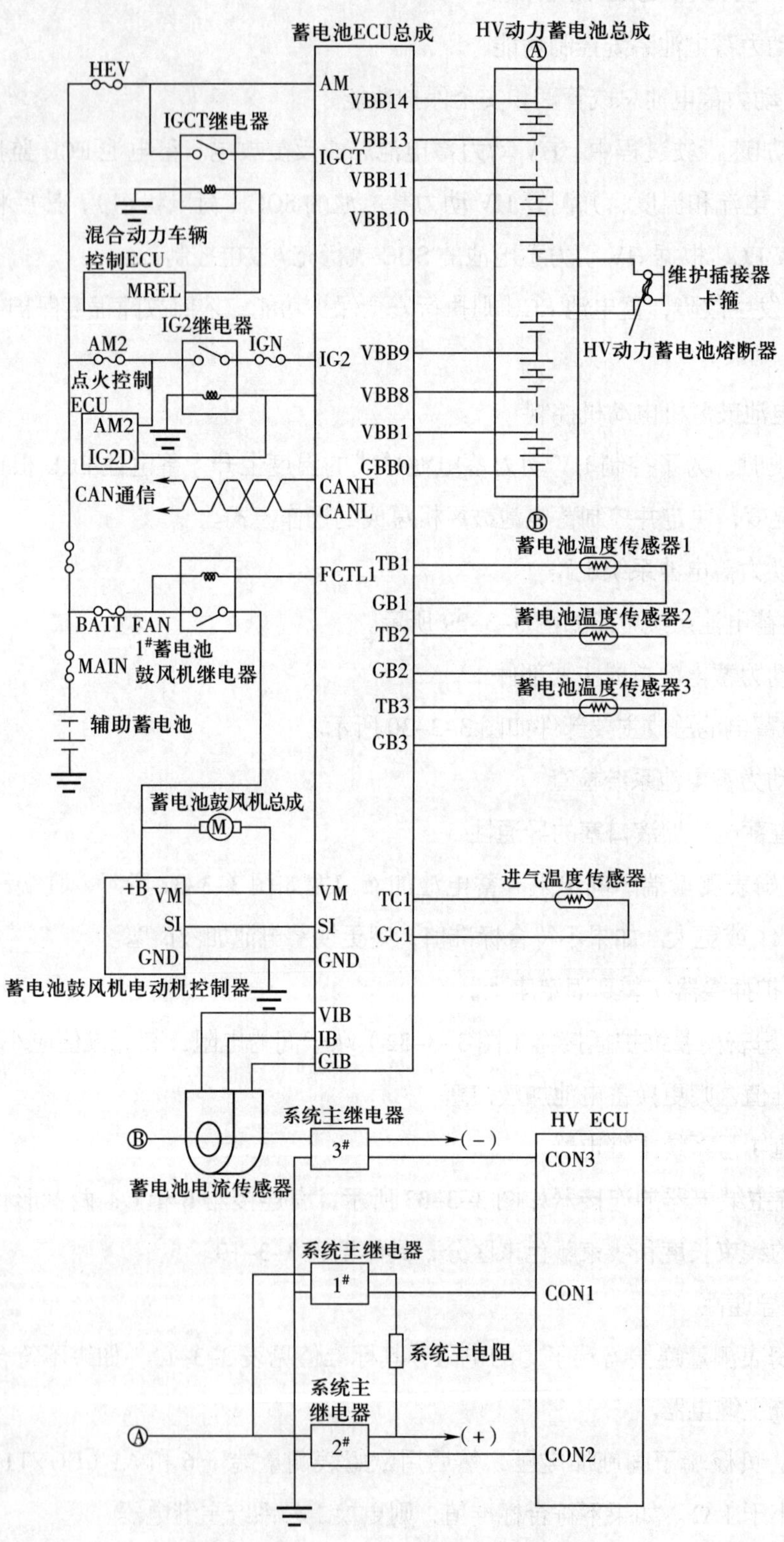

图 3-3-29　HV 动力蓄电池系统电路

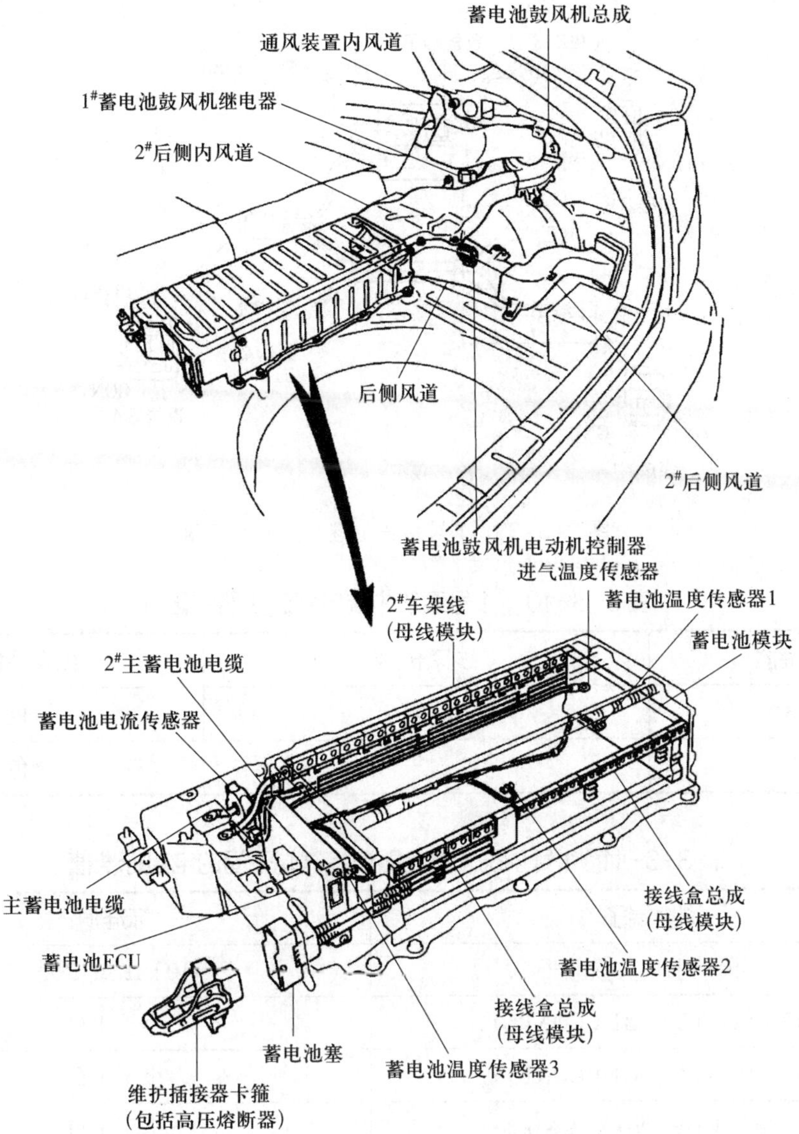

蓄电池鼓风机总成
通风装置内风道
1#蓄电池鼓风机继电器
2#后侧内风道
后侧风道
2#后侧风道
蓄电池鼓风机电动机控制器
进气温度传感器
蓄电池温度传感器1
2#车架线
(母线模块)
蓄电池模块
2#主蓄电池电缆
蓄电池电流传感器
主蓄电池电缆
蓄电池ECU
接线盒总成
(母线模块)
蓄电池温度传感器2
接线盒总成
(母线模块)
蓄电池塞
蓄电池温度传感器3
维护插接器卡箍
(包括高压熔断器)

图 3-3-30　HV 动力蓄电池总成主要部件

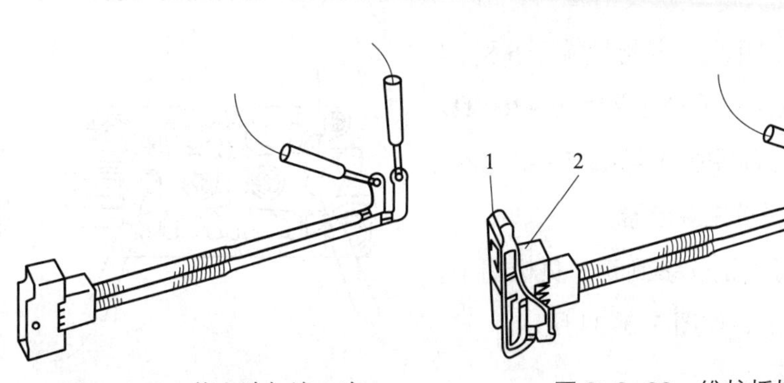

图 3-3-31 蓄电池加液口塞

图 3-3-32　维护插接器
1—维护插接器卡箍　2—固定座

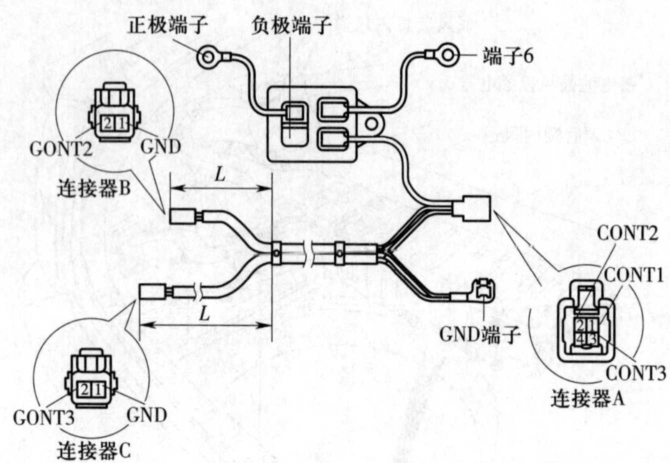

图 3-3-33　1 号系统主继电器的连接器

表 3-3-10　1 号系统主继电器连接器的区分

连接器	线束长度	线束颜色
B	短	黄色
C	长	黑色

表 3-3-11　1 号系统主继电器连接器端子间的电阻标准值

测量端子	标准值
正极端子 - 负极端子	10 kΩ 或更大
A2（CONT2）–B1（CONT2）	小于 1 Ω
A3（CONT3）–C1（CONT3）	小于 1 Ω
端子 B1（GND）–GND	小于 1 Ω
端子 C2（GND）–GND	小于 1 Ω

2）检查电阻。用欧姆表测量端子 6 和 A1（CONT1）间的电阻，其标准值应为 70 ~ 160 Ω。如果不符合标准值，则更换 1 号系统主继电器。

（3）检查 2 号系统主继电器

1）将 2 个螺母分别安装到正、负极端子，拧紧力矩为 5.6 N · m，如图 3-3-34 所示。

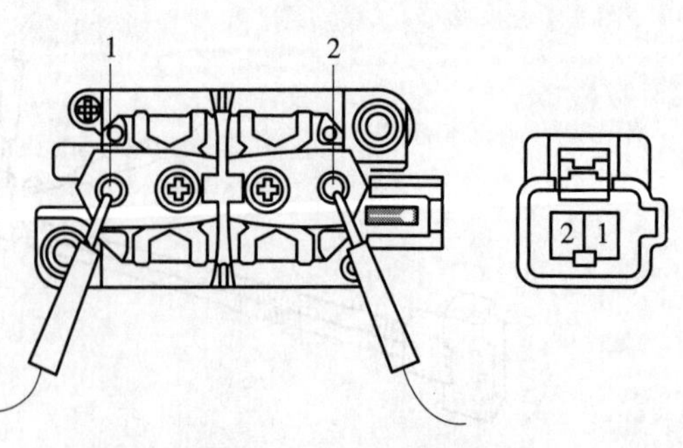

图 3-3-34　2 号系统主继电器
1—负极端子　2—正极端子

2）检查导通性

①用欧姆表测量正、负极端子间的电阻，

其标准值应为 10 kΩ 或更大。如果不符合标准值，则更换 2 号系统主继电器。

②在连接器端子间施加电压，然后用欧姆表测量正、负极端子间的电阻，其标准值应小于 1 Ω。如果不符合标准值，则更换 2 号系统主继电器。

3）检查电阻。用欧姆表测量连接器端子间的电阻，其标准值应为 20~50 Ω。如果不符合标准值，则更换 2 号系统主继电器。

（4）检查 3 号系统主继电器

1）将 2 个螺母分别安装到正、负极端子，拧紧力矩为 5.6 N · m。

2）检查导通性

①用欧姆表测量正、负极端子间的电阻，其标准值应为 10 kΩ 或更大。如果不符合标准值，则更换 3 号系统主继电器。

②在连接器端子间施加电压，然后用欧姆表测量正、负极端子间的电阻，其标准应小于 1 Ω。如果不符合标准值，则更换 3 号系统主继电器。

3）检查电阻。用欧姆表测量连接器端子间的电阻，其标准值应为 20~50 Ω。如果不符合标准值，则更换 3 号系统主继电器。

（5）检查蓄电池电流传感器的电阻

1）蓄电池电流传感器如图 3-3-35 所示，用欧姆表测量端子 1（VIB）和端子 2（GIB）间的电阻，其标准值见表 3-3-12。如果不符合标准值，则更换蓄电池电流传感器。

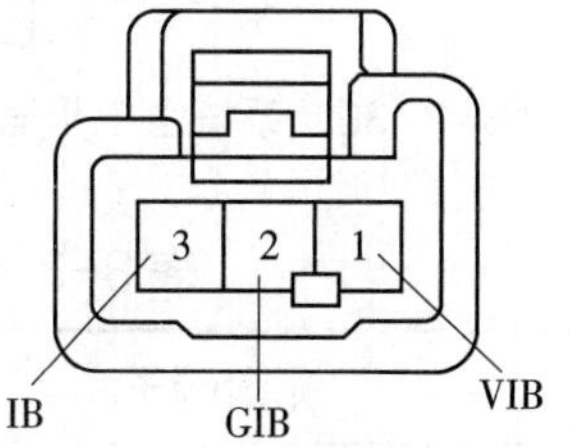

图 3-3-35 蓄电池电流传感器

表 3-3-12 端子 1（VIB）和 2（GIB）间的电阻标准值

测量端子	标准值	测量端子	标准值
正极探针到端子 1（VIB） 负极探针到端子 2（GIB）	3.5~4.5 kΩ	正极探针到端子 2（GIB） 负极探针到端子 1（VIB）	5~7 kΩ

2）用欧姆表测量端子 1（VIB）和端子 3（IB）间的电阻，其标准值见表 3-3-13。如果不符合标准值，则更换蓄电池电流传感器。

表 3-3-13 端子 1（VIB）和 3（IB）间的电阻标准值

测量端子	标准值	测量端子	标准值
正极探针到端子 1（VIB） 负极探针到端子 3（IB）	3.5~4.5 kΩ	正极探针到端子 3（IB） 负极探针到端子 1（VIB）	5~7 kΩ

3）用欧姆表测量端子 2（GIB）和端子 3（IB）间的电阻。其标准值应为 0.2 kΩ 或更小，即使探针变换位置，电阻也不变。如果不符合标准值，则更换蓄电池电流传感器。

（6）检查系统主电阻器

系统主电阻器及其连接端子如图 3-3-36 所示，用欧姆表测量端子间的电阻，其标准值应为 18～22 Ω。如果不符合标准值，则更换系统主电阻器。

（7）检查 1 号蓄电池鼓风机继电器

1 号蓄电池鼓风机继电器如图 3-3-37 所示，用欧姆表测量端子间的电阻，其标准值见表 3-3-14。如果不符合标准值，则更换 1 号蓄电池鼓风机继电器。

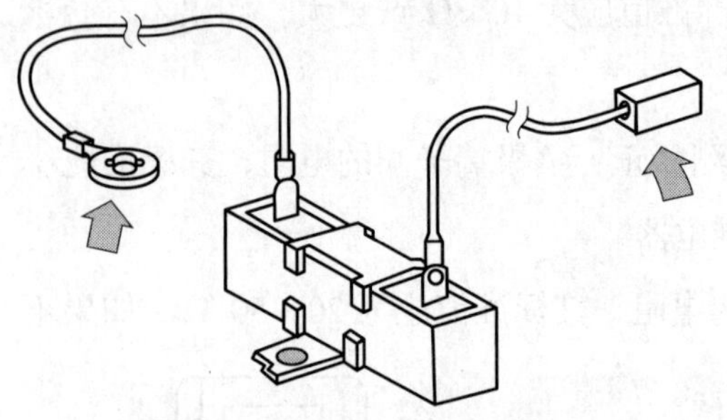

图 3-3-36　系统主电阻器及其连接端子

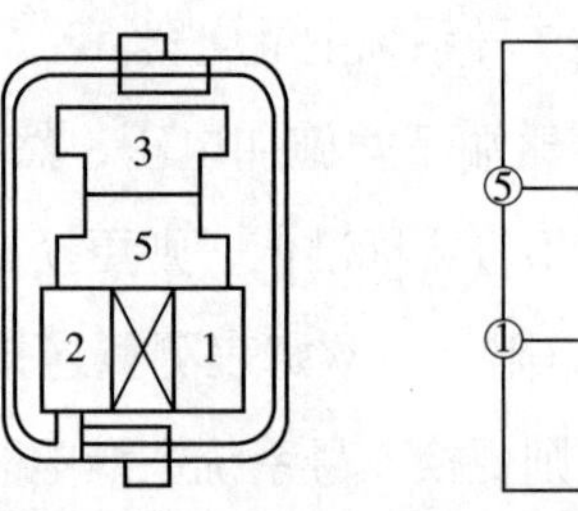

图 3-3-37　1 号蓄电池鼓风机继电器

表 3-3-14　1 号蓄电池鼓风机继电器端子间的电阻标准值

测量端子	标准值
3-5	10 kΩ 或更大
3-5	小于 1 Ω（在端子 1 和 2 上施加电压）

5. 蓄电池系统故障诊断实例

蓄电池系统 DTC 为 P0560，其含义见表 3-3-15。

表 3-3-15　蓄电池系统 DTC 的含义

DTC	DTC 检测条件	故障可能发生部位
P0560	向 IGCT 端子供电，辅助蓄电池电源系统开路	（1）线束或连接器 （2）HEV 熔断器 （3）蓄电池 ECU

（1）电路

蓄电池系统电路如图 3-3-38 所示，蓄电池恒定向蓄电池 ECU 的 AM 端子供电，以此保持存储器内的 DTC 和定格数据，即电源开关断开的时候，该电压可作为一个辅助电压。

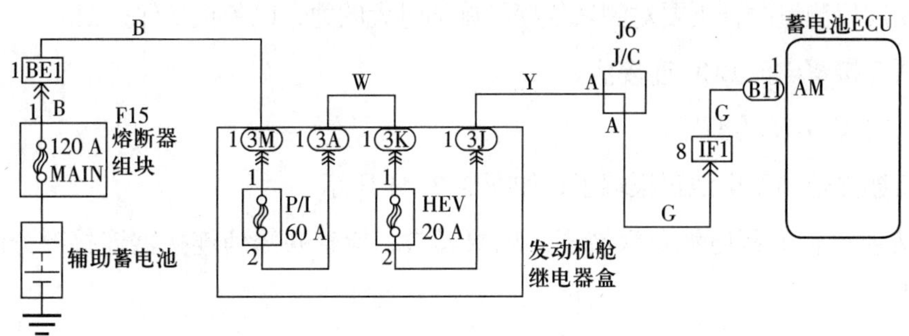

图 3-3-38 蓄电池系统电路

（2）诊断步骤

1）检查熔断器（HEV20A）

①从发动机舱继电器盒上拆下 HEV 熔断器。

②检查 HEV 熔断器电阻，标准值应小于 1 Ω。

③重新安装 HEV 熔断器。若异常，进行步骤 3）。

2）检查线束和连接器（蓄电池 ECU、辅助蓄电池）

①断开辅助蓄电池负极端子。

②断开辅助蓄电池正极端子。

③从发动机舱继电器盒上拆下 HEV 熔断器。

④断开 B11 蓄电池 ECU 连接器，如图 3-3-39 所示。

⑤检查线束侧连接器间的电阻，如图 3-3-40 所示，其标准值见表 3-3-16。

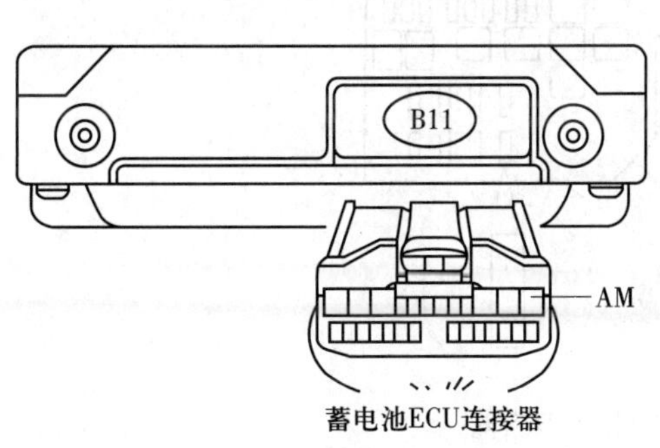

图 3-3-39 蓄电池 ECU 连接器

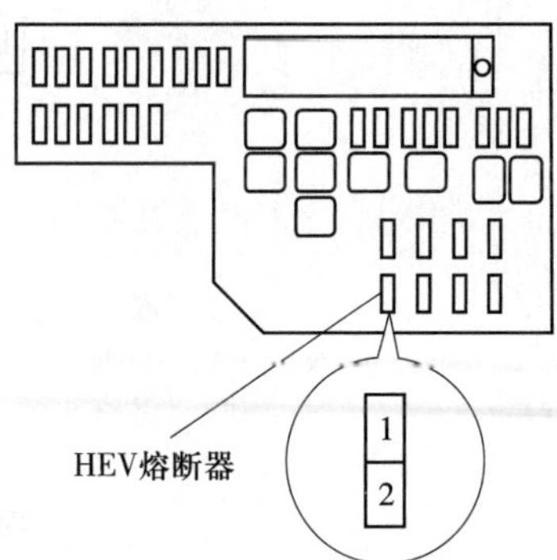

图 3-3-40 HEV 熔断器

表 3-3-16 检查线束侧连接器间的电阻标准值（开路检查）

测量端子	标准值
AM（B11-1）-HEV 熔断器（2）	小于 1 Ω
HEV 熔断器（1）- 正极备用蓄电池端子	小于 1 Ω

使用测试仪测量时，不要对测试仪探针施加过大的力，以免损坏保持架。

⑥重新连接蓄电池 ECU 连接器。

⑦重新安装 HEV 熔断器。

⑧重新连接辅助蓄电池正极端子，如图 3–3–41 所示。

⑨重新连接辅助蓄电池负极端子。如果异常，检查并修理连接器连接部分。若正常，转入下一步。

3）检查线束和连接器（蓄电池 ECU、HEV 熔断器）

①断开 B11 蓄电池 ECU 连接器，如图 3–3–42 所示。

②从发动机舱继电器盒上拆下 HEV 熔断器，如图 3–3–43 所示。

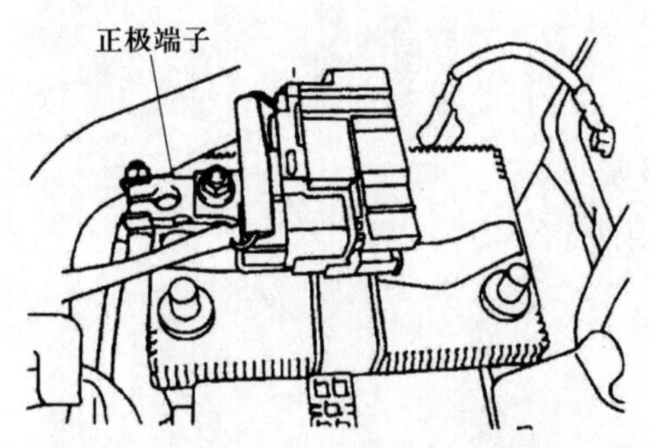

图 3–3–41 辅助蓄电池正极端子

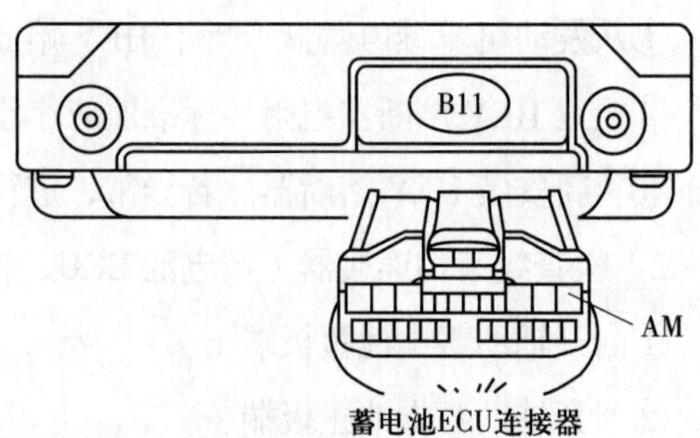

图 3–3–42 蓄电池 ECU 连接器

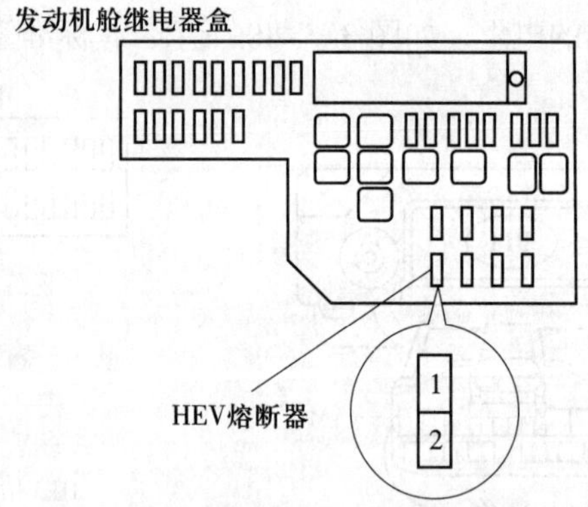

图 3–3–43 HEV 熔断器

③检查线束侧连接器和车身接地间的电阻，其标准值见表 3–3–17。使用测试仪测量时，不要对测试仪探针施加过大的力，避免损坏保持架。

表 3–3–17 连接器和车身接地间的电阻标准值（短路检查）

测量端子	标准值
AM（B11–1）或 HEV 熔断器（2）– 车身接地	10 Ω 或更大

④重新连接蓄电池 ECU 连接器。

⑤重新安装 HEV 熔断器。若正常，更换熔断器（HEV20A）；若异常，修理或更换线束或连接器后，再更换熔断器（HEV20A）。

知识拓展

第四代丰田普锐斯混合动力汽车解析

2015 年 9 月，第四代丰田普锐斯混合动力汽车在美国内华达州的拉斯维加斯世界车展公开亮相。

第四代丰田普锐斯与前三代的主要区别在于其混合动力系统，它采用了全新的平行双电机结构。前三代 THS 均采用发动机和 MG1 在行星齿轮组同一侧，MG2 在另一侧，三者同轴的模式。第四代 THS 的变速系统、MG1 和发动机依然同轴，但分别布置在行星齿轮的两侧。MG2 通过一个从动齿轮减速后，再与行星齿轮组的齿圈啮合传动。这既能减小传动系统的质量和机械能损失，也提高了燃油效率及整车 NVH 性能。丰田宣称第四代普锐斯混合动力汽车的汽油机热效率达到了 40%，这对降低整车油耗有很大帮助。此外，得益于容量更大的动力蓄电池组，第四代丰田普锐斯在纯电动模式下的续驶里程可达 56 km。

第四章 比亚迪秦 DM 混合动力系统构造与维修

第一节 比亚迪秦 DM 插电式混合动力系统

学习目标

1. 熟悉比亚迪秦 DM 的动力总成。
2. 掌握比亚迪秦 DM Ⅱ代混合动力系统的工作模式。
3. 熟悉比亚迪秦 DM 变速箱各挡位传动线路。
4. 掌握比亚迪秦 DM 电机的基本组成。

一、概述

比亚迪秦 DM 插电式混合动力汽车（以下简称比亚迪秦 DM）采用双擎双模技术，也称 DM Ⅱ代技术（图 4-1-1），是基于其首款双模电动汽车 F3DM 所运用的 DM Ⅰ代技术（图 4-1-2）进行深度优化与提升而成的。该技术通过整合关键部件，并对部件性能进行显著增强，从而实现了技术的全面升级。

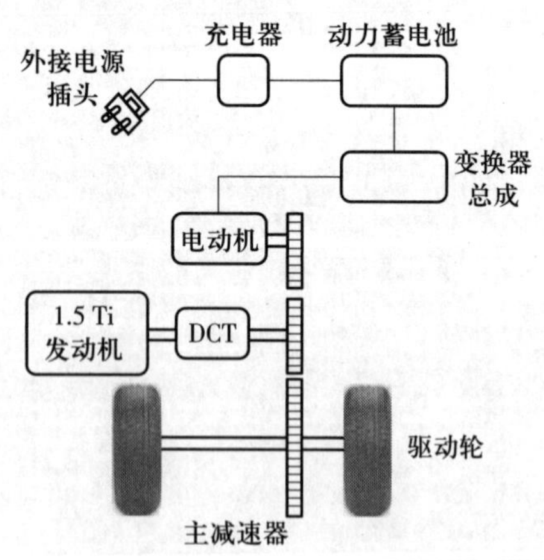

图 4-1-1 比亚迪 DM Ⅱ代技术示意图

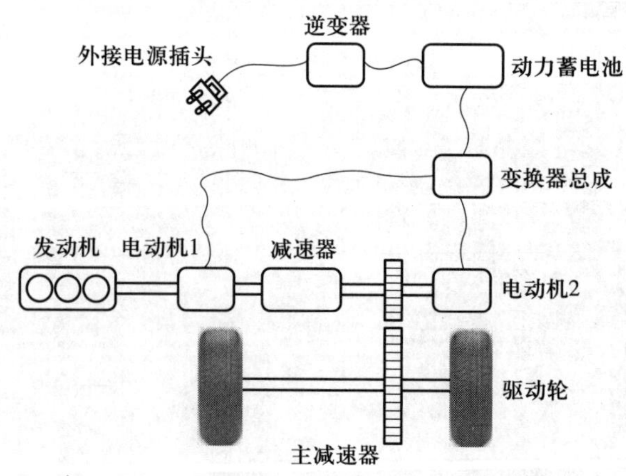

图 4-1-2 比亚迪 DM Ⅰ代技术示意图

所谓双擎，是指比亚迪秦 DM 动力总成（图 4-1-3）由一台 1.5 T 涡轮增压发动机和一台 110 kW 电动机采用并联模式组成。1.5 T 涡轮增压发动机采用缸内直喷，能在较宽转速范围内输出最大转矩；110 kW 电动机额定电压为 480 V，最高转速为 12 000 r/min，最大转矩为 250 N·m。

所谓双模，是指比亚迪秦 DM 有纯电动（EV）和混合动力（HEV）两种驱动模式。在纯电动模式下，比亚迪秦 DM 续驶里程为 70 km，可满足城市短途出行需求；在混合动力模式下，比亚迪秦 DM 最大转矩可达 440 N·m，最大功率为 223 kW，最高车速可达 185 km/h；在车辆使用过程中，当动力蓄电池电量不足或面临较高动力需求时，比亚迪秦 DM 能够自动或手动切换至混合动力模式。此外，在所有运行模式下，比亚迪秦 DM 还具备制动能量回馈功能，电动机可向动力蓄电池反向充电，每百公里可回馈 2.5～3 kW·h 电力，极大地提升了车辆能源利用效率，使车辆可多行驶近 15 km，因此，比亚迪秦 DM 的百公里油耗仅为 1.6 L。

图 4-1-3　比亚迪秦 DM 动力总成

二、工作模式

1. 纯电动（EV）模式

该模式下，比亚迪秦 DM 动力总成的动力传递路线如图 4-1-4 所示，此时车辆仅由动力蓄电池向电动机供电，可满足车辆各种工况下的行驶，如起步、倒车、怠速、急加速、匀速行驶等。

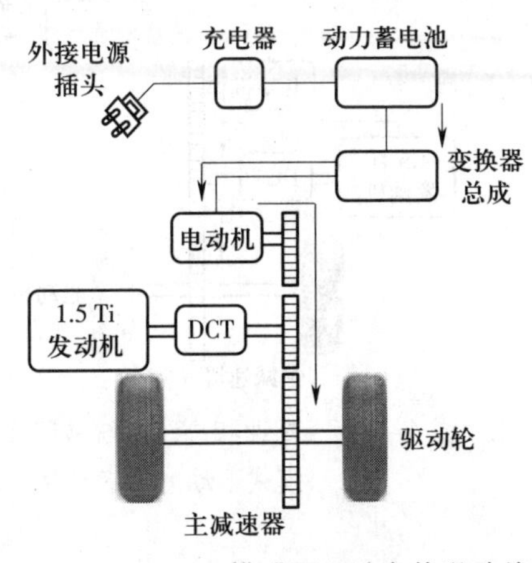

图 4-1-4　EV 模式下的动力传递路线

2. 混合动力（HEV）模式

该模式下，比亚迪秦 DM 动力总成的动力传递路线如图 4-1-5 所示，此时车辆由发动机和电动机共同驱动，不仅实现了最佳的动力性，也保证了良好的经济性。

3. 行车发电模式

该模式下，比亚迪秦 DM 动力总成的动力传递路线如图 4-1-6 所示。当动力蓄电池 SOC 偏低时，系统从 EV 工作模式自行切换到 HEV 工作模式，车辆由发动机驱动，同时，发动机输出的一部分转矩会驱动电动机进行发电，对动力蓄电池进行充电。

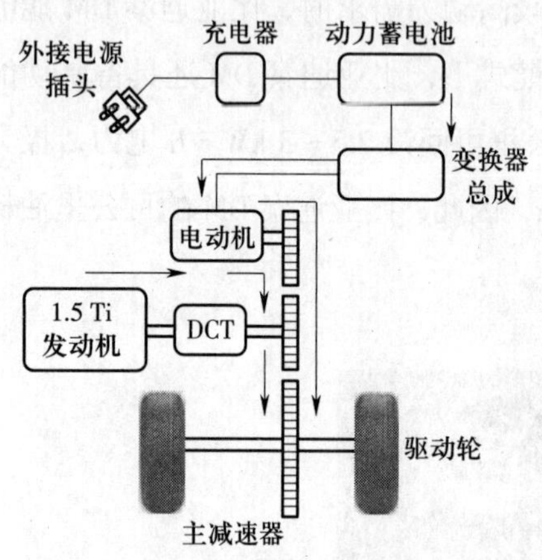

图 4-1-5　HEV 模式下的动力传递路线

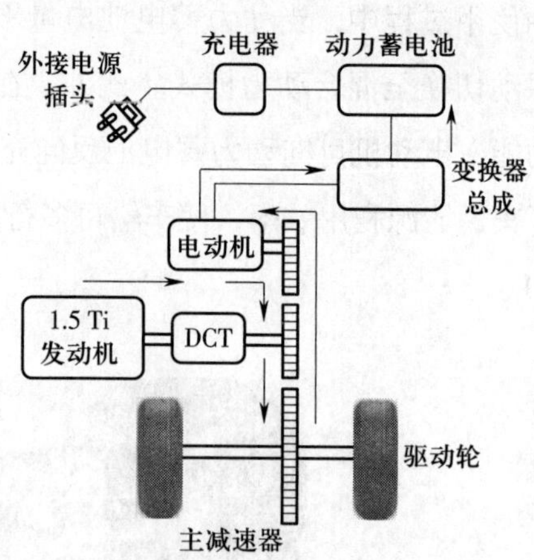

图 4-1-6　行车发电模式下的动力传递路线

4. 高速和高压系统故障模式

该模式下，比亚迪秦 DM 动力总成的动力传递路线如图 4-1-7 所示。当车辆高速行驶或高压系统故障时，可单独使用发动机驱动，实现了高压系统的独立性。

5. 再生制动模式

该模式下，比亚迪秦 DM 动力总成的动力传递路线如图 4-1-8 所示。车辆刹车或减速时，发动机不工作，电动机变为发电机，吸收车辆制动能量为动力蓄电池充电。

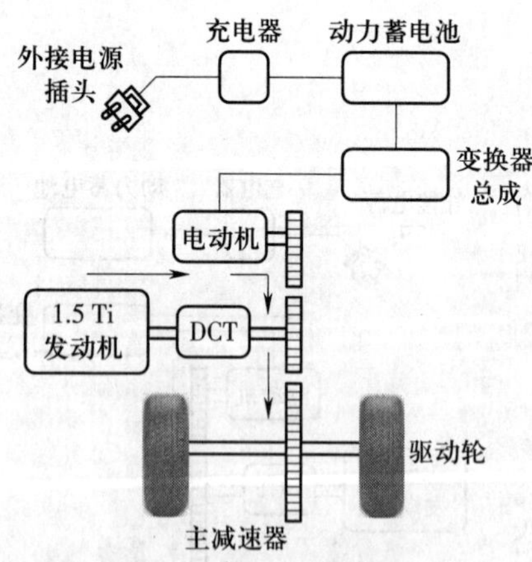

图 4-1-7　高速和高压系统故障工作模式下动力传递路线

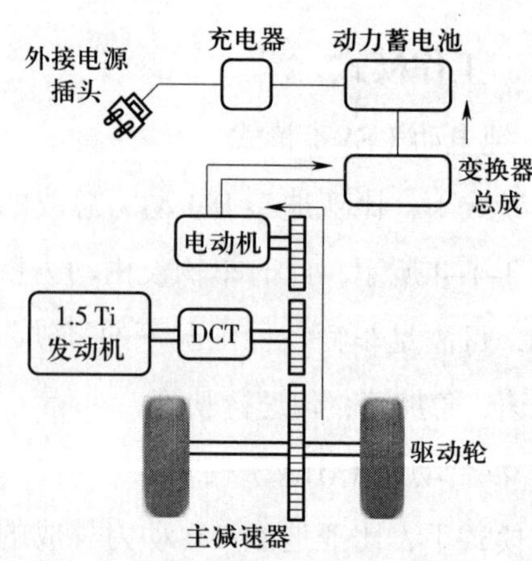

图 4-1-8　能量回馈工作模式

6. 驾驶模式

在纯电动（EV）和混合动力（HEV）工作模式下，比亚迪秦 DM 还有经济（ECO）和运动（SPORT）两种驾驶模式，形成 EV-ECO（电动经济驾驶）、EV-SPORT（电动运动驾驶）和 HEV-ECO（混动经济驾驶）、HEV-SPORT（混动运动驾驶）四种工作状态。

驾驶模式可通过中控台上的模式选择旋钮手动选择，如图 4-1-9 所示。

图 4-1-9 比亚迪秦 DM 驾驶模式选择旋钮

（1）EV-ECO。EV 按钮指示灯（绿色）点亮，表示在 EV 模式；沿逆时针方向旋转 MODE 旋钮，进入 ECO（经济）模式；该模式下，车辆能够保证动力并最大限度节约电量。

（2）EV-SPORT。沿顺时针方向旋转 MODE 旋钮，进入 SPORT（运动）模式；该模式下，车辆将保证较好的动力性。

（3）HEV-ECO。HEV 按钮指示灯（绿色）点亮，表示在 HEV 模式；同样，沿逆时针方同旋转 MODE 旋钮，进入 ECO 模式。

①当动力蓄电池 SOC 大于 20% 时，发动机不启动。

②当动力蓄电池 SOC 低于 20% 时，发动机自动启动为动力蓄电池充电。

③当动力蓄电池 SOC 达到 40% 时，发动机自动停机，此后一直按照①—②—③—①的模式循环。

（4）HEV-SPORT。沿顺时针方向旋转 MODE 旋钮，进入 SPORT（运动）模式；该模式下，发动机一直工作，以保持车辆的充沛动力。

三、发动机总成

比亚迪秦 DM 采用自主研发的 BYD476ZQA-2 发动机，如图 4-1-10 所示。该发动机具备涡轮增压、缸内直喷、液压挺柱、全铝机体、进气 VVT 等先进技术，具有功率大、低油耗、低噪声、低污染、结构紧凑等特点，其主要技术参数见表 4-1-1。

图 4-1-10 BYD476ZQA-2 发动机

表 4-1-1　BYD476ZQA-2 发动机的主要技术参数

项目	技术参数
发动机型式	直列四缸、水冷、双顶置凸轮轴、16 气门、四冲程、电控燃油喷射
标定功率（转速）	113 kW（5 200 r/min）
最大转矩（转速）	240 N · m（1 750 ~ 3 500 r/min）
缸径 × 行程	76.5 mm × 81.4 mm
发动机排量	1.497 L
压缩比	10 : 1
气门结构	齿形链条驱动、双顶置凸轮轴、16 气门
燃料种类	车用 92 号或以上无铅汽油（GB 17930—2016） 注：在已置换京五油品的地区建议使用 92 号或更高标号的无铅汽油
供油方式	电控燃油缸内直接喷射
点火顺序	1—3—4—2
润滑油	比亚迪指定认可专用润滑油
尾气排放系统	三元催化转换器
增压	废气涡轮增压
凸轮轴调节	进气 VVT
气缸体材质	铝合金

四、变速器总成

比亚迪秦 DM 采用自主研发的 6 速 DCT 干式双离合自动变速器，其属于比亚迪 6DT25 变速器的系列产品，代号为 6HDT35，主体与 6DT25 相同，输入轴最大承受转矩为 250 N · m，如图 4-1-11 所示。

图 4-1-11　比亚迪秦 DM 变速器总成

比亚迪秦 DM 变速器通过液压活塞推动换挡拨叉工作，如图 4–1–12 所示。换挡拨叉上的挡位传感器感应到信号磁铁的移动，使变速器 ECU 获得当前挡位位置指令，从而进行换挡。

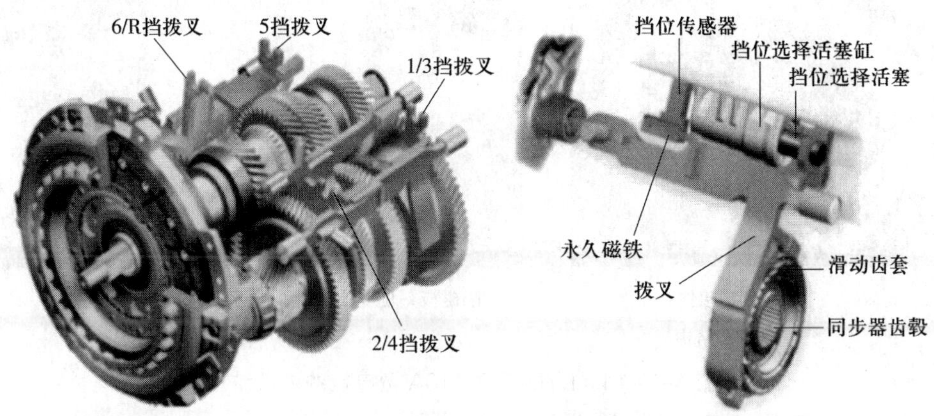

图 4–1–12 比亚迪秦 DM 变速器换挡拨叉

五、驱动电机

比亚迪秦 DM 采用的驱动电机为 BYD–TYC110A 型电机，其外部结构如图 4–1–13 所示。BYD–TYC110A 型电机为交流无刷永磁同步电机，其体积小、质量轻、功率密度大、效率高，具有高可靠性、高耐久性和强适应性的特点。

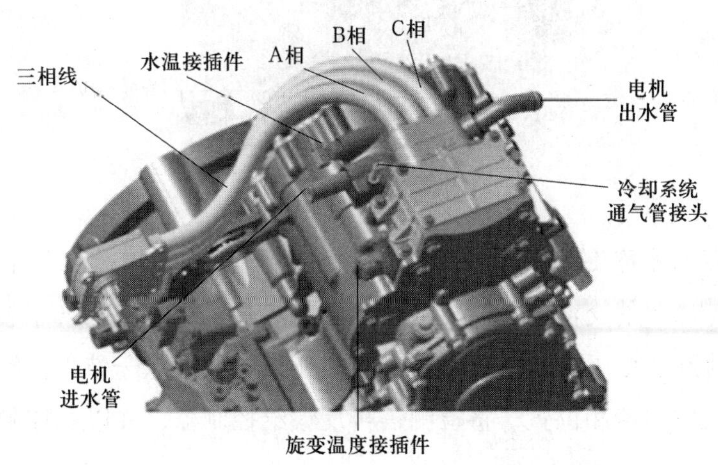

图 4–1–13 比亚迪秦 DM 驱动电机的外部结构

（1）电机内部结构

BYD–TYC110A 型电机的内部结构如图 4–1–14 所示，除了定子和转子外，其内部还安装有旋转变压器，如图 4–1–15 所示。

a）定子结构

b）转子结构

图 4–1–14　BYD–TYC110A 型电机的内部结构

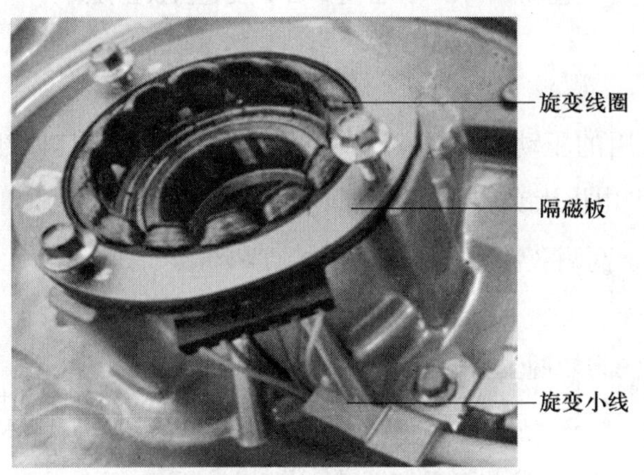

图 4–1–15　旋转变压器

旋转变压器（简称旋变）是一种可使输出电压随转子转角变化的信号元件。当励磁绕组以一定频率的交流电压励磁时，输出绕组的电压幅值与转子转角成正、余弦函数关系，因此旋转变压器又称正余弦旋转变压器。利用这一特性，旋转变压器可以检测到驱动电机的转速和位置，将检测信号反馈给控制器，并以此控制电机的转速和位置。

（2）电机工作原理

BYD–TYC110A 型电机的工作原理如图 4–1–16 所示，其通过采集电机旋变信号进行工作。当车辆行驶时，电机通过旋转变压器检测到电机位置，位置信号经控制器处理，发送相关信号给控制器 IGBT，逻辑信号控制 IGBT 开断，控制器输出近似正弦波的交流电，其工作电路如图 4–1–17 所示。

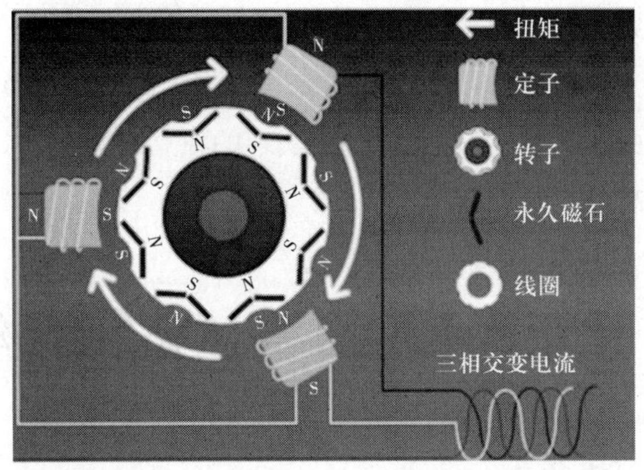

图 4–1–16 BYD–TYC110A 型电机的工作原理

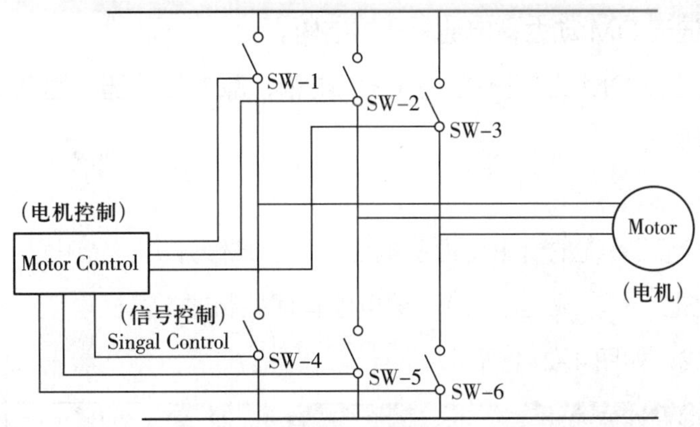

图 4–1–17 BYD–TYC110A 型电机的工作电路

六、冷却系统

比亚迪秦 DM 动力总成的冷却系统由发动机冷却系统和电机冷却系统两部分组成，其结构和安装位置如图 4–1–18 所示。

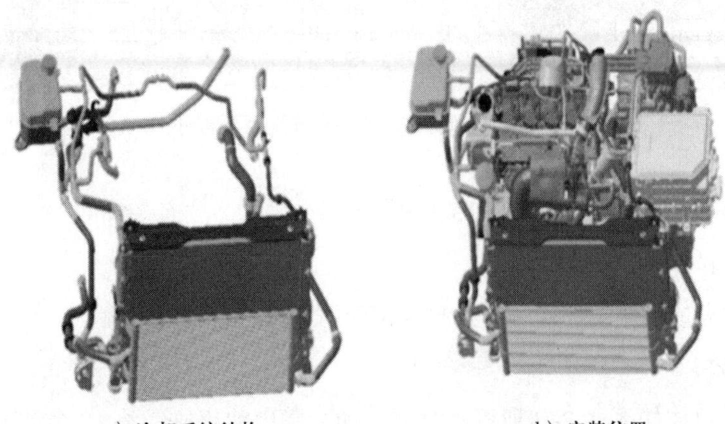

a）冷却系统结构　　b）安装位置

图 4–1–18 冷却系统结构和安装位置

发动机冷却系统与传统涡轮增压车型冷却系统一样，系统冷却液温度一般在 90 ~ 100 ℃，允许最高温度为 110 ℃。电机冷却系统采用了第三套冷却系统，用于电机与电机控制器的冷却，通过单独的电动水泵驱动冷却液实现的独立循环系统。系统冷却液温度一般在 50 ~ 60 ℃，允许最高温度为 75 ℃。

第二节 比亚迪秦 DM 高压系统结构及工作原理

学习目标

1. 了解比亚迪秦 DM 整车高压系统的组成及各部件安装位置。
2. 掌握比亚迪秦 DM 动力蓄电池总成的结构。
3. 掌握比亚迪秦 DM 维修开关、高压配电箱、漏电传感器、驱动电机控制器与 DC 总成等部件的工作原理。

比亚迪秦 DM 高压系统主要由动力蓄电池总成、维修开关、高压配电箱、漏电传感器、充电系统（交流充电口和车载充电器）、蓄电池管理控制器、高压电缆、驱动电机控制器与 DC 总成等部件组成，如图 4–2–1 所示。

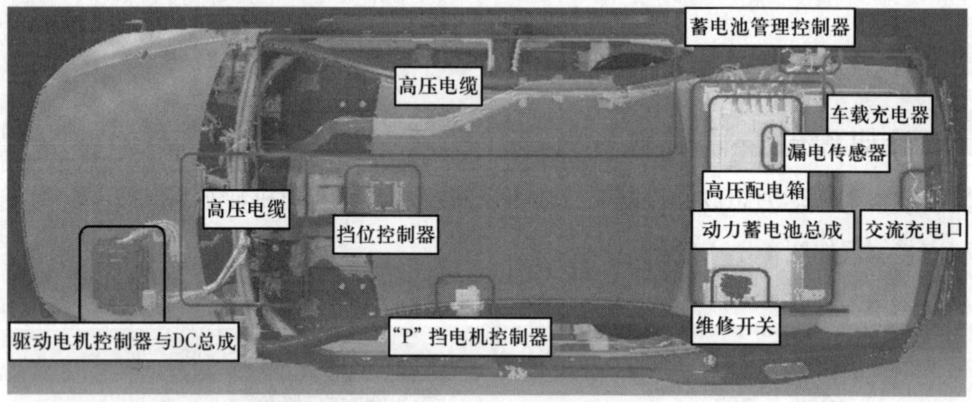

图 4–2–1 比亚迪秦 DM 整车高压系统的组成

一、动力蓄电池总成（Battery Pack）

1. 安装位置

动力蓄电池总成位于行李舱靠近后排座椅位置，如图 4–2–2 所示。

2. 主要参数

动力蓄电池总成如图 4–2–3 所示，其通过动力蓄电池串联线将 10 个动力蓄电池模组串联为一体，共包括 152 节单体电池，每节单体电池额定工作电压为 3.3 V，动力蓄电池总成标称电压为 501.6 V、标称容量为 26 A · h，其中，2 号、4 号、6 号、8 号模组内皆有分压接触器。

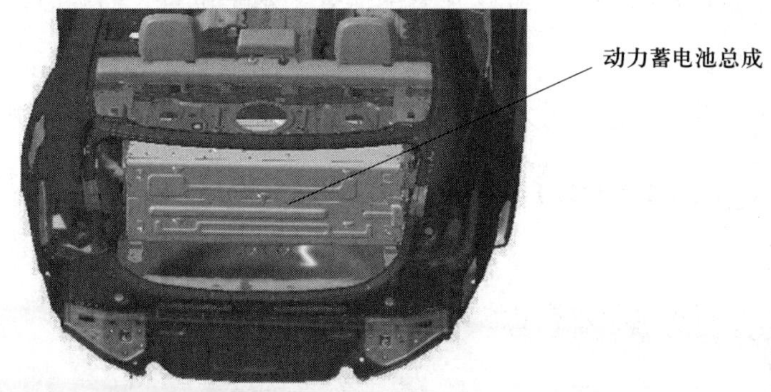

图 4–2–2 动力蓄电池总成的安装位置

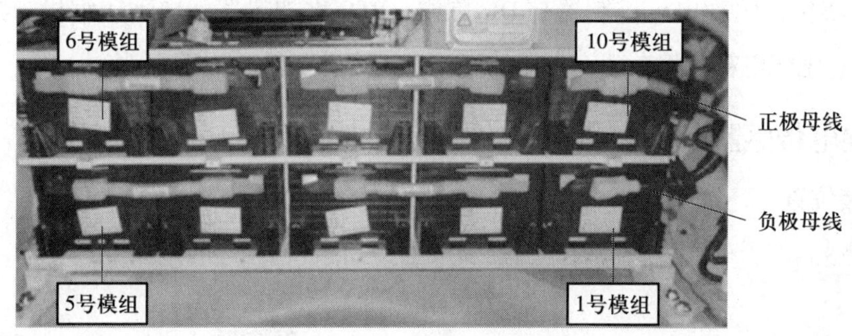

图 4–2–3 动力蓄电池总成

二、维修开关

1. 安装位置

维修开关位于动力蓄电池总成左上角，如图 4–2–4 所示，与动力蓄电池模组的一个正极和一个负极相连接。

图 4–2–4 维修开关安装位置

2. 主要功用

操作人员在对车辆高压部件进行拆卸或检修时，可通过直接断开高压回路，从而保证操作人员安全。

3. 操作方法

（1）断开操作。正常状态下，维修开关手柄处于水平位置，断开时，先将手柄旋至竖直状态，再向上拔出。

（2）连接操作。沿竖直方向用力向下插入维修开关，再将手柄旋转至水平位置。

三、高压配电箱（HVDB）

1. 安装位置

高压配电箱位于行李舱动力蓄电池支架右上方，如图 4-2-5 所示。

2. 主要功用

高压配电箱将动力蓄电池的高压直流电分配给整车高压用电设备，其上游是动力蓄电池总成，下游包括驱动电机控制器与 DC 总成、PTC 水加热器、电动压缩机、漏电传感器等；同时，高压配电箱也将车载充电器的高压直流电分配给动力蓄电池。

四、漏电传感器

1. 安装位置

漏电传感器位于车身后搁物板前加强横梁上，如图 4-2-6 所示。

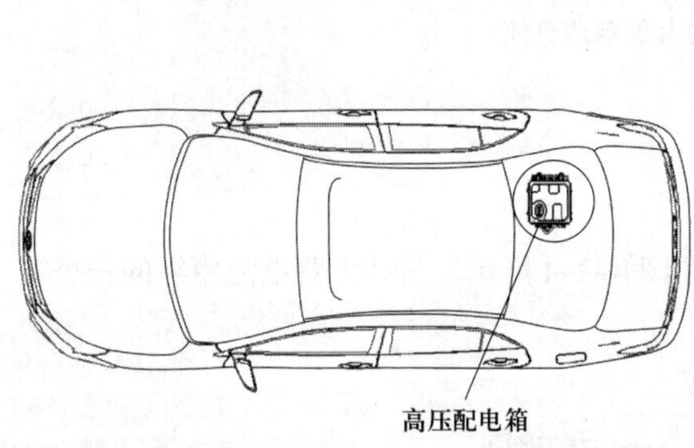

图 4-2-5 高压配电箱的安装位置

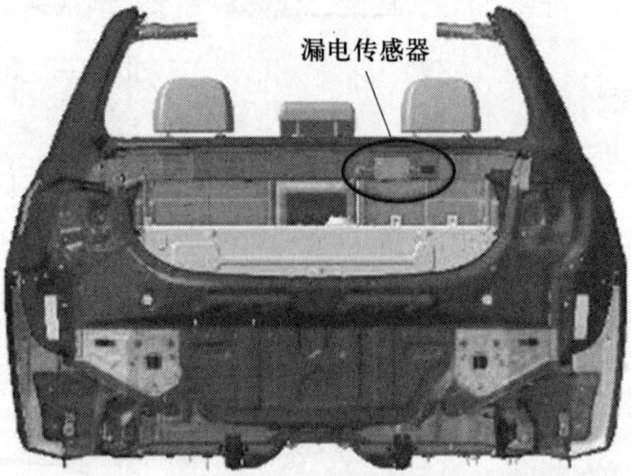

图 4-2-6 漏电传感器的安装位置

2. 主要功用

漏电传感器如图 4-2-7 所示，主要监测与动力蓄电池输出相连接的负极母线与车身底盘之间的绝缘电阻，来判断动力蓄电池的漏电情况。负极与车身绝缘阻值为 100 ~ 120 kΩ 时为一般漏电，绝缘阻值小于 20 kΩ 时为严重漏电。

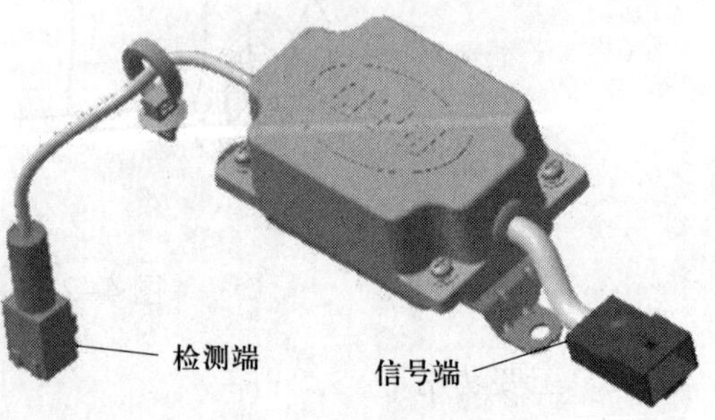

图 4-2-7 漏电传感器

当动力蓄电池漏电时，传感器会发出信号给蓄电池管理控制器，蓄电池管理控制器接到漏电信号后，进行相关保护操作并报警，防止动力蓄电池高压电外泄，造成人员或物品损伤。

五、充电系统

1. 安装位置

充电系统包括交流充电口和车载充电器等，其中，交流充电口位于行李舱车标后方，如图 4-2-8 所示；车载充电器位于行李舱右侧，如图 4-2-9 所示。

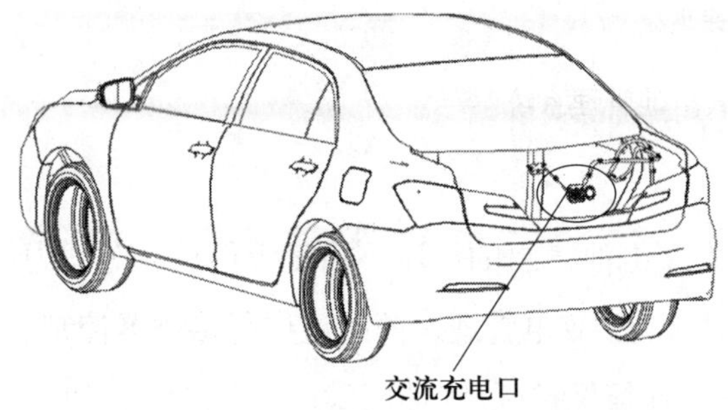

图 4-2-8 交流充电口的安装位置

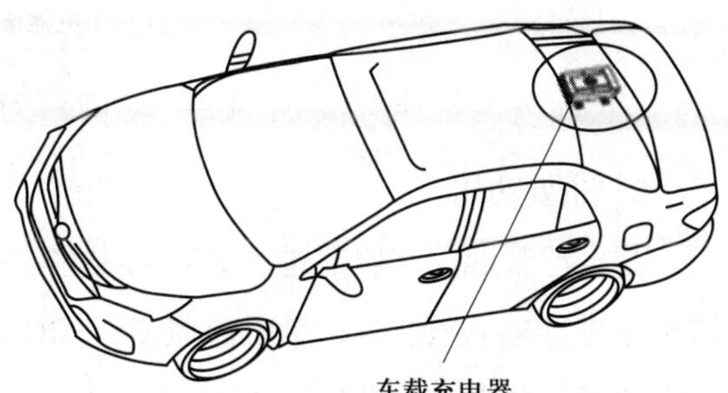

图 4-2-9 车载充电器的安装位置

2. 主要功用

车载充电器通过交流充电口，将外部传递来的交流电转换为高压直流电为动力蓄电池充电。

3. 充电控制原理

充电连接装置与交流充电口规范连接，车载充电器控制充电连接装置输出 220 V 交流电并控制交流充电及“OFF”挡充电继电器吸合，通过交流充电及“OFF”挡充电继电器给蓄电池管理控制器及高压配电箱提供低压电源；同时，车载充电器与蓄电池管理控制器进行通信，在充电允许的情况下，蓄电池管理控制器控制充电接触器及负极接触器吸合；车载充电器检测到动力蓄电池的反灌电压后输出充电电压进行充电。

六、蓄电池管理控制器（BMS）

1. 安装位置

蓄电池管理控制器位于行李舱车身 C 柱内板后段，如图 4-2-10 所示，与 10 个电池信息采集器（简称 BIC）共同组成分布式电池管理系统，如图 4-2-11 所示。

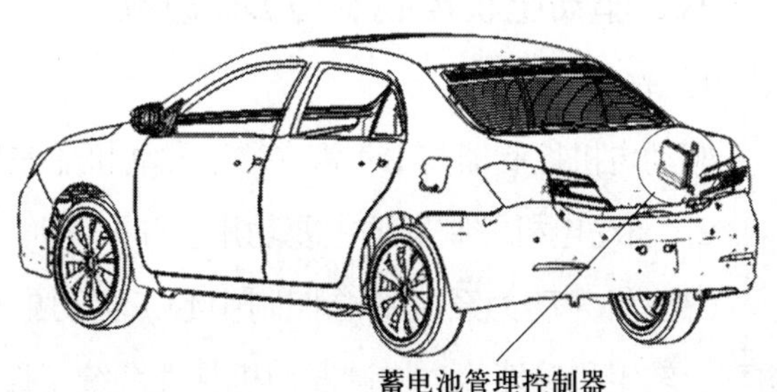

图 4-2-10 蓄电池管理控制器的安装位置

图 4–2–11　分布式电池管理系统

2. 主要功用

蓄电池管理控制器通过各 BIC 采集对应动力蓄电池模组的电压、温度等信息，对动力蓄电池进行总电压监测、总电流监测、SOC 计算、充 / 放电管理，同时还进行接触器控制、功率控制、电池异常状态报警和保护、漏电报警、碰撞保护以及自检等。

七、高压电缆

高压电缆是连接动力蓄电池与每个高压负载的导线，其能够承受高压电力，保障电力输送的稳定性。整车高压电缆主要有：

1. 动力蓄电池正、负极连接线。
2. 动力蓄电池串联线Ⅰ、Ⅱ。
3. 驱动电机控制器直流母线。
4. 空调高压线束。
5. PTC 线束。
6. 车载充电器线束。
7. 其他零部件自带的高压线束（橙色）。

八、驱动电机控制器与 DC 总成

1. 安装位置

驱动电机控制器与 DC 总成位于发动机舱左侧，如图 4–2–12 所示。

2. 驱动电机控制器的主要功用

（1）作为动力系统的总控制中心，驱动电动机运行，根据工况控制电动机的正反转、功率、转矩和转速等，协调发动机管理系统工作。

（2）采集电动机的旋变、温度、制动以及加速踏板的行程等信息。

图 4-2-12　驱动电机控制器与 DC 总成安装位置

（3）通过 CAN 通信采集制动深度、挡位信号、驻车信号、启动命令、蓄电池管理控制器相关数据以及控制器的故障信息等。

（4）处理内部信号，包括直流侧母线电压、交流侧三相电流、IGBT 温度、电机的三相绕组阻值等，其系统框图如图 4-2-13 所示。

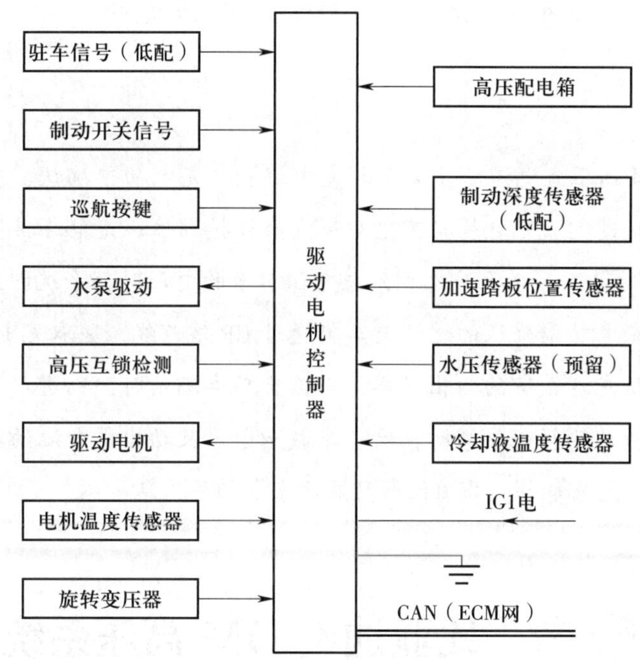

图 4-2-13　驱动电机控制器系统框图

3. DC 总成的主要功用

（1）降压

DC 总成即 DC/DC 变换器总成，主要是将动力蓄电池的高压电转换为 13.5 V 的低压电，以提供给整车低压用电器使用。其在主接触器吸合时工作，并在辅助蓄电池亏电时给电池充电。

（2）升压

当动力蓄电池电量不足时，DC/DC 变换器总成将发电机产生的电力，一部分降压后提供给整车低压用电器使用，另一部分升压后给动力蓄电池充电以及提供给空调使用。

DC/DC 变换器总成的系统框图如图 4-2-14 所示。

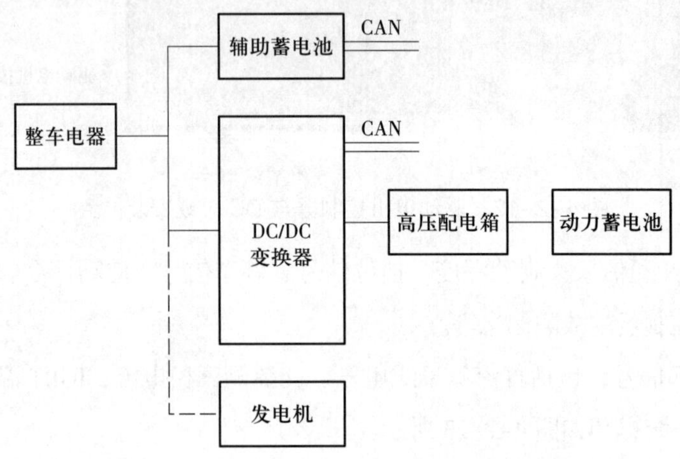

图 4-2-14　DC/DC 变换器总成的系统框图

知识拓展

比亚迪秦 DM 高压充电流程主要包括充电连接、充电功率确认、充电条件判断三个部分。充电连接是判断充电枪与充电口有没有连接到位；充电连接信号线 CC 与 PE 之间存在 680 Ω 的电阻，当系统检测到该电阻对应的电压时，系统即认可充电枪与充电口连接到位。充电功率确认的过程是车辆通过 CP 信号线，获取充电桩输出的 PWM 信号值，从而确认充电系统的输出功率，当输出功率满足时，则进入下一步。当充电连接和充电功率确认均符合要求时，检查车载充电器及动力蓄电池的状态，在无任何故障时，发送允许充电命令，并由仪表盘显示充电相关信息。

第三节　比亚迪秦 DM 高压系统维修

学习目标

1. 掌握比亚迪秦 DM 高压系统故障指示灯的含义。
2. 掌握比亚迪秦 DM 动力蓄电池系统的维修。
3. 掌握比亚迪秦 DM 驱动电机系统的维修。
4. 掌握比亚迪秦 DM 高压配电箱的维修。

一、高压系统故障指示灯的含义

当高压系统出现故障时，仪表盘上的高压系统故障指示灯会点亮。高压系统故障指示灯包括动力系统故障指示灯、动力蓄电池过热指示灯、动力蓄电池故障指示灯、电机冷却液温度过高指示灯和电机过热指示灯等。

1. 动力系统故障指示灯

当 CAN 通信采集到 BMS、驱动电机控制器、“P”挡电机控制器等发出故障信号时，仪表 CPU 会驱动故障指示灯点亮，具体包括：

1）BMS 检测到高压漏电信号。

2）电源开关置于“ON”挡，仪表采集到碰撞报警信号。

3）电源开关置于“ON”挡，驱动电机控制器或“P”挡电机控制器发出故障信号。

4）电源开关置于“ON”挡，仪表连续 5 s 未接收到 BMS 信号。

5）电源开关置于“ON”挡，仪表连续 5 s 未接收到驱动电机控制器或“P”挡电机控制器信号。

表 4-3-1 为比亚迪秦 DM 动力系统故障指示灯点亮情况说明。

表 4-3-1 比亚迪秦 DM 动力系统故障指示灯点亮情况说明

信号来源	故障类型	电源挡位	故障现象
蓄电池管理控制器（BMS）	1. 一般漏电报警 2. 严重漏电报警	所有挡位	故障灯点亮
	碰撞信号报警	“ON”挡	故障灯点亮
	放电主接触器烧结故障	退电检测	故障灯点亮
	负极接触器烧结故障	上电检测	故障灯点亮
驱动电机控制器	动力系统故障	“ON”挡	故障灯点亮
“P”挡电机控制器	“P”挡系统故障	“ON”挡	故障灯点亮

2. 动力蓄电池过热指示灯

蓄电池管理控制器通过 CAN 发送电池组温度超高报警信号给组合仪表，仪表 CPU 驱动指示灯点亮。报警判断条件如下：

（1）动力蓄电池温度≥65 ℃或与 BMS 失去通信时，指示灯点亮。

（2）动力蓄电池温度<65 ℃时，指示灯熄灭。

3. 动力蓄电池故障指示灯

当接收到 BMS 故障信号或“ON”挡与 BMS 失去通信时，动力蓄电池故障指示灯点亮。

表 4–3–2 为动力蓄电池故障指示灯点亮情况说明。

表 4–3–2　动力蓄电池故障指示灯点亮情况说明

信号来源	故障类型	电源挡位	故障现象
蓄电池管理控制器（BMS）	充电报警 放电报警 温度报警 过流报警 电压过低报警 电压过高报警	所有电源	指示灯点亮

4. 电机冷却液温度过高指示灯

驱动电机控制器通过 CAN 发送冷却液温度过高报警信号给组合仪表，仪表 CPU 驱动指示灯点亮。电机冷却液温度过高指示灯有常亮和闪烁两种警告方式，常亮优先级更高。

表 4–3–3 为电机冷却液温度过高指示灯点亮说明。

表 4–3–3　电机冷却液温度过高指示灯点亮说明

信号来源	故障类型	温度值	故障现象
驱动电机控制器	电机冷却温度由低向高变化	当采集到的温度≥75 ℃时	“ON”挡指示灯点亮
	电机冷却液温度由高向低变化	当采集到的温度 <75 ℃时	“ON”挡指示灯熄灭

5. 电机过热指示灯

驱动电机控制器通过 CAN 发送电机过热报警信号给组合仪表，仪表 CPU 驱动指示灯点亮。

表 4–3–4 为电机过热指示灯的点亮说明。

表 4–3–4　电机过热指示灯的点亮说明

信号来源	故障类型	电源挡位	故障现象
驱动电机控制器	电机过热报警	“ON”挡	指示灯点亮
	散热器过热报警	“ON”挡	指示灯点亮

二、动力蓄电池总成检修

若确定动力蓄电池模组存在问题需要检修，可在厂家指导下更换动力蓄电池模组。由于不同特性的动力蓄电池模组装配在一起，会影响动力蓄电池的使用寿命和性能，所以需按以下步骤拆卸和更换。

（1）注意事项

1）操作之前务必佩戴绝缘手套。

2）拆卸 / 安装动力蓄电池模组连接线只能由 1 人完成，严禁 2 人同时操作。

3）必须在前 / 后部连接线全部连接完毕后，再进行另外一侧连接线的安装。

4）拆卸 / 安装动力蓄电池模组紧固件时，先将前 / 后部动力蓄电池模组的安装螺栓全部拆卸 / 安装完毕后，再进行另一侧螺栓的拆卸 / 安装。

5）拆卸 / 安装动力蓄电池模组之前，电池托架上部的辅助蓄电池及其连接线先不安装。

6）连接维修开关前要使维修开关处于断开状态。

（2）更换流程

1）将电源开关置于“OFF”挡，拆下后排座椅，断开维修开关，等待 5 min。

2）拆下行李舱内饰护板和动力蓄电池密封罩的前后封板。

3）用万用表检测动力蓄电池是否漏电。检测方法：将万用表的正极表笔搭于动力蓄电池的正极或负极端子，负极表笔搭于车身，正常情况下，万用表应显示电压值为 10 V 以下，若大于 10 V 则不要拆卸，应先检查漏电原因和位置，排除故障后再进行以下操作。

4）用套筒依次拆卸动力蓄电池串联线、维修开关线束以及动力蓄电池总成正负极线束的固定螺栓，同时取下这些连接线束。

5）用一字螺钉旋具撬开动力蓄电池采样线的固定卡扣，拔掉所有动力蓄电池采样线与电池信息采集器的连接插接器。

6）用套筒拆卸每个动力蓄电池模组 4 个角的固定螺栓。

7）从行李舱取出动力蓄电池模组，并更换新的动力蓄电池模组。

8）分别检测动力蓄电池模组漏电情况，检测方法与步骤 3）一致。

9）用套筒安装好每个动力蓄电池模组 4 个角的固定螺栓。

10）依次安装上动力蓄电池串联线、维修开关线束、动力蓄电池正负极线束，同时用套筒拧紧固定螺栓。

11）将动力蓄电池采样线上的插接器与动力蓄电池信息采集器一一对应并插入，听见“咔”的响声即可，卡上动力蓄电池采样线卡扣。

12）插上维修开关把手，上电检查动力蓄电池总成问题是否解决，若解决，则进行以下操作。

13）安装动力蓄电池密封罩前后封板、行李舱内饰护板和后排座椅，结束操作。

三、充电系统检修

1. 常见故障

充电系统常见故障有系统无法充电、充电突然中断等，充电系统故障原因及解决方法见表 4-3-5。

表 4-3-5　充电系统故障原因及解决方法

故障状态	可能原因	解决方法
物理连接完好，但系统无法充电	充电系统未置于“ON”挡	动力蓄电池充满电后，系统会自动停止
	12 V 辅助蓄电池过放电	使用其他 12 V 电源搭接测试
	充电连接装置故障	12 V 辅助蓄电池应同时开始充电
充电突然中断	电源断电	电源恢复后，充电会自动重新开始
	充电电缆没有连接好	确认充电连接装置是否虚接
	充电连接装置开关被按下	打开充电连接装置开关
	动力蓄电池温度过高	检查仪表指示灯，看是否有故障提示，等待电池温度降低后再进行充电
	车载充电器故障	确认仪表提示，读取相关数据流分析

2. 检查步骤

（1）检查维修开关是否松动或未安装。若维修开关存在问题则重新安装或更换维修开关。

（2）检查充电连接装置是否发生故障。插上充电连接装置，线缆控制盒上的“READY”灯应常亮、“CHARGE”灯应闪烁，若灯亮异常应更换充电连接装置。

（3）检查仪表充电指示灯是否点亮。用万用表测量车载充电器低压插接器电压（充电指示灯），即端子 K55-4 与车身间的电压，如图 4-3-1 所示。正常值应小于 1 V，若不在正常值范围内，则重新配合充电连接装置或更换车载充电器。

（4）检查车载充电器感应信号。将充电连接装置连接至充电桩或家用电源，判断车载充电器风扇是否工作。用万用表测量车载充电器低压插接器电压（充电感应信号），即端子 K55-10 与车身间的电压，正常值应小于 1 V，若不在正常值范围内，则更换车载充电器。

（5）检查低压电源是否输入。不连接充电连接装置，用万用表测量车载充电器低压插接器电压（辅助蓄电池正负）。

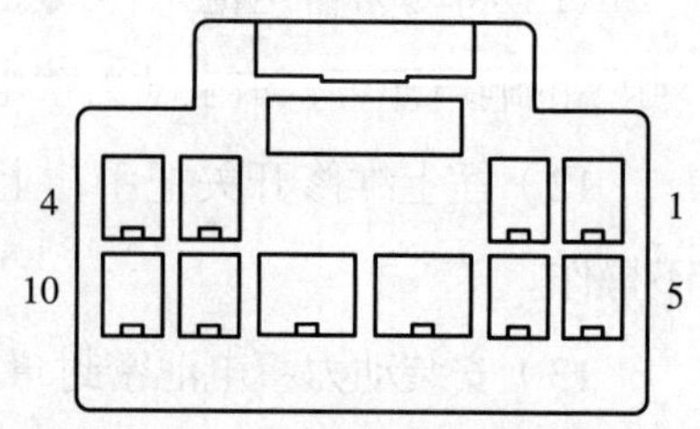

图 4-3-1　车载充电器低压插接器

（6）检查交流充电及“OFF”挡充电继电器。不连接充电连接装置，取下充电继电器，向控制端施加电压，检查继电器是否吸合，如图 4–3–2 所示。

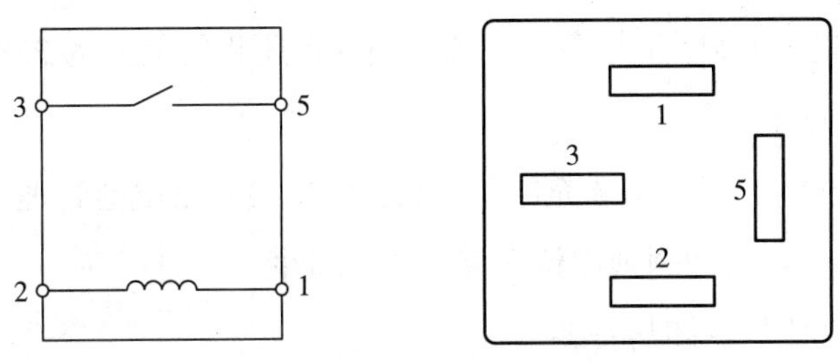

图 4–3–2 充电继电器

（7）检查高压配电箱车载充电熔断器。不连接充电连接装置，拆开高压配电箱侧边小盖，测量位于下方的车载熔断器（30 A）是否导通，如果导通，则高压配电箱车载充电熔断器正常；若不导通，则更换高压配电箱车载充电熔断器。

（8）检查高压配电箱车载充电接触器 K54–4 端子电压。将充电连接装置连接至充电桩或家用电源，测量插接器对应端子电压是否为 12 V 以上。若电压在 12 V 以上，则高压配电箱车载充电接触器供电正常；若不在正常范围内，则检查接触器供电低压线束。

（9）检查高压配电箱车载充电接触器 K54–20 端子电压。将充电连接装置连接至充电桩或家用电源，测量插接器对应端子电压是否为 1 V 以下。若电压在 1 V 以下，则高压配电箱车载充电接触器控制脚正常；若不在正常范围内，则检查接触器供电低压线束。

（10）检查高压配电箱负极接触器 K54–5 端子电压。将充电连接装置连接至充电桩或家用电源，测量插接器对应端子电压是否为 12 V 以上。若电压在 12 V 以上，则高压配电箱负极接触器供电正常；若不在正常范围内，则检查接触器供电低压线束。

（11）检查高压配电箱负极接触器 K54–10 端子电压。将充电连接装置连接至充电桩或家用电源，测量插接器对应端子电压是否为 1 V 以下。若电压在 1 V 以下，则高压配电箱负极接触器控制脚正常；若不在正常范围内，则检查接触器控制低压线束或蓄电池管理控制器。

（12）检查交流充电口总成。拔出交流充电口插接器，分别测量充电口和插接器两端各对应端子是否导通。若导通，则交流充电口总成正常；若不导通，则更换交流充电口总成。

（13）检查蓄电池管理控制器充电请求信号输入。将交流充电口连接至充电桩或家用电源，断开蓄电池管理控制器 26 Pin 插接器，测量线束端电压（充电请求信号）。端子 K65–18 与车身间电压正常值应为 1 V 以下，若不在正常范围内，则应更换线束或检查蓄电池管理控制器。

（14）检查 CAN 通信。将交流充电口连接至充电桩或家用电源，用万用表测量车载充电器 CAN 通信端子电压。若不在正常范围内，则更换 CAN 线束。

（15）检查车载充电器充电输出电压。将交流充电口连接至充电桩或家用电源，用万用表测量车载充电器输出端电压。高压正与高压负端子间的电压正常值应为 228 ~ 577 V。若不在正常范围内，则更换车载充电器。

（16）检查高压配电箱输出电压。将动力蓄电池总成正负极拔出，用万用表测量动力蓄电池总成正负极端电压。高压正与高压负端子间的电压正常值应为 228 ~ 577 V。若不在正常范围内，则更换高压配电箱。

（17）检查整车回路。检查车载充电器、高压配电箱、蓄电池管理控制器的插接器是否松动、破损或未安装。若有问题则重新安装或更换部件。

3. 车载充电器总成的拆卸与安装

（1）注意事项

车载充电器由盒盖、盒体、支架、散热器等组成。拆卸 / 安装前需注意：

1）佩戴好绝缘手套。

2）确保车载充电器外观完好。

3）将电源开关置于"OFF"挡。

4）将辅助蓄电池断电。

5）拔掉维修开关。

6）拆卸行李舱右后内饰板。

（2）拆卸车载充电器

1）断开外部插接器，包括高压输出插接器（接高压配电箱的电缆）、低压插接器（包含 CAN 线束）、交流输入插接器（220 V 电源线）。

2）用扳手将车载充电器交流输入搭铁线处的螺母松开，并将车载充电器 3 个支架上的六角头螺栓拧下，如图 4–3–3 所示。

3）将车载充电器取出。

（3）安装车载充电器

1）将车载充电器放置在行李舱安装支架上，使车载充电器支架上的孔与车身支架上的孔对正；将 3 个六角螺栓由孔穿过，并用扳手将其拧紧，拧紧力矩约为 8 N · m。

2）将交流输入插接器和搭铁线固定好。插接器对准防错角度插入后顺时针拧紧锁死，搭铁线用螺母固定，拧紧力矩约为 6 N · m，核校无误后打上油漆印记。

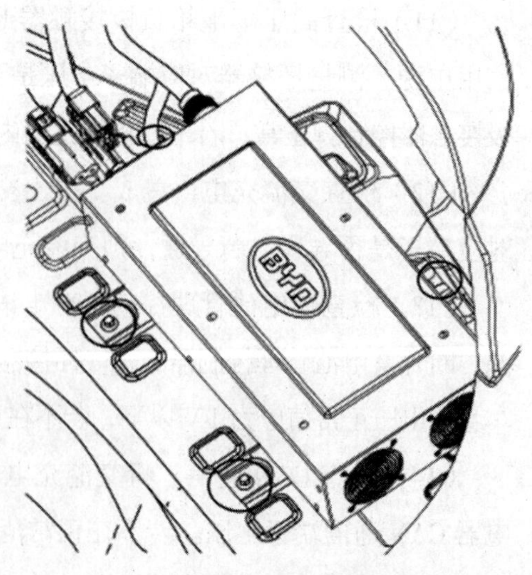

图 4–3–3　车载充电器

3）将低压插接器和高压输出插接器对接固定好。

四、挡位控制器的检修

比亚迪秦 DM 采用先进的线控换挡系统，消除了变速杆与变速器之间的机械连接，通过电控方式来选择前进挡、倒挡、空挡和驻车挡。挡位信号由挡位控制器总成进行采集并处理，挡位控制器在布置时靠近挡位执行器总成，避免了因线束过长而导致信号不稳的现象。换挡完毕后，变速杆会自动回正，以减少误操作。

1. 挡位控制器的拆卸

（1）拆卸前的准备

1）整车电源挡位处于“OFF”挡。

2）断开紧急维修开关。

3）断开辅助蓄电池负极电缆。

（2）拆卸挡位控制器（E，位于换挡机构附近），如图 4-3-4 所示。拆卸时，需先将副驾驶仪表台的内饰外板拆掉。

1）拆卸前，拔掉挡位控制器插接件（F），如图 4-3-5 所示。

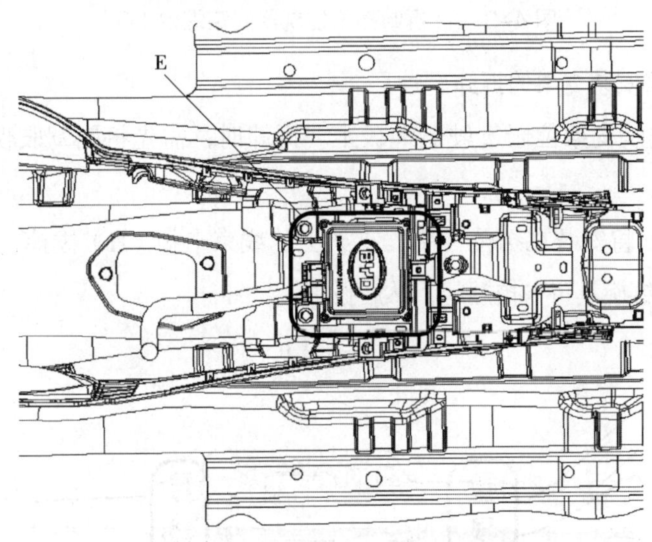

图 4-3-4　挡位控制器安装位置（E）

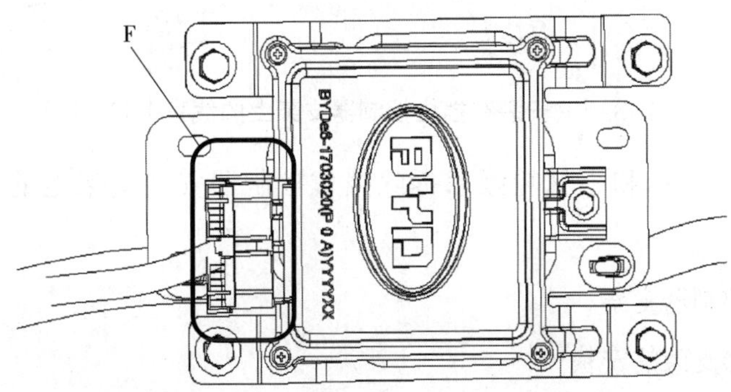

图 4-3-5　拔掉挡位控制器插接件（F）

2）使用 8 mm 套筒和小棘轮扳手拆卸挡位控制器的两个 M5 螺栓（G），如图 4-3-6 所示。

3）取下挡位控制器。

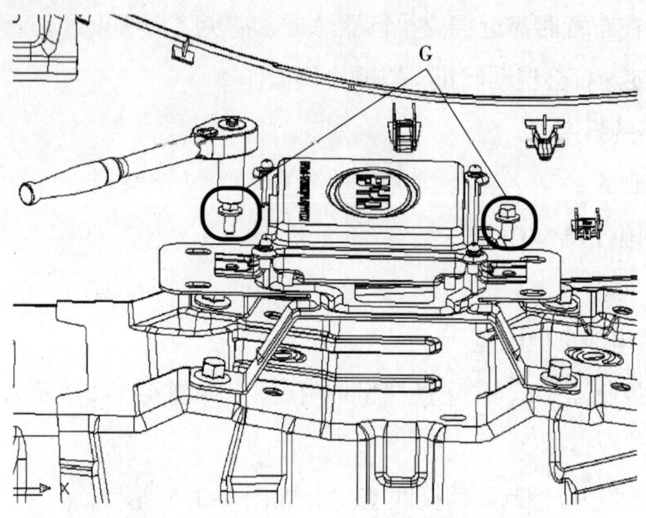

图 4-3-6　拆卸挡位控制器固定螺栓（G）

2. 挡位控制器安装支架的拆卸

挡位控制器安装支架位于驾驶舱地板上。拆卸时，需先将副驾驶仪表台内饰外板拆除。

1）拆卸前，须将安装在挡位控制器支架上的线束卡扣（H）拔掉，如图 4-3-7 所示。拆卸时，用一字螺钉旋具将卡扣翘起，然后拔下。

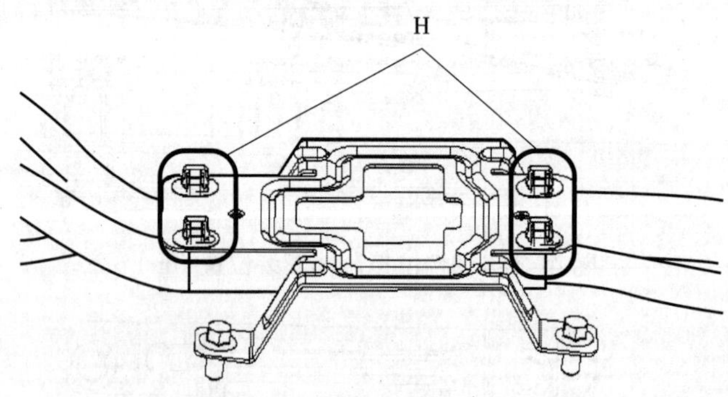

图 4-3-7　安装在挡位控制器支架上的线束卡扣（H）

2）使用 13 mm 套筒和小棘轮扳手拆除挡位控制器安装支架上的 M8 螺栓（J），如图 4-3-8 所示。

3）拆下挡位控制器支架。

3. 挡位控制器支架的安装

安装前，地板线束（K）和仪表板线束（L）均已安装在地板上，如图 4-3-9 所示。

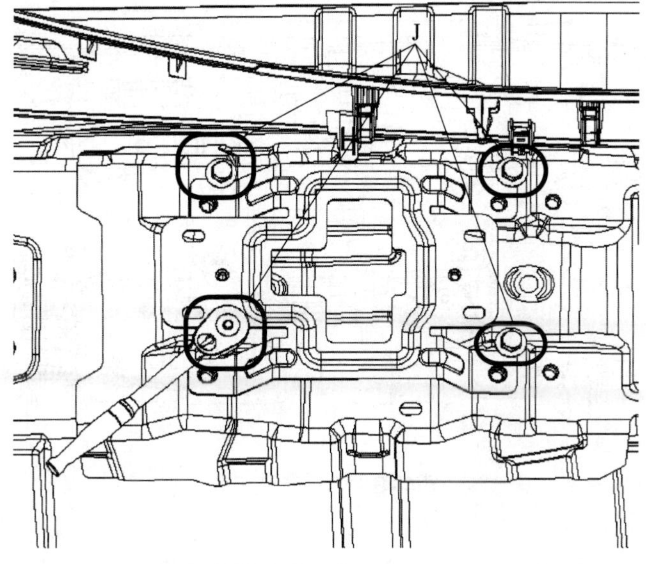

图 4-3-8 挡位控制器安装支架上的 M8 螺栓（J）

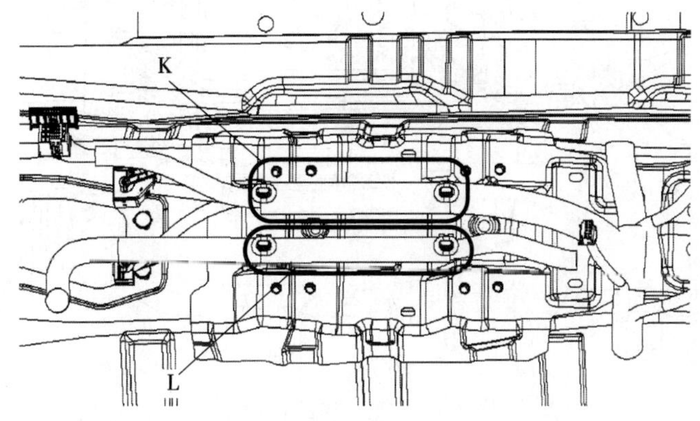

图 4-3-9 地板线束（K）和仪表板线束（L）

1）将挡位控制器支架的 4 个安装孔与车身的 4 个安装孔对齐。

2）螺栓紧固后，将固定线束的卡扣卡入挡位控制器安装支架的卡扣固定孔内，如图 4-3-10 所示。

4. 挡位控制器的安装

挡位控制器支架安装完毕后，才可安装挡位控制器。

1）将挡位控制器上的安装孔与支架上的安装孔对齐，挡位控制器插接件朝向车头方向，如图 4-3-11 所示。

2）将挡位控制器接插件（M）插入挡位控制器的板端，完成挡位控制器的安装，如图 4-3-12 所示。

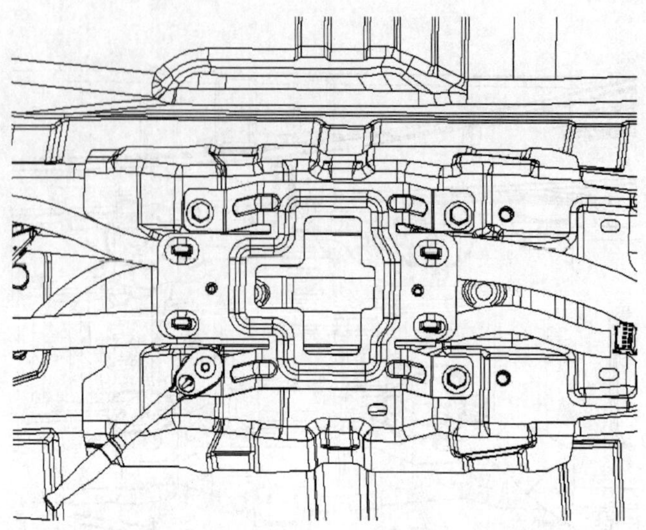

图 4-3-10　安装卡扣

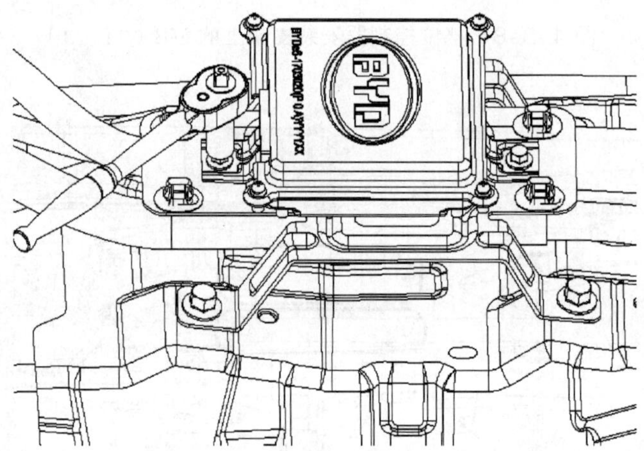

图 4-3-11　挡位控制器

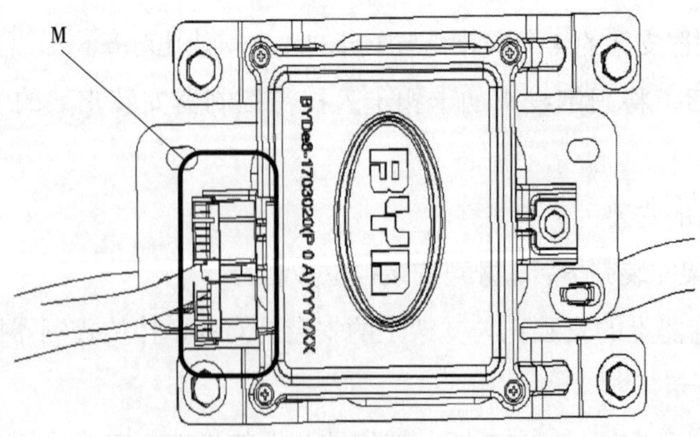

图 4-3-12　挡位控制器接插件（M）

5. 挡位控制器的维修

（1）诊断流程

1）将车辆开至维修车间。

2）检查起动电池电压。标准电压值为 11 ~ 14 V，如果电压值低于 11 V，则在进行下一步操作之前，先进行充电或更换起动电池。

3）用故障诊断仪诊断。把故障诊断仪接到 DLC 口上，读取故障码。如果无故障码输出，则进行第 4）步；如果有故障码输出，则进行第 5）步。

4）全面分析与诊断。进行车上检查并检查 ECU 端子。

5）调整、维修或更换。

6）确认测试。

（2）故障代码列表

故障代码列表见表 4–3–6。

表 4–3–6 故障代码列表

故障代码	故障定义	备注
P1D0000	霍尔电路失效（预留）	模块目前不发此故障码
U011000	挡位控制器与驱动电机控制器通信故障	—

（3）终端诊断

挡位控制器线束端插接件 G62 如图 4–3–13 所示。

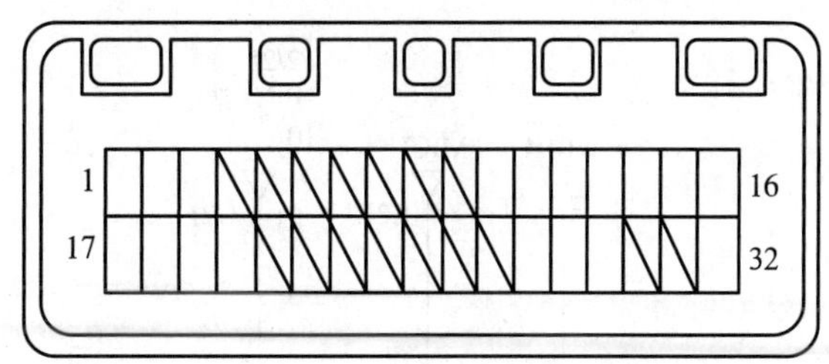

图 4–3–13 挡位控制器线束端插接件 G62

1）拔下挡位控制器插接件。

2）测量 G62 各端子的电压或电阻。其正常值见表 4–3–7。

3）从挡位控制器 G62 插接器后端引线，测量各端子的电压或电阻，其正常值见表 4–3–8。

（4）全面诊断

1）挡位控制器电源电路的检查。挡位控制器电源电路与电机控制器的线路连接，如图 4–3–14 所示。

表 4-3-7　G62 各端子电压或电阻的正常值

端子	线色	端子描述	条件	正常值
G62-9—车身	R/Y	KEY 信号	预配电	9 ~ 16 V
G62-14—车身	P	CAN-H	“ON” 挡	2.5 ~ 3.5 V
G62-15—车身	V	CAN-L	“ON” 挡	1.5 ~ 2.5 V
G62-16—车身	L/R	+12 V 电源	“ON” 挡	9 ~ 16 V
G62-17—车身	B/Y	传感器 A 电源地	始终	小于 1 Ω
G62-18—车身	B/L	传感器 B 电源地	始终	小于 1 Ω
G62-28—车身	B	+12 V 电源地	始终	小于 1 Ω
G62-29—车身	B	+12 V 电源地	始终	小于 1 Ω
G62-32—车身	L/R	+12 V 电源	ON 挡	9 ~ 16 V

表 4-3-8　G62 各端子电压或电阻的正常值

端子	线色	端子描述	条件	正常值
G62-1—G62-17	R/G	传感器 A+5 V 电源	“ON” 挡	约 5 V
G62-2—G62-18	G	传感器 B+5 V 电源	“ON” 挡	约 5 V
G62-7—G62-19	W	“P” 挡按键检测	按下 “P” 挡按键	约 1 kΩ
G62-7—G62-19	W	“P” 挡按键检测	松开 “P” 挡按键	约 4 kΩ
G62-3—车身	W/G	“P” 挡指示灯	“P” 挡指示灯点亮	低电平

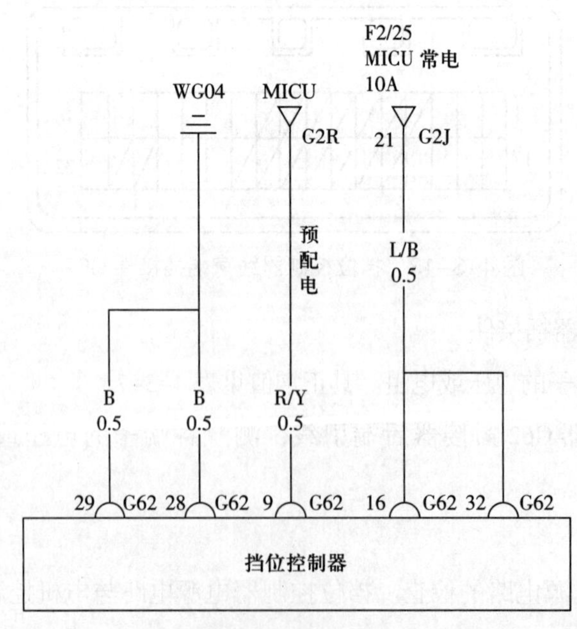

图 4-3-14　挡位控制器电源电路与电机控制器的线路连接

检查线束。

①拔下挡位控制器 G62 插接器。

②测量挡位控制器线束端插接器各端子间的电压或电阻，如果不符合标准，则更换线束或插接件。

2）挡位传感器线路的检查。挡位传感器与挡位控制器的线路连接如图 4-3-15 所示。

①检查挡位传感器 A。电源挡位置于“ON”挡。从挡位传感器 AG58 插接器后端引线，测量线束端插接器各端子间的电压或电阻。如果不符合标准，则更换挡位传感器 A。

②检查挡位传感器 B。电源挡位置于“ON”挡。从挡位传感器 BG59 插接器后端引线。测量线束端插接器各端子间的电压或电阻。如果不符合标准，则更换挡位传感器 B。

③检查线束。拔下挡位传感器 AG58 插接器。拔下挡位传感器 BG59 插接器。拔下挡位控制器 G62 插接器。测量线束端插接器各端子间的电阻。如果不符合标准，则更换线束。

3）“P”挡位开关回路检测。“P”挡位开关与挡位控制器的线路连接如图 4-3-16 所示。

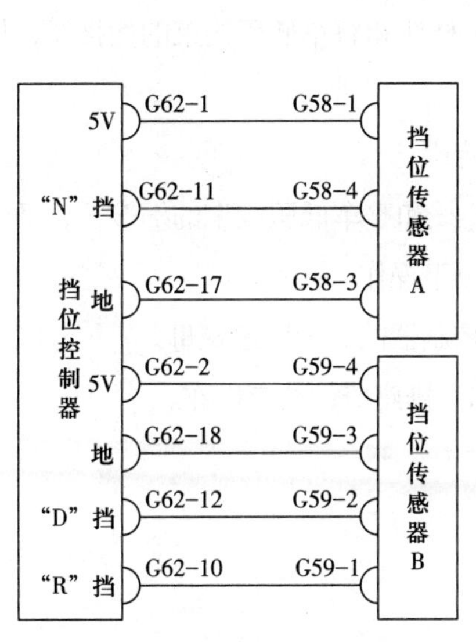

图 4-3-15 挡位传感器与挡位控制器的线路连接

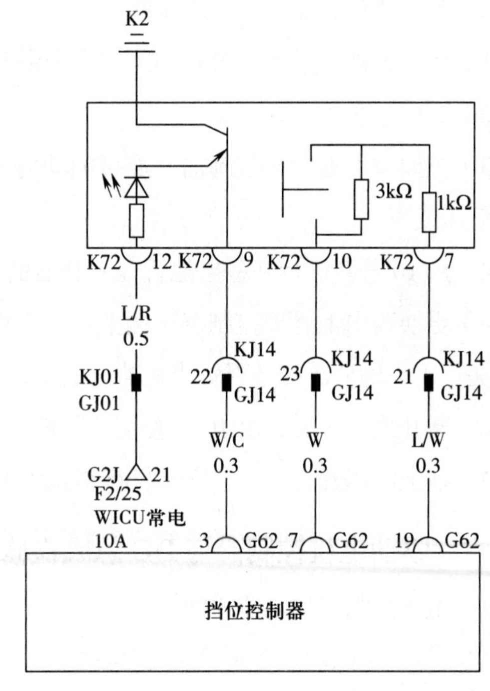

图 4-3-16 “P”挡位开关与挡位控制器的线路连接

①检查“P”挡位按键。拔下“P”挡位按键 K72 插接器。测量线束端插接器各端子间的电压或电阻。如果不符合标准，则更换“P”挡位按键。

②检查线束。拔下“P”挡位按键 K72 插接器。拔下挡位控制器 G62 插接器。测量线束端插接器各端子间的电阻。如果不符合标准，则更换挡位控制器。

五、蓄电池管理控制器检修

1. 动力蓄电池故障状态和故障诊断

动力蓄电池故障状态和故障诊断见表 4–3–9。

表 4–3–9 动力蓄电池故障状态和故障诊断

故障状态	蓄电池管理控制器系统故障诊断	故障状态	蓄电池管理控制器系统故障诊断
模块温度 >65 ℃	1 级故障：一般高温告警	模块温度 >70 ℃	2 级故障：严重高温告警
模块（单体）电压 >3.85 V	1 级故障：一般高压告警	模块（单体）电压 >4.1 V	2 级故障：严重高压告警
模块（单体）电压 <2.6 V	1 级故障：一般低压告警	模块（单体）电压 <2.0 V	2 级故障：严重低压告警
绝缘电阻 < 设定值	1 级故障：一般漏电告警	绝缘电阻 < 设定值	2 级故障：严重漏电告警

2. 蓄电池管理控制器更换流程

1）将电源开关置于“OFF”挡，拆下后排座椅，断开维修开关，等待 5 min。

2）拆掉行李舱内饰护板。

3）拔掉蓄电池管理控制器上连接的动力蓄电池采样线和整车低压线束的插接器，拔掉整车低压线束。

4）用 10 号套筒拆卸蓄电池管理控制器的 3 个固定螺母。

5）更换蓄电池管理控制器，插上动力蓄电池采样线和整车低压线束的插接器，插上维修开关把手，确认故障是否解决，若无故障，则进行以下操作。

6）断开维修开关，用 10 号套筒拧紧蓄电池管理控制器的 3 个固定螺母。

7）插上维修开关把手，安装好行李舱内饰护板和后排座椅，结束操作。

六、驱动电机控制器与 DC 总成检修

1. 电机控制器的功能控制

电机控制器的功能要求见表 4–3–10。

电机控制器功能较多，对于双模控制的一键启动上电和防盗来说，根据 BCM 发出的启动指令，电机控制器开始与 1–KEY 和 ECM 进行防盗对码，对码成功后防盗解除，电机控制器发出启动允许指令给 BMS，开始进行预充，预充成功后“OK”灯点亮。若预充失败，则电机控制器启动发动机，“OK”灯也将点亮。

2. DC/DC 变换器总成故障诊断流程

（1）将车辆开至维修车间。

表 4-3-10 电机控制器的功能要求

电机控制	转矩控制
	功率控制
	能量回馈功能
	爬坡助手功能
整车控制	辅助整车上电 / 掉电功能
	经济模式、运动模式
	动力系统防盗功能
	巡航控制功能
	ESC/Has-Hev 匹配
	挡位控制
	软件更新功能
	状态管理
安全控制	异常处理功能
	制动优先功能
	辅助 BMS 进行烧结检测功能
	泄放电功能

（2）检查起动电池电压。标准电压值为 11 ~ 14 V，如果电压值低于 11 V，则在进行下一步之前先充电或更换起动电池。

（3）用故障诊断仪诊断。将故障诊断仪连接到 DLC 接口上，读取故障码。如果无故障码输出，则进行第（4）步；如果有故障码输出，则进行第（5）步。

（4）全面分析与诊断。进行车上检查并检查 ECU 端子。

（5）调整、维修或更换。

（6）确认测试。

3. 更换驱动电机控制器

（1）防盗编程及标定

更换驱动电机控制器之前，需进行防盗编程及标定，具体步骤如下：

1）车辆上电，进入车型诊断。

2）选择车型“秦或 HA”。

3）进入防盗编程。

4）进行防盗解密或编程，拆卸旧件时必须清除 ECM 密码。安装新件后进行 ECM 编程，ECM 编程完毕后车辆进行退电，5 s 后再次上电。

5）进入动力网模块。

6）选择驱动电机控制器。

7）进入电机系统进行设置。

8）选择相应配置。

9）进入倾角信息并进行读取。

10）在车辆处于水平时读取倾角数值，确认是否正常，如有偏差，则进行倾角标定。

11）标定完毕后车辆退电，5 s 后重新上电。

12）读取数据流，确认刹车信号是否正常，不踩刹车时信号为 0。

（2）拆卸

拆卸驱动电机控制器之前，先将点火开关旋至“OFF”挡，拔掉维修开关，等待 5 min 以上，断开起动电池，拆掉配电盒。具体拆卸步骤如下：

1）拆掉电机三相线插接件的 4 个螺栓。

2）拔掉高压母线插接件。

3）拆掉箱体侧面配电盒端上的螺栓。

4）拆掉底座 4 个紧固螺栓。

5）将驱动电机控制器左移，拔掉 62 pin 低压插接件，拆掉搭铁螺栓，拔掉 DC 低压输出线，拔掉 4 个低压线束卡扣。

6）将驱动电机控制器右移，拆掉进水管，拆掉出水管（注：拆掉进水管时将流出的冷却液用容器接住）。

（3）安装

1）将驱动电机控制器放进安装位置。

2）将驱动电机控制器右移，安装进水管和出水管。

3）安装 4 个底座螺栓（力矩 22 N·m）。

4）卡上 DC 12 V 输出线卡箍，插上 DC 12 V 插接件；卡上线束卡箍；安装搭铁螺栓（力矩 22 N·m）；插上 62 pin 低压插接件。

5）安装箱体侧面配电盒上的螺栓。

6）插上高压母线插接件。

7）安装电机三相线插接件（力矩 9 N·m）。

七、漏电传感器的检修

1. 漏电传感器的工作原理

通常检测与动力蓄电池输出相连接的负极母线与车身底盘之间的绝缘电阻，来判断动力蓄电池的漏电程度。绝缘阻值小于或等于 100 ~ 120 kΩ 时，表明一般漏电；当绝缘阻值小于或等于 20 kΩ 时，表明严重漏电。当动力蓄电池漏电时，传感器发出一个信号给蓄电池管理控制器，控制高压电外泄，避免造成人员或物品的损伤。漏电传感器的工作原理如图 4–3–17 所示。

2. 漏电传感器的线束连接

漏电传感器的线束连接如图 4–3–18 所示。

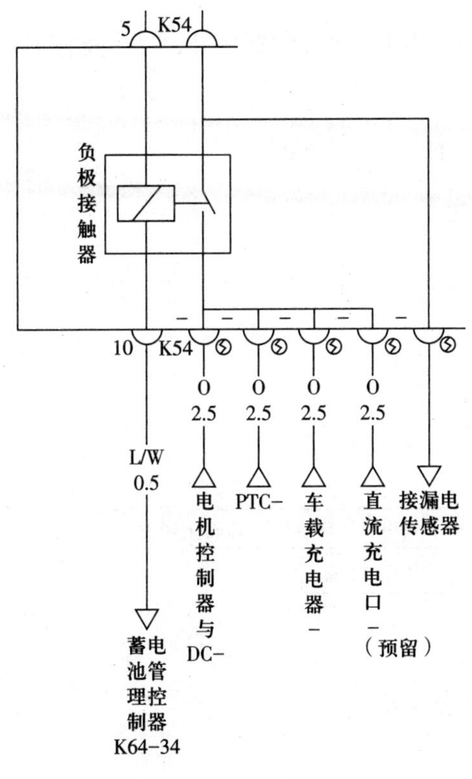

图 4–3–17 漏电传感器的工作原理

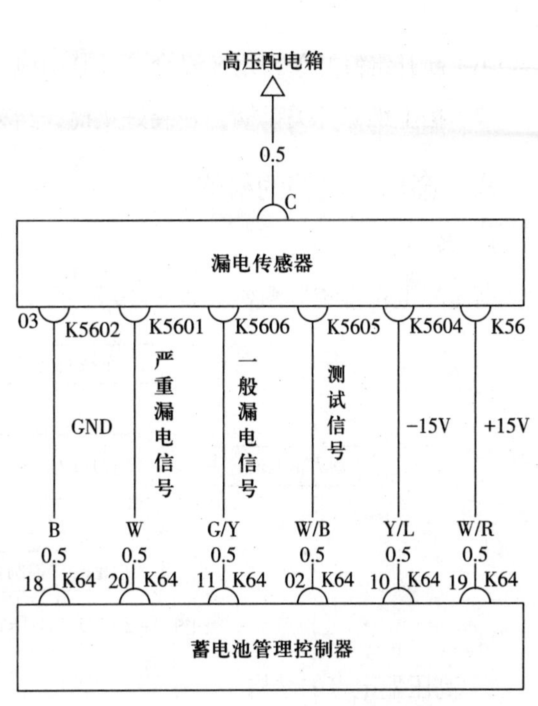

图 4–3–18 漏电传感器的线束连接

3. 漏电传感器的诊断流程

（1）把车开进维修间。

（2）检查起动电池电压及整车低压线束供电是否正常。电压标准值为 11 ~ 14 V，如果电压值低于 11 V，在进行下一步操作之前先充电或更换起动电池或检查整车低压线束。

（3）对接好插接件，整车“ON”挡上电，进入蓄电池管理控制器进行故障码诊断。

（4）读取到漏电传感器失效故障或与漏电传感器通信故障。拔下漏电传感器低压插接件。用万用表测量 K56–04 和 K56–05 引脚对地电压是否为 ±9 ~ ±16 V。若正常，则蓄电池管理控制器供电正常；若不正常，则漏电传感器有故障，需更换漏电传感器。测试蓄电池管理控制器 K64–19 和 K64–10 引脚对地电压是否为 ±9 ~ ±16 V，如果电压正常，则线束故障，更换线束；如果电压不正常，则需更换蓄电池管理控制器。

（5）确认测试。

4. 漏电传感器的更换

（1）将车辆断电至“OFF”挡，拆下后排座椅，断开维修开关，等待 5 min。

（2）拔掉与整车线束对接的低压线束。

（3）拔掉漏电传感器与高压配电箱连接的插接件。

（4）用 8 号套筒拆卸漏电传感器的 2 个固定螺栓。

（5）更换漏电传感器，插上低压插接件，插上与配电箱连接的插接件，插上维修开关手柄，并确认。

（6）断开维修开关，用 8 号套筒拧紧漏电传感器的 2 个固定螺栓。

（7）插上维修开关手柄，安装好座椅，结束操作。

八、高压配电箱的检修

1. 系统框图

高压配电箱系统框图如图 4–3–19 所示。

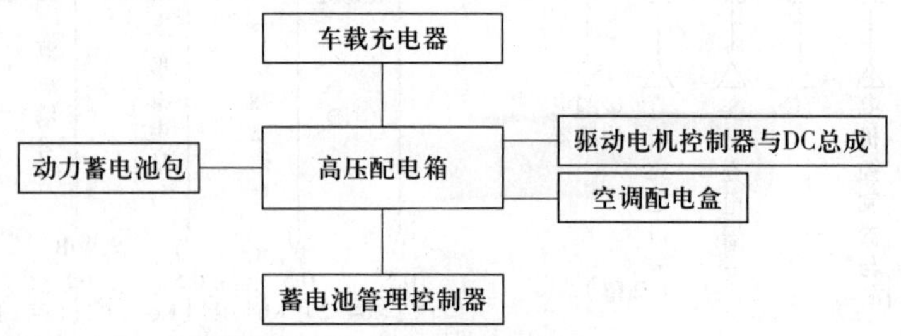

图 4–3–19　高压配电箱系统框图

2. 高压配电箱的结构

高压配电箱的外部结构如图 4–3–20 所示，由高压端子、低压线束、漏电传感器检测线、空调熔断器和车载充电熔断器等组成。高压配电箱外部高压端子如图 4–3–21 所示，内部结构如图 4–3–22 所示。

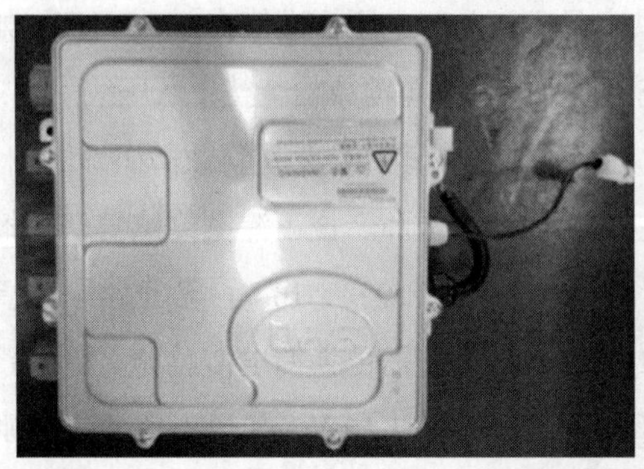

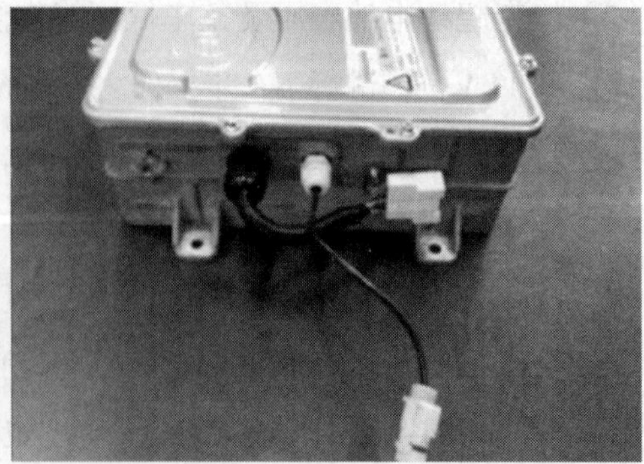

图 4–3–20　高压配电箱的外部结构

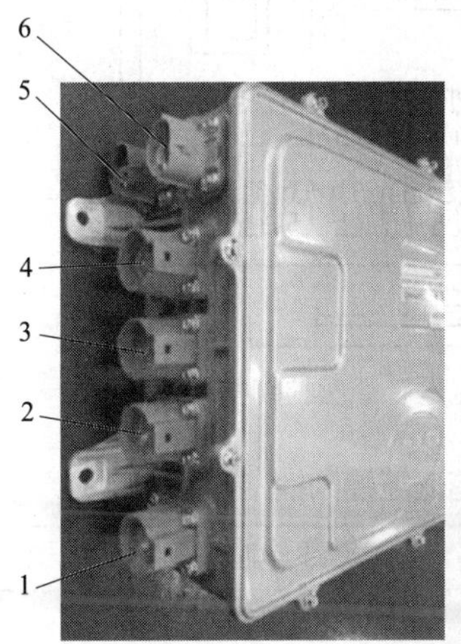

图 4–3–21 高压配电箱外部高压端子

1—接驱动电机控制器与 DC 总成正极 2—接驱动电机控制器与 DC 总成负极
3—动力蓄电池输入（负极） 4—动力蓄电池输入（正极）
5—车载充电器输入 6—输出至空调配电盒

图 4–3–22 高压配电箱内部结构

1—负极接触器 2—霍尔电流传感器 3—正极接触器 4—空调接触器
5—充电接触器 6—正极熔断器 7—预充电接触器

3. 高压配电箱低压控制插接件

高压配电箱低压控制插接件如图 4–3–23 所示。

高压配电箱低压控制插接件引脚定义见表 4–3–11。

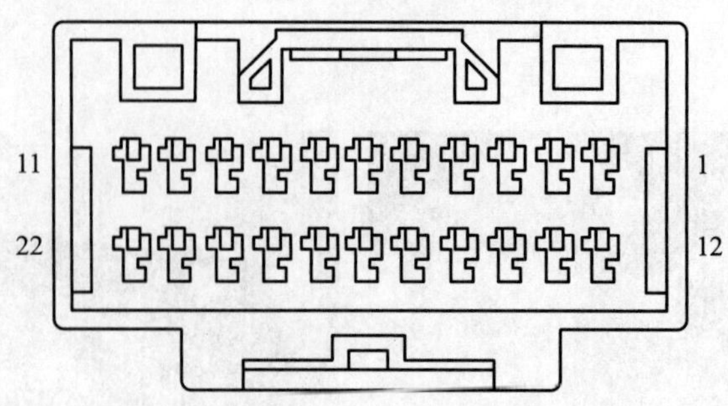

图 4-3-23 高压配电箱低压控制插接件

表 4-3-11 高压配电箱低压控制插接件引脚定义

引脚编号	定义	对接模块引脚	对地电压正常值 /V
1	预充接触器电源	双路电	约 12
2	高压互锁检测输出	维修开关 K66-01 脚	—
3	正极接触器电源	双路电	约 12
4	交流充电接触器电源	双路电	约 12
5	负极接触器电源	双路电	约 12
6	高压互锁检测输入	蓄电池管理控制器 K64-01 脚	—
7	空调接触器电源	AC-ECU G85-2	约 12
8	—	—	—
9	电流霍尔传感器信号	蓄电池管理控制器 K64-26 脚	<1
10	负极接触器控制	蓄电池管理控制器 K64-34 脚	<1
11	—	—	—
12	—	—	—
13	预充接触器控制	蓄电池管理控制器 K64-17 脚	<1
14	正极接触器控制	蓄电池管理控制器 K64-09 脚	<1
15	—	—	—
16	—	—	—
17	空调接触器控制	接地	0
18	—	—	—
19	电流霍尔传感器 +15 V	蓄电池管理控制器 K64-27 脚	约 +15
20	交流充电接触器控制	蓄电池管理控制器 K64-33 脚	<1
21	电流霍尔传感器 -15 V	蓄电池管理控制器 K64-29 脚	约 -15
22	—	—	—

4. 高压配电箱电路原理图

高压配电箱电路原理图如图 4-3-24 所示。

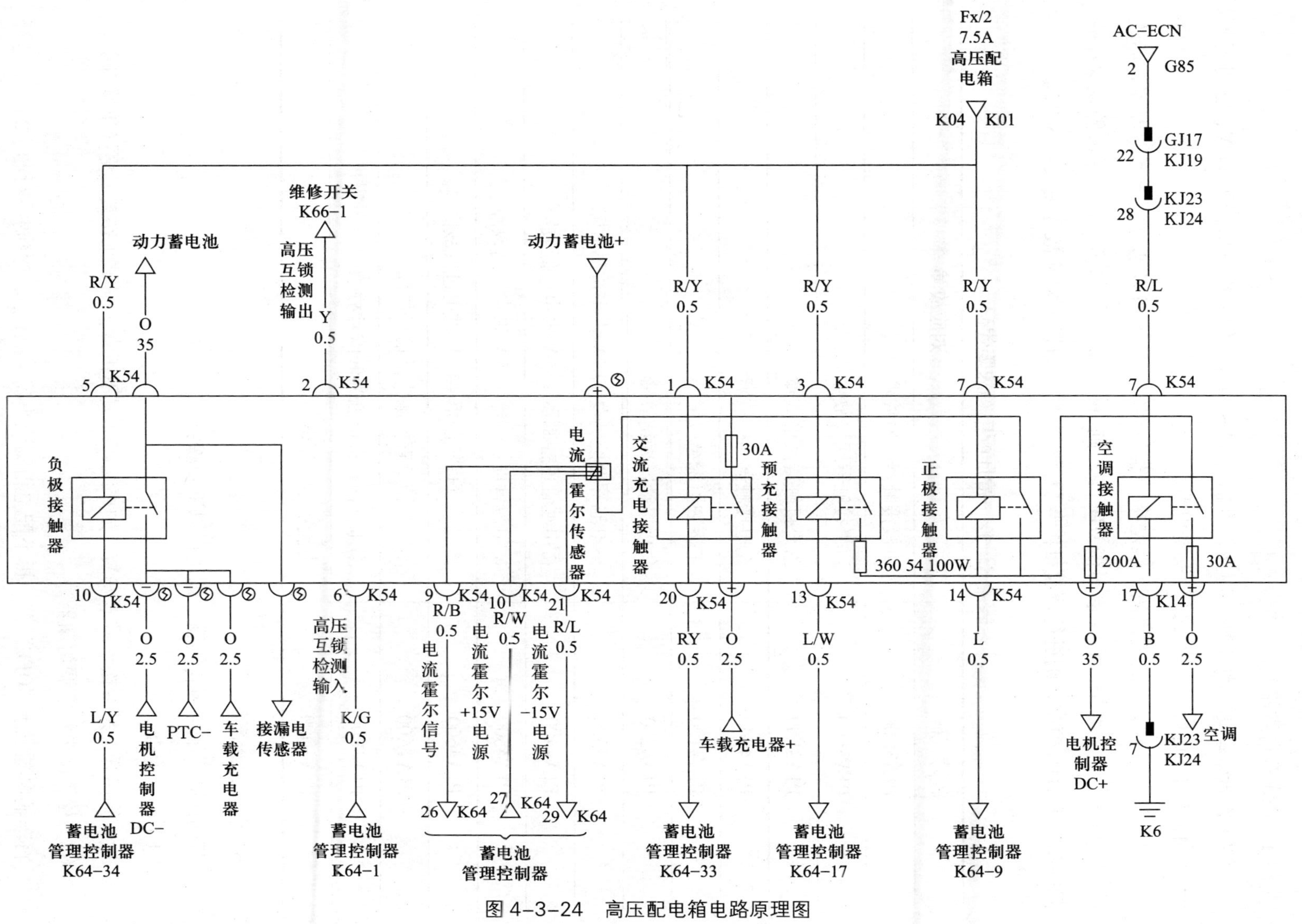

图 4-3-24　高压配电箱电路原理图

5. 高压控制器诊断流程

（1）把车开进维修间。

（2）检查辅助蓄电池电压。电压标准值为 11 ~ 14 V，如果电压值低于 11 V，在进行下一步操作之前先进行充电或更换辅助蓄电池。

（3）配电箱本身无故障代码，但是接触器及霍尔传感器可以通过蓄电池管理控制器的故障代码来判断。如果故障现象不在 DTC 中，则进行全面分析与诊断；如果故障现象在故障症状表或 DTC 表中，则进行调整维修与更换。故障代码及所对应故障见表 4-3-12。

表 4-3-12　高压配电箱故障代码

故障代码	对应故障
P1A3D00	负极接触器回检故障
P1A3E00	正极接触器回检故障
P1A3F00	预充接触器回检故障
P1A4000	充电接触器回检故障
P1A4100	主接触器烧结故障
P1A4200	负极接触器烧结故障
P1A4300	蓄电池管理控制器 +15 V 供电过高故障
P1A4400	蓄电池管理控制器 +15 V 供电过低故障
P1A4500	蓄电池管理控制器 –15 V 供电过高故障
P1A4600	蓄电池管理控制器 –15 V 供电过低故障
P1A4A00	高压互锁一直检测为高信号故障
P1A4B00	高压互锁一直检测为低信号故障
P1A4D00	电流霍尔传感器故障

6. 全面诊断流程

若确认高压配电箱有问题，则进行以下步骤：

（1）车上检查

检查维修开关是否松动或未安装。如果维修开关不正常，则重新安装或更换维修开关。

（2）检查配电箱空调熔断器

将车辆电源置于“OFF”挡，拆下配电箱侧边小盖，测量上方空调熔断器（30 A）是否导通。如果不导通，则更换空调熔断器。

（3）检查接触器电源脚

将车辆电源置于“OFF”挡，连接好辅助蓄电池；用万用表测量低压接插件引脚对地电压。

K54–1—车身、K54–3—车身、K54–4—车身、K54–5—车身的电压都约为 12 V，如果不正常，则检查低压供电线束。

（4）检查负极接触器控制脚

将车辆电源置于“OFF”挡，连接好辅助蓄电池；用万用表测量低压接插件引脚对地电压。

K54–10—车身应小于 1 V，如果不正常，则检查蓄电池管理控制器或线束。

（5）检查预充接触器控制脚

在整车上电（显示 OK）过程中，用万用表测量低压插接件引脚（K54–13）对地电压是否由 12 V 降低为 1 V 以下再恢复到 12 V。如果不是，则检查蓄电池管理控制器或线束。

（6）检查正极接触器控制脚

整车上电置于“ON/OK”挡；用万用表测量低压接插件引脚对地电压。K54–14—车身应小于 1 V，如果不是，则检查蓄电池管理控制器或线束。

（7）检查空调接触器电源脚

整车上电置于“ON/OK”挡；用万用表测量低压接插件引脚对地电压。K54–7—车身电压约为 12 V。如果不正常，则检查线束或空调控制模块。

（8）检查高压互锁信号

整车置于“OFF”挡；用万用表测量低压插接件引脚 K54–2—K54–6 间的电阻，K54–2–K54–6 电阻应小于 1 Ω。如果不正常，则检查插接件连接和配电箱是否完好。

（9）检查电流霍尔传感器电源

整车上电（显示 OK），用万用表测量低压插接件引脚对地电压。K54–19—车身电压约为 +15 V，K54–21—车身电压约为 –15 V。如果不正常，则检查蓄电池管理控制器或线束。

7. 高压配电箱的拆卸与安装

（1）准备工作

1）将整车置于“OFF”挡。

2）断开低压蓄电池负极。

3）拆卸座椅，拔掉维修开关。

4）拆卸行李舱右后内饰板。

（2）拆卸

1）断开外部所有插接件，包括动力蓄电池总成正、负极插接件，直流母线正、负极插接件，PTC 插接件，车载插接件，漏电传感器插接件和低压插接件。

2）将高压配电箱搭铁线的紧固件螺栓松开，并将固定高压配电箱的 4 个六角带齿螺栓拧下。

3）向车后方平移高压配电箱，轻轻取下。

（3）装配

1）将高压配电箱安装在电池支架上，调整到位后用 4 个螺栓将其固定，紧固力矩为 24 N · m。

2）将搭铁线用螺栓固定，紧固力矩为 24 N · m。

3）将配电箱与漏电传感器的插接件对接到位，固定在上方车身腰形孔。

4）将高压插接件对接好，先在乘员舱将直流母线负极对准插入，听到“咔嗒”声时为连接到位，同时将二次锁死机构向里推入，完成插接件的连接。将直流母线负、直流母线正，再去车后方将电池负、电池正、车载、PTC 依次对接好（插接件必须先对接好再插二次锁止机构）。

5）将低压插接件对接并固定好。

第五章 宝马 X6 混合动力系统构造与维修

第一节 宝马 X6 混合动力系统概述

学习目标

1. 了解宝马 X6 混合动力汽车概况。
2. 熟悉双模式主动变速器及其工作模式。
3. 了解宝马 X6 动力蓄电池的特点。
4. 熟悉不同情况下宝马 X6 混合动力系统的工作状况。

一、概述

宝马 X6 混合动力汽车（Active Hybrid X6）是宝马汽车公司于 2009 年底推出的混合动力全能轿跑车，也是宝马汽车公司推出的首款混合动力量产车型。该款汽车不仅输出功率高、动力强，而且在同等动力性能下相比宝马 X6 xDrive50i 车型，油耗降低近 20%。

宝马 X6 混合动力汽车的外观与普通燃油版 X6 车型基本一致，主要不同之处在于外观细节，如图 5-1-1 所示。

此外，宝马 X6 混合动力汽车的内室设计与燃油版 X6 车型也略有差异，如图 5-1-2 所示。

宝马 X6 混合动力汽车的驱动系统由采用宝马 TwinPower 涡轮增压技术的 300 kW/407 bhp 大功率 V8 发动机和两台输出功率分别为 67 kW/91 bhp 和 63 kW/86 bhp 的电动机组成，能够实现纯电动驱动、纯发动机驱动和混合动力驱动三种驱动方式。最大可用系统功率为 357 kW/485 bhp，最大转矩为 780 N · m。0 ~ 100 km/h 加速时间为 5.6 s，在符合 EU5 要求的循环工况试验中耗油量为 9.9 L，相当于 CO_2 排放量为 231 g/km。当采用纯电动驱动时，最高车速可达 60 km/h，发动机会根据负荷要求启动并在汽车行驶速度低于 65 km/h 时自动关闭。

图 5-1-1　宝马 X6 混合动力汽车的外观细节

1—发动机舱盖隆起　2—“Streamline297”轮辋造型

3—车漆颜色“Bluewater 金属漆”　4—“Active Hybrid”字样的铝合金徽标

5—行李舱盖铝合金装饰条上带有“Active Hybrid”字样

6—登车护条上带有“BMW Active Hybrid”字样

7—发动机舱内供电电子装置上带有“Active Hybrid”字样

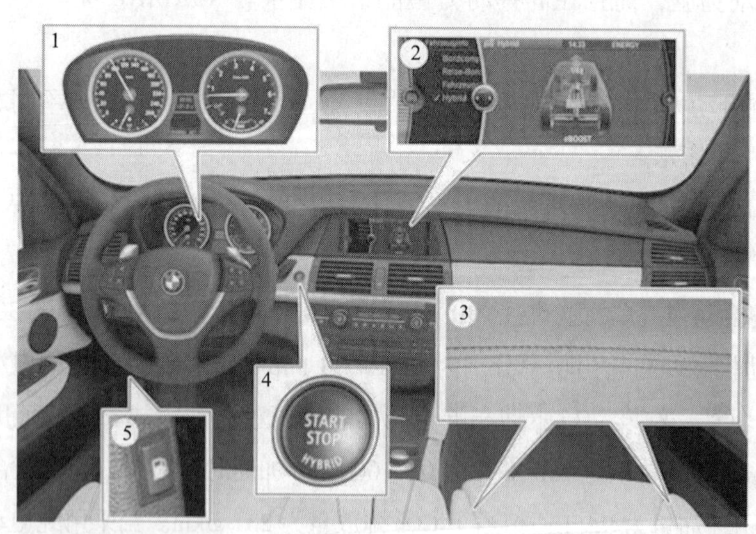

图 5-1-2　宝马 X6 混合动力汽车的内室设计

1—混合动力车型特有的组合仪表显示屏

2—混合动力车型特有的中央信息显示屏（CID）

3—带蓝色对比缝线的“象牙白”真皮配置

4—带“HYBRID”字样的 START-STOP 按钮

5—加油口开启按钮

二、双模式主动变速器

宝马 X6 混合动力汽车采用双模式主动变速器（E72），如图 5–1–3 所示。其将两台大功率电动机和双模式主动变速器集成在一个与传统自动变速器大小相仿的壳体内，可改变电动机和发动机的传输功率比例，实现两种驱动方式。

图 5–1–3 双模式主动变速器

（1）驱动方式 1

主要在低速行驶状态下通过使用电动机显著降低车辆油耗，同时产生附加驱动力。

（2）驱动方式 2

主要在高速行驶状态下降低电动机传输功率，同时提高发动机效率（通过负荷点调节）和燃油效率。该模式下，两台电动机以不同方式工作，除提供电动驱动助力和作为发电机使用外，还负责以最高效率划分挡位。

电动机的两种运行模式都采用固定传动比，因此实际上有 7 个挡位可供使用。

三、动力蓄电池

动力蓄电池是混合动力驱动装置最重要的组件之一，它决定了车辆的输出功率和续航里程。宝马 X6 混合动力汽车的动力蓄电池为镍氢蓄电池，如图 5–1–4 所示，存储容量大且技术成熟，因此被宝马混合动力汽车广泛采用。

宝马 X6 混合动力汽车的镍氢动力蓄电池重 83 kg，容量 2.4 kW · h，额定电压 288 V。电池通过冷却液散热，必要时还可通过空调系统冷却，因此冷却效率比传统风冷方式高得多。这也使得宝马 X6 混合动力汽车的动力蓄电池可以保持高强度的工作并实现更长久的功率输出。

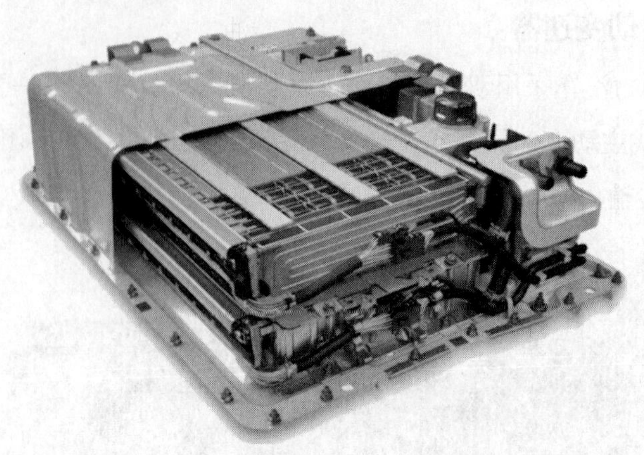

图 5–1–4　宝马 X6 混合动力汽车采用的镍氢动力蓄电池

四、工作状况

1. 发动机节能启停功能

发动机节能启停功能是指车辆在怠速情况下（如遇红灯或堵车时）发动机会自动关闭，这样可减少尾气排放和降低油耗。此外，车辆静止状态下动力蓄电池能为空调和车辆照明系统等提供所需电力，如果动力蓄电池电量不足，就会启动发动机为动力蓄电池充电。

2. 起步

在发动机达到运行温度且动力蓄电池电量充足的情况下踩下加速踏板，汽车会以电动方式起步，起步时在低转速范围内使用电动机提供较高转矩。从静止状态起步时仅由电动机驱动车辆，由动力蓄电池提供所需能量。发动机仍处于关闭状态（发动机处于运行温度）。

3. 行驶

汽车在行驶过程中会根据车速和动力蓄电池的充电状态，以不同比例驱动发动机和电动机。当车速低于 60 km/h 时，车辆通过纯电动方式，最多可行驶 2.5 km，如果车速更低，则行驶距离更远；这种电动行驶方式，车辆不会排放废气，而且几乎没有噪声。当在低速至中速行驶时，电动机可输出最大转矩以实现电动驱动，这时的发动机不在最佳运行范围内，只有当两台电动机的功率不足以驱动车辆时，发动机才会启动。

电动驱动所需的电力来自动力蓄电池。当动力蓄电池电量不足时，发动机将频繁启动为动力蓄电池充电，只有动力蓄电池温度高于 10 ℃时，才允许继续以纯电动方式行驶。

4. 加速

电动机的优势在于当车辆需要加速行驶时，可以直接提供较大的功率输出。这种以电动机驱动的方式是通过电量充足的动力蓄电池来提供额外能量的，此功能称为助推功能，即通过发动机和电动机的结合使用，实现与传统燃油汽车一样的动力和加速度。此时电动机相当于一种“电动涡轮”，在加速过程中为发动机提供助力，且不会带来额外的燃油消耗。

5. 制动能量回收

混合动力驱动装置的主要优点是可以回收下坡或制动时释放的动能，将动能转换为电能储存于动力蓄电池中，此时电动机将作为发电机使用，而只有在需要紧急制动的情况下才必须操作机械车轮制动器，这一功能也被称为再生制动或制动能量回收。因此，动力蓄电池的容量越大，将越有助于制动能量的回收利用。

第二节 发动机及主动变速器

学习目标

1. 熟悉改进型 N63 发动机的冷却系统和带传动机构。
2. 掌握主动变速器的组成及工作原理。

一、改进型 N63 发动机

1. 冷却系统

宝马 X6 混合动力汽车（E72）使用的改进型 N63 发动机采用两个彼此独立的冷却循环回路，一个用于发动机冷却，另一个用于增压空气冷却。此外，车辆还有第三个用于高压蓄电池的冷却循环回路，但并不属于发动机部分。

（1）发动机冷却系统

改进型 N63 发动机的冷却循环回路与以往设计有所不同。电动辅助冷却液泵在发动机冷却循环回路中的安装位置使冷却液在发动机静止的情况下依然可以经过变速器油冷却液热交换器，这样可以确保在纯电动行驶期间对变速器和两台电动机进行冷却。与使用 N63 发动机的其他车型一样，该泵在发动机关闭后仍会继续运行，以便排出废气涡轮增压器的余热，这一过程可能需要 15 ~ 20 min。

（2）增压空气冷却系统

在 E72 上，冷却液不对发动机控制单元进行冷却，而是对两个附加控制单元、供电电控箱（PEB）和辅助电源模块（APM）进行冷却。因此，对低温冷却循环回路进行了相应改进。

（3）电动冷却液泵

由于必须对额外组件进行冷却且会造成压力损失，仅靠一台 50 W 泵是无法保持所需冷却液体积流量的，因此安装了第二台 50 W 电动冷却液泵。两台 50 W 泵串联连接。

1）附加 20 W 冷却液泵。主要用于补偿 APM（辅助电源模块）与 PEB（供电电控箱）间的压力损失。冷却液平行经过 APM 和 PEB，PEB 控制的电功率远远高于 APM，因此 PEB 内必须拥有更多冷却面积，而这样又会导致流动阻力和压力损失较高。如果不采取特殊措施，冷却液将主要经过流动阻力较低的 APM。APM 内的一个节流阀虽能起到部分但不完全补充作用，其余还需由附加 20 W 冷却液泵完成。

2）短路回路。附加 20 W 冷却液泵的另一项任务是形成一个较小的“短路回路”。当车外温度较低时，可关闭两台 50 W 泵，因为不需要冷却功率。PEB 带有一个温度传感器，用于进行此项调节，同时也会读取 PEB 内温度传感器的数据。

3）电器连接。两台 50 W 的电动冷却液泵通过 LIN 总线连接在数字式发动机电子系统上，而附加 20 W 冷却液泵则通过一个脉冲宽度调制信号控制。

4）继续运行。为了在关闭发动机后仍能继续排放出 PEB 和 APM 的热量，所有三台冷却液泵都继续运行，且针对低温冷却循环回路也提供继续运行功能。

5）温度情况。PEB 所带温度传感器上的低温冷却循环回路调节温度为 65 ℃，自 70 ℃起开始降低 PEB 和 APM 上的控制功率，从而减少发热量。

2. 带传动机构

E72 最突出的特点之一是纯电动驱动模式。在纯电动模式下，系统同时也要提供助力转向和满足空调使用等。由于纯电动模式下发动机处于停止状态，无法驱动转向助力泵和空调压缩机，所以这两个系统改由电动方式驱动，脱离于带传动机构。E72 发动机上没有传统的发电机，其带传动机构也取消了这一部件，如图 5-2-1 所示。由图可见，E72 的带传动机构设计非常简单，仅驱动发动机所需的冷却液泵。由于使用的是弹性带并采用 N63 所用的“滚筒式张紧系统”安装，所以不需要张紧轮。弹性带依旧使用 4 肋多楔带。

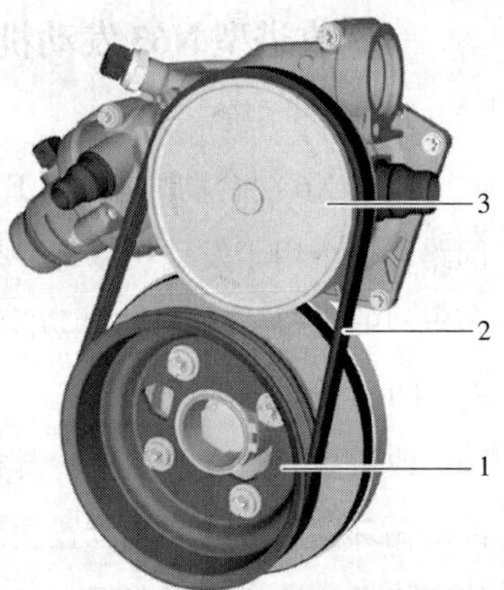

图 5-2-1 E72 带传动机构
1—扭转减振器上的带轮
2—4 肋多楔带 3—冷却液泵

二、主动变速器

1. 组成

从驾驶员的角度来说，主动变速器共有 7 个前进挡位。在变速器内部，这 7 个前进挡位通过 4 个固定的基本挡位和具有可变传动比的两个模式实现。在 4 个固定的基本挡位中，发动机和变速器输出轴的转速比固定不变。而具有可变传动比的模式则不同，发动机与变速器输出轴的转速比能够进行连续可变调节，因此这种模式称为无级变速（continuously variabl transmission，简称 CVT）。

由于 E72 主动变速器具有两种 CVT 模式，所以也被称为“双模式主动变速器”，其通过集成在主动变速器内的 2 台电动机对传动比进行电动调节，因此这两种模式也称为“ECVT”，其中“E”代表“电动”。电动机作为混合动力驱动装置的主要组成部分还用于为发动机提供支持（助力）以及回收利用制动能量。4 个固定的基本挡位和 2 个 ECVT 模式通过 3 个行星齿轮箱和 4 个片式离合器实现或连接。

从狭义角度来说，E72 主动变速器主要包括 2 台电动机、3 个行星齿轮组、4 个片式离合器等部件，其剖面图如图 5-2-2 所示。

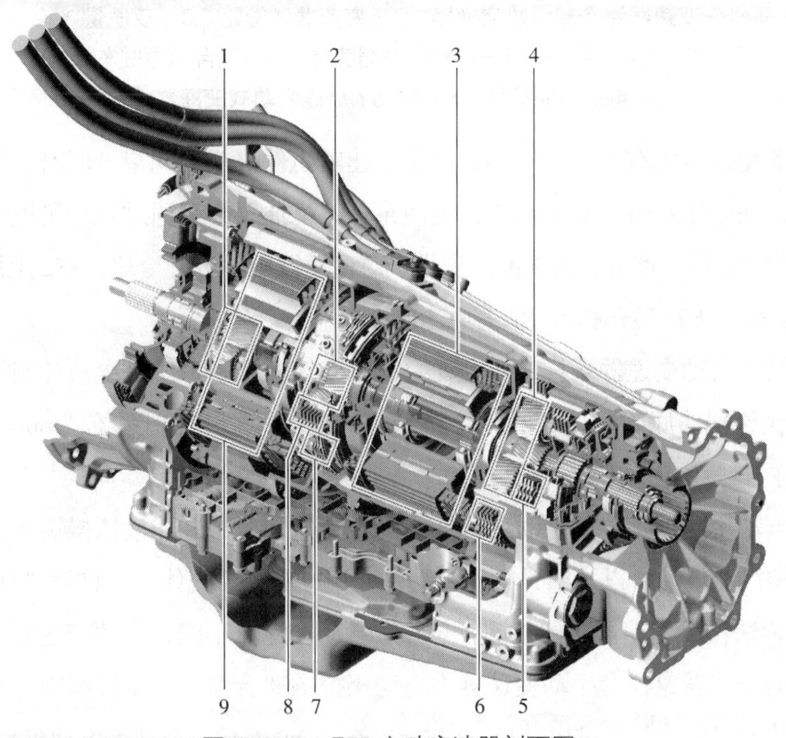

图 5-2-2 E72 主动变速器剖面图

1—行星齿轮组 1 2—行星齿轮组 2 3—电动机 B 4—行星齿轮组 3 5—片式离合器 2
6—片式离合器 1 7—片式离合器 3 8—片式离合器 4 9—电动机 A

从广义角度来说，扭转减振器（双质量飞轮）、含电动 / 机械泵和冷却循环回路的供油系统、电液控制模块、混合动力驻车锁（直接换挡模块）等附加组件，也属于整个 E72 主动变速器系统，如图 5-2-3 所示。

E72 主动变速器使用一个双质量飞轮作为扭转减振器，飞轮位于发动机与主动变速器之间，其结构与手动变速器车辆所用的部件相似。E72 的发动机不通过独立的起动机启动，但是仍然装有与起动机嵌接在一起的齿轮，该齿轮在 E72 上仅用于获取曲轴转速。

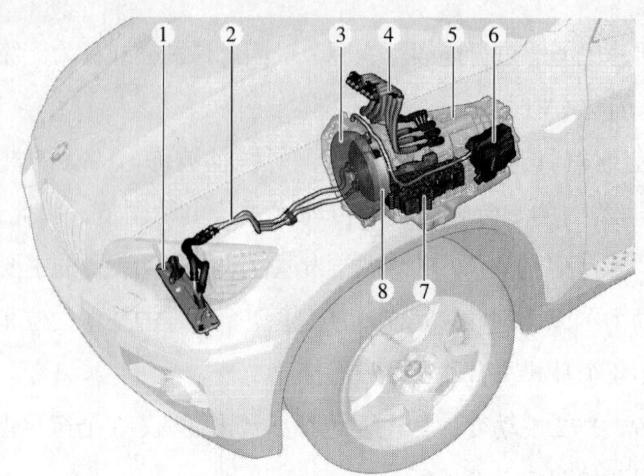

图 5-2-3　E72 主动变速器系统附加组件

1—变速器油冷却液热交换器　2—变速器油管路　3—双质量飞轮

4—高电压导线　5—主动变速器壳体　6—混合动力驻车锁

7—电液控制模块　8—电动 / 机械驱动式变速器油泵

虽然主动变速器没有液力变矩器，但是变速器组件仍需要润滑。同时，为了能够操控片式离合器，在变速器输入端装有一台机油泵，该机油泵既可通过发动机也可通过专门为此安装的电动机驱动。此外，机油回路还用于对变速器组件进行冷却，E72 上用于变速箱油的冷却循环回路与 E71 冷却循环回路的结构相同。

与当前其他自动变速器一样，混合动力电子变速器控制系统是电液控制模块的组成部分，安装在变速器油底壳内。E72 上的混合动力电子变速器控制系统“transmission control module”简称为“TCM”。

与其他自动变速器不同，主动变速器的混合动力驻车锁并非液压操控式，而是通过一台电动机操控。该电动机以及相关电子控制单元集成在一个壳体内，称为“直接换挡模块”（DSM），该模块位于变速器壳体外侧。与传统自动变速器不同，主动变速器没有液力变矩器，而且主动变速器也没有手动变速器内自动操控的离合器。起步过程中，要求发动机转速与输出转速差异巨大，通过电动机可以补偿这一转速差异。在利用发动机起步的过程中，发动机开始时仅驱动两台电动机中的一台，该电动机产生电能再驱动第二台电动机，同时产生变速器输出轴上的转矩，从而最终使车辆起动起来。

进行换挡时也需要电动机进行工作，它可以为发动机转矩提供支持并确保在片式离合器分离和接合时，使换挡过程舒适顺畅。仅仅依靠电动机还不足以降低发动机运转时的平稳性，因此在发动机与变速器之间安装了双质量飞轮。

（1）电动机

E72 搭载的两台电动机如图 5-2-4 所示，均为永励式同步电动机，既可作电动机使用，又可作发电机使用，其主要参数见表 5-2-1。

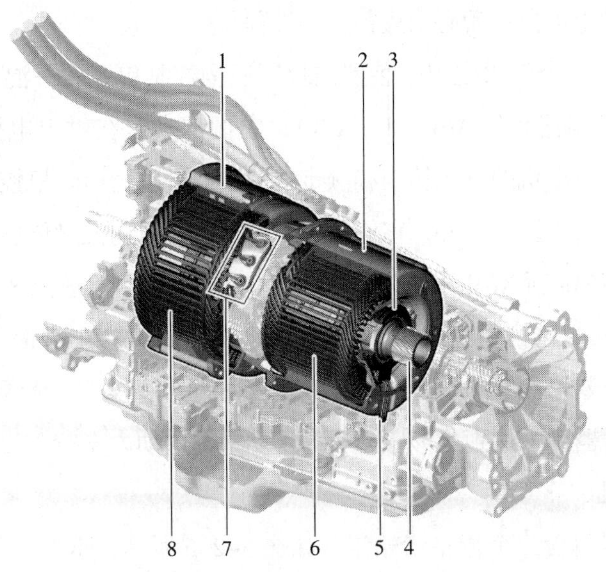

图 5-2-4 E72 搭载的两台电动机

1—电动机 A 2—电动机 B 3—电动机 B 的转子 4—主动变速器的主轴
5—电动机 B 的电动机位置传感器接口 6—电动机 B 定子上的绕组
7—电动机 A 三相高压接口 8—电动机 A 定子上的绕组

表 5-2-1 E72 两台电动机的主要参数

参数	电动机 A	电动机 B
最大功率	3 000 r/min 时，67 kW	2 500 r/min 时，63 kW
最大转矩	0～2 500 r/min 时，260 N · m	0～2 000 r/min 时，280 N · m
最高转速	10 500 r/min	13 500 r/min
额定电压	300 V	300 V
额定电流强度	300 A	300 A

电动机是高电压组件，通过橙色高电压导线供应能量。由于三相横截面较大，所以没有组合而是单独连接。

电动机的定子和转子均有变速箱油经过，主要是为了进行冷却。在每台电动机的定子绕组中都装有一个温度传感器（NTC 电阻）。温度传感器的信号分析用于在绕组温度过高时降低相应电动机的转矩从而防止其过热。这种根据温度降低转矩的功能从约 160 ℃时开始执行。此外，每台电动机还有一台电动机位置传感器。电动机位置传感器的信号用于实现准确的转速调节以及电动机的最佳效率控制。电动机位置传感器按照所谓的“旋转变压器”原理工作。在转子的一个线圈上存储规定的交流电压，定子上的线圈错开 90°，此处的感应电压可说明转子位置。

需要注意的是，电动机位置传感器的偏置情况必须借助一项服务功能确定和存储。更换过主动变速器或供电电控箱后必须进行这一过程。

两台电动机各有一个带供电电子装置的执行机构控制单元——混合动力电动机控制装置 A 和 B（电动机控制器套件 A/B，MCPA/B），它们都安装在供电电控箱内。混合动力主控控制单元规定两台电动机的额定转矩和额定转速。混合动力电动机控制装置执行这些规定值并产生为此所需的相电压。此外，它们还负责分析电动机内温度传感器和电动机位置传感器的信号。宝马新 X5M/ 新 X6M 采用的是经过 48 V 轻混技术改造的 8 速 MSteptronic 手自一体变速箱，也就是在变速箱中集成了一个 48 V 电机，最终为车辆提供额外 9 kW/12 hp 和 200 N · m 转矩的加成，这将显著提升动力传递效率，并感知驾驶者更加细微的加速动作，而且可以在涡轮增压器尚未达到足够压力时为发动机提供动力支持。

（2）行星齿轮组

E72 主动变速器包含三个行星齿轮组，如图 5–2–5 所示，这些行星齿轮组也在变速器油中运动。行星齿轮组用于产生不同的基本挡位以及主动变速器内的各种状态。

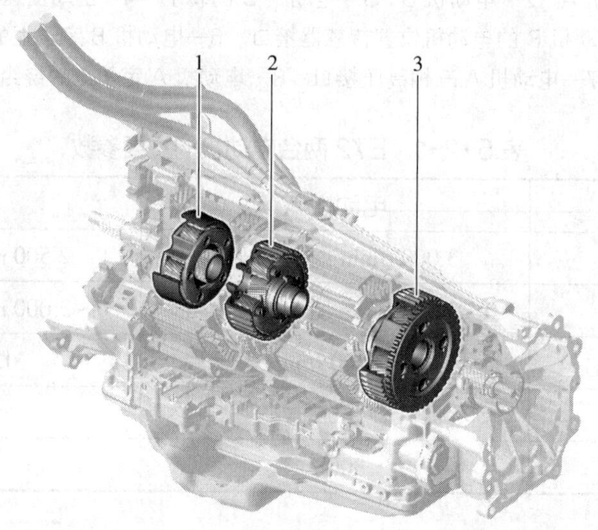

图 5–2–5　E72 主动变速器包含三个行星齿轮组

1—行星齿轮组 1　2—行星齿轮组 2　3—行星齿轮组 3

（3）片式离合器

片式离合器如图 5–2–6 所示，其连接部件见表 5–2–2。

通过这四个片式离合器，E72 主动变速器可实现：

1）两个 ECVT 模式中的一个。

2）四个固定基本挡位中的一个。

3）“无动力传输”状态。

片式离合器以液压方式操控，通过相应控制电动机可使片式离合器在几乎没有转速差的情况下接合。因此，主动变速器状态切换和换挡时几乎不会出现牵引力中断。

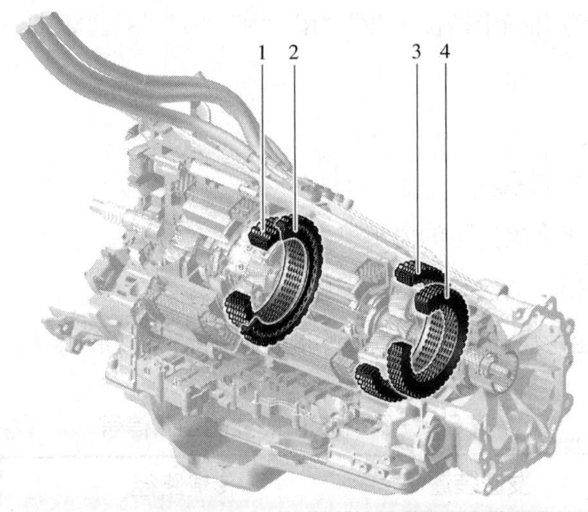

图 5-2-6 片式离合器

1—片式离合器 4 2—片式离合器 3 3—片式离合器 1 4—片式离合器 2

表 5-2-2 片式离合器的连接部件

片式离合器编号	连接部件	
	部件 1	部件 2
1	行星齿轮组 3 的齿轮	变速器壳体
2	变速器主轴（和行星齿轮组 3 的行星齿轮架）	变速器输出轴
3	行星齿轮组 2 和 3 的太阳齿轮	变速器壳体
4	行星齿轮组 2 的齿轮	行星齿轮组 2 的太阳齿轮

没有液压压力时，所有片式离合器均处于断开状态，这与空挡 / 驻车时的变速器状态相符。在四个固定基本挡位下，始终有两个片式离合器接合，其他两个断开；在两个 ECVT 模式下，始终有一个片式离合器接合，其他三个断开。

2. 分布式功能

在传统宝马车辆上，大部分变速器功能都是由变速器电子控制系统（EGS）控制的，例如换挡、摘 / 挂驻车锁或选择换挡模式等，重要的输入信号包括加速踏板操控、制动踏板操控、车辆移动信息（车速、加速度等）、发动机转速和选挡开关操控等。在此基础上使用相应的换挡模式，确定并挂入与行驶情况相符的挡位。

（1）混合动力主控控制单元的功能

混合动力主控控制单元（混合动力控制器处理器 HCP）在控制混合动力驱动装置及主动变速器方面发挥着主要作用。以下是对主动变速器比较重要的混合动力主控控制单元功能：

1）分析驾驶员指令并确定挡位（“P”“R”“N”“D”“S”“M”）。

2）选择换挡模式。

3）确定正确挡位。

4）自适应变速器控制系统。

5）计算内部片式离合器所需的力矩。

6）计算变速器输出端的额定转矩。

为了执行这些功能，混合动力主控控制单元（HCP）需要的输入信号见表 5-2-3。

表 5-2-3　HCP 需要的输入信号

信号	发送装置	传输路径	备注
操作选挡开关	GWS（选挡开关）	GWS-PT-CAN-HIM（混合动力接口模块）-H-CAN-HCP	确定挡位
驾驶员车门触点状态	FRM（脚部空间模块）	FRM-K-CAN-JBE（接线盒电子装置）-PT-CAN-HIM-HCAN-HCP	识别驾驶员是否在座位上
驾驶员安全带锁扣触点状态	ACSM（碰撞和安全模块）	ACSM-K-CAN-JBE-PT-CAN-HIM-HCAN-HCP	识别驾驶员是否在座位上
发动机数据，如转速、曲轴、转矩、发动机温度等	DME（数字式发动机电子系统）	DME-PT-CAN-HIM-H-CAN-HCP	确定正确挡位
车速	DSC（动态稳定控制系统）	DSC-PT-CAN-HIM-H-CAN-HCP	确定换挡模式和正确挡位
加速踏板角度	DME	DME-PT-CAN-HIM-H-CAN-HCP	确定额定转矩、换挡模式和正确挡位
踩下制动踏板	SBA（电子感应制动作用）	SBA-H-CAN2-HCP	确定额定转矩、换挡模式和正确挡位

（2）混合动力变速器控制系统的功能

混合动力变速器控制系统负责执行混合动力主控控制单元的规定值（离合器和变速器输出端上的额定转矩）。因此，与其他自动变速器的变速器电子控制系统不同，混合动力变速器控制系统不再是变速器功能的主控单元，而是一个智能型执行机构控制单元。同时，混合动力变速器控制系统仍然执行一系列重要功能，具体包括：

1）控制变速器油循环回路。根据冷却要求和变速器的转速，变速器油循环回路内必须设定特定压力。为了确保在发动机静止状态下也能对该压力进行调节，混合动力变速器控制系统要求混合动力机油泵控制系统提供特定电动机油泵传动装置转速，通过控制 4 个压力阀来调节所需压力。

2）操控和监控片式离合器。为了挂入所需挡位，必须使一个或两个片式离合器接合。为此，混合动力变速器控制系统控制换挡电磁阀，通过液压压力和一个活塞在片式离合器上产生作用力，该作用力将摩擦片压在一起，从而实现动力传输。混合动力变速器控制系统通过读取换挡电磁阀输出端上接触液压压力的压力开关信号来监控片式离合器的操控情况是否符合要求。

3）确保对电动机进行冷却。

4）读取并向控制单元网络提供有关主动变速器状态的传感器信号。这些信号包括输出转速、变速器油温度和驻车锁位置等。这些传感器信号在用于单个功能的同时也通过总线系统传输给控制单元网络。

混合动力变速器控制系统可以根据自身产生的控制信号以及转速传感器和压力开关的信号识别出主动变速器是否出现不允许的状态。出现这种状态时，混合动力变速器控制系统就会根据识别出的故障状态启用应急模式。这样，一方面可以延长车辆的行驶准备状态，另一方面也可以避免出现影响安全的情况。应急模式可能包括挂入某一固定挡位等。

5）监控变速器状态并根据需要启用应急模式。

6）电子禁起动防盗锁。与其他自动变速器的变速器控制系统一样，混合动力变速器控制系统是电子禁起动防盗锁的组成部分。混合动力变速器控制系统从便捷登车及启动系统获取是否识别出有效识别发射器的信息。如果没有识别出有效识别发射器，混合动力变速器控制系统就不会建立任何动力传输。

3. 自适应变速器控制系统

E72 的混合动力驱动装置也带有自适应变速器控制功能，该功能在混合动力主控控制单元内进行计算。该功能根据诸如加速踏板角度等传感器信号识别出驾驶员指令并相应调节换挡策略，从而确保尽可能舒适的驾驶过程。与使用传统宝马自动变速器一样，它有三种模式可供选择，分别是驾驶模式、运动模式、手动模式。

处于运动模式时会充分利用混合动力驱动装置的全部动力潜能，并选择提供牵引力储备明显高于驾驶模式的挡位；处于运动模式时也像手动模式一样，无法以纯电动方式行驶。传统宝马自动变速器的制动换低挡功能用于在长时间下坡行驶时减少行车制动器的热负荷。变速器根据制动压力、减速度和车速换入低挡，从而提高发动机转速。这样可以提高发动机制动效果，从而减少行车制动器内必须转化的能量。而在带有混合动力驱动装置的车辆上，这种制动换低挡功能却会产生反效果，因为车辆要以电动方式回收利用尽可能多的制动能量，并将其存储在动力蓄电池内。因此，要尽可能通过电动机而较少通过发动机或行车制动器来产生制动效果。

4. 主动变速器的状态

主动变速器的内部状态包括“没有动力传输”的状态、两个 ECVT 模式和四个固定的基本挡位。之后将这些内部状态分配给从驾驶员角度出发的相应挡位。图 5-2-7 所示为 E72 主动变速器的剖面图和结构示意图。

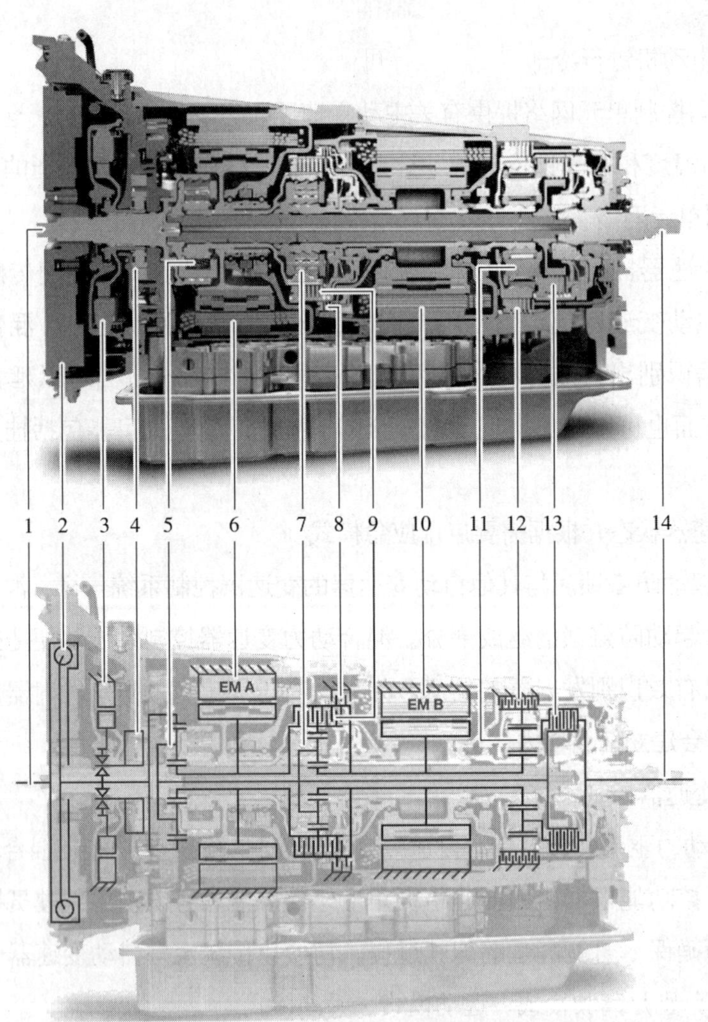

图 5-2-7　E72 主动变速器的剖面图和结构示意图

1—变速器输入轴　2—双质量飞轮　3—用于驱动变速器油泵的电动机
4—变速器油泵　5—行星齿轮组 1　6—电动机 A　7—行星齿轮组 2
8—片式离合器 3　9—片式离合器 4　10—电动机 B　11—行星齿轮组 3
12—片式离合器 1　13—片式离合器 2　14—变速器输出轴

（1）ECVT1 模式

该模式具有可变传动比，设计使用场景为低车速和最大牵引力。处于该模式时，车辆可仅通过电动机 B 或仅通过发动机驱动，也可通过电动机 B 和发动机共同驱动。

当车辆仅由发动机驱动时，传动比可由公式“i= 发动机转速 / 变速器输出轴转速”计算得出，其传动比范围为 1.8 ~ ∞ 。“∞”（无穷大）表示发动机可以运转，而变速器输出轴保持静止状态，因此，车辆可以像带有液力变矩器一样起步。通过控制两台电动机的转速可以调节该传动比，电动机 A 转速越高，该传动比越大。

ECVT1 模式下，主动变速器内只有片式离合器 1 接合，其他片式离合器均断开。ECVT1 模式下，车辆以纯电动方式行驶主动变速器的动力传输如图 5-2-8 所示，电动机 A 运转时不会产生任何负荷，而电动机 B 则相反。这样可使变速器输入轴及发动机保持静止状态。

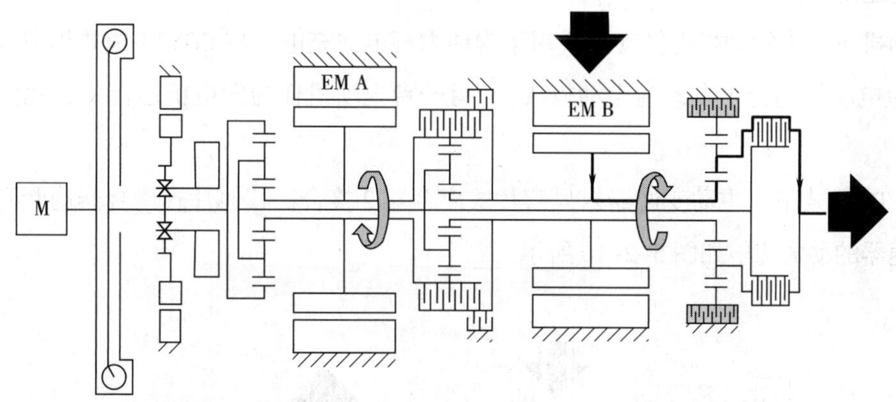

图 5-2-8　车辆以纯电动方式行驶主动变速器的动力传输

ECVT1 模式下，车辆由发动机和电动机 B 混合驱动主动变速器的动力传输如图 5-2-9 所示，此时发动机的输出功率分为两部分，也可以说是发动机的功率“分支”。这就是“功率分支式混合动力”术语的来源，两个部分包括：

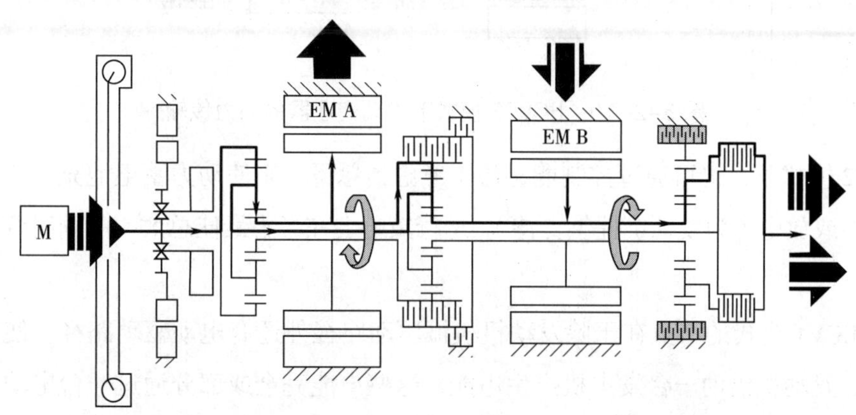

图 5-2-9　车辆由发动机和电动机 B 混合驱动主动变速器的动力传输

1）机械部分直接用于驱动车辆。

2）电气部分驱动电动机 A 发电（此时电动机 A 作为发电机使用）。

电动机 A 产生的电能可以部分或完全存储在动力蓄电池内。电动机 B 以电动机形式吸收电能，电能完全或部分来自电动机 A 或动力蓄电池。各能量的大小取决于很多因素，这些能量由混合动力主控控制单元随时重新计算和调节。

（2）ECVT2 模式

与 ECVT1 模式相反，ECVT2 模式的设计应用场景为高车速。ECVT2 模式下，车辆既可以纯电模式行驶也可以发动机模式行驶。发动机的传动比可在 0.723 ~ 1.800 的范围内调节。与 ECVT1 模式相同，电动机转速在此也作为控制参数。根据具体数值可以看出，传动比较之 ECVT1 模式更小，因此适于较高车速。但电动机的传动比也更小，说明它的有效转速范围向更高速度推移。

电动机可以为发动机提供支持或用于为动力蓄电池充电。与 ECVT1 模式相似，一台电动机作为电动机运行（在此为电动机 A），另一台电动机作为发电机运行（在此为电动机 B）。

ECVT2 模式下，主动变速器内只有片式离合器 2 接合，其他片式离合器均断开，此时主动变速器的动力传输如图 5-2-10 所示。

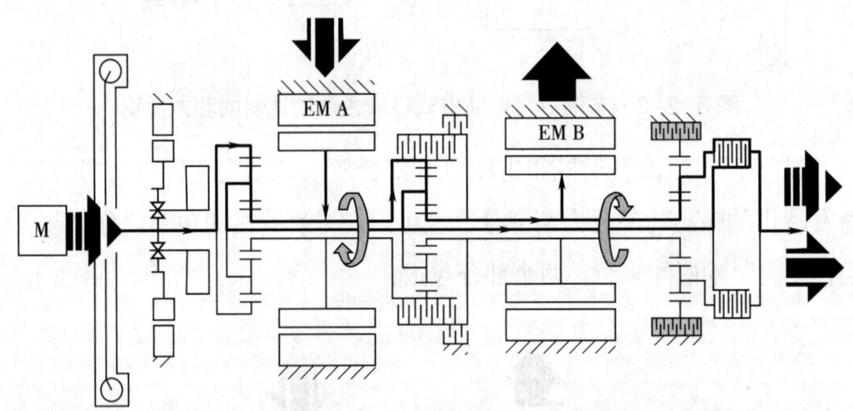

图 5-2-10　ECVT2 模式下主动变速器的动力传输

ECVT2 模式下，也可通过控制能量流（考虑到总量）来使动力蓄电池充电（发动机负荷点提高）或放电（为发动机提供支持）。运行策略会在考虑最佳总效率的同时调节相应能量流。

两种 ECVT 模式的特点在于除发动机机械驱动路径外还有电动驱动路径。使用电动驱动路径时，发动机借助一台发电机产生电能，这些电能完全或部分通过一台电动机用于驱动车辆。这种电动驱动路径的布置方式与串联混合动力驱动装置相同。

（3）固定的基本挡位

与两种 ECVT 模式不同，对于主动变速器固定的基本挡位，变速器输入轴与变速器输出轴间的传动比固定不变。因此，发动机转速变化时，车速也会发生相应程度的改变。

只有当发动机不在最佳效率范围内时，该固定传动比才会体现出不利的一面。但在需要发动机高转矩的情况下，运行策略仍会选择这些范围，此时发动机效率已经处于非常好的状态。相对于 ECVT 模式，固定挡位的优势在于取消了电动驱动装置内的双重能量转换，由一台电动机产生电能输送给另一台电动机使用，过程中电能会有一定损失。

处于各固定基本挡位时（除基本挡位 4 外），电动机均可无负荷旋转，作为电动机驱动，可为发动机提供支持；作为发电机驱动，可为动力蓄电池充电。

处于固定基本挡位 4 时，电动机 B 静止不动，因此只有电动机 A 可以灵活使用。

以发电机方式运行特别适用于车辆滑行或减速时，此时电动机能够将动能转化为电能并存储到动力蓄电池内。如果忽略固定基本挡位的不同传动比，那么主动变速器的工作状态就好比电动机和发动机安装在同一根轴上。这种布置方式与并联混合动力驱动装置完全一样。

在主动变速器内通过接合两个片式离合器可以实现所有固定基本挡位，图 5-2-11、图 5-2-12、图 5-2-13 和图 5-2-14 所示分别为车辆处于各固定基本挡位时主动变速器的动力传输。

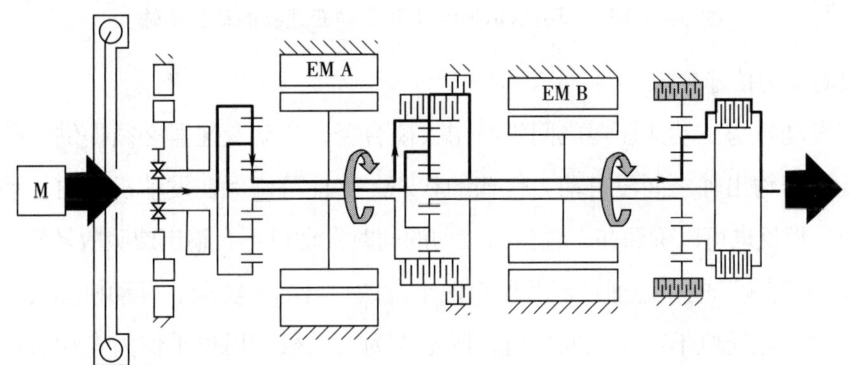

图 5-2-11　固定基本挡位 1 时主动变速器的动力传输

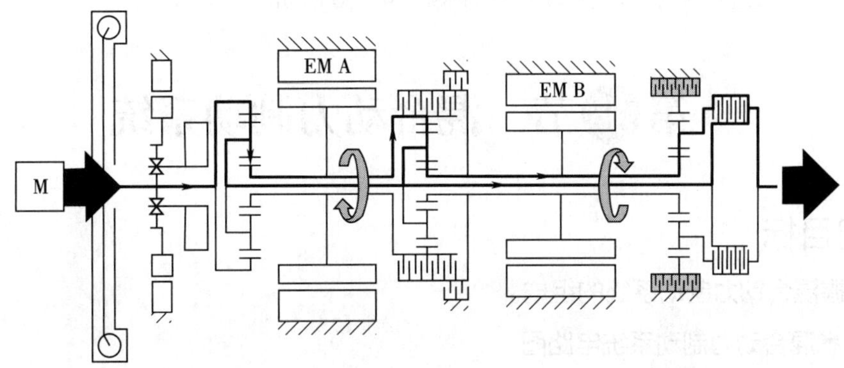

图 5-2-12　固定基本挡位 2 时主动变速器的动力传输

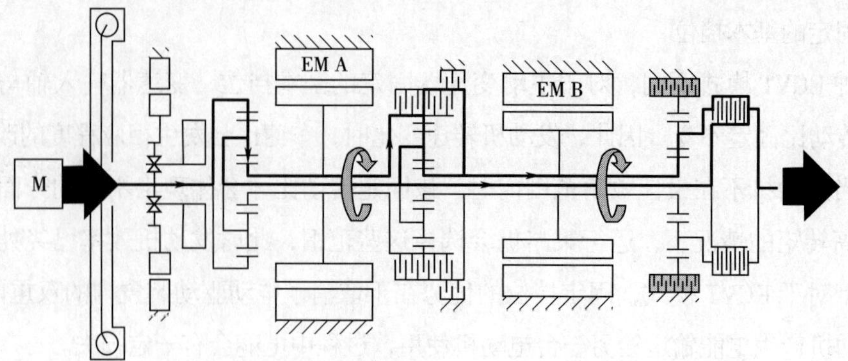

图 5-2-13　固定基本挡位 3 时主动变速器的动力传输

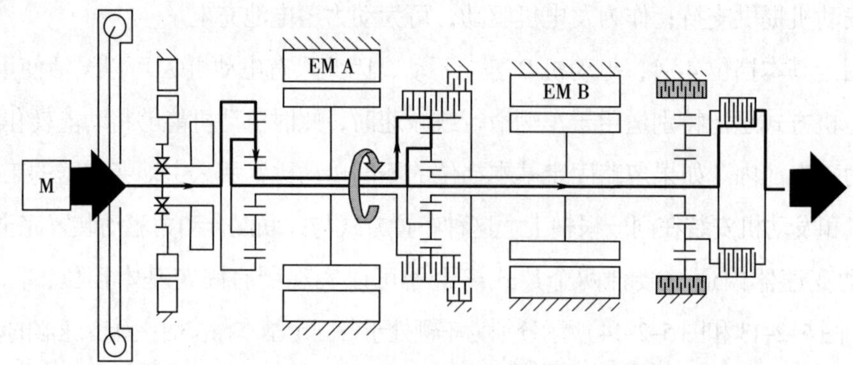

图 5-2-14　固定基本挡位 4 时主动变速器的动力传输

（4）没有动力传输

由于在发动机与主动变速器之间没有中央离合器，主动变速器必须提供一种在变速器输入轴与变速器输出轴之间没有动力传输的状态。这样可确保在发动机自由转动的同时车辆不会移动。相反也可以确保在车轮自由滚动的同时发动机不会输出或吸收转矩。

“没有动力传输”的状态通过断开所有四个片式离合器来实现。发动机运转时电动机也随之运转，此时电动机不产生任何负荷，既不作为发电机使用也不作为电动机使用。发动机转速超过 4 000 r/min 时，电动机就会达到超过自身设计要求的过高转速。因此，在这种变速器状态下会通过电子限速使发动机转速低于 4 000 r/min。

第三节　混合动力制动系统

学习目标

1. 掌握混合动力制动系统的组成。
2. 熟悉混合动力制动系统电路图。
3. 掌握混合动力制动系统功能及各模式下的工况。

一、混合动力制动系统的主要组成

E72 混合动力制动系统如图 5-3-1 所示，其组件包括带有传感器系统和关闭单元的制动踏板、主动式制动助力器、真空供给装置、动态稳定控制系统、混合动力制动作用转换器等。E72 混合动力制动系统又称“混合动力制动作用转换系统”或“电子感应制动作用 SBA”，严格来说，它指的是混合动力制动系统的一个重要组件，该组件将驾驶员的制动要求划分为回收利用部分和液压部分。

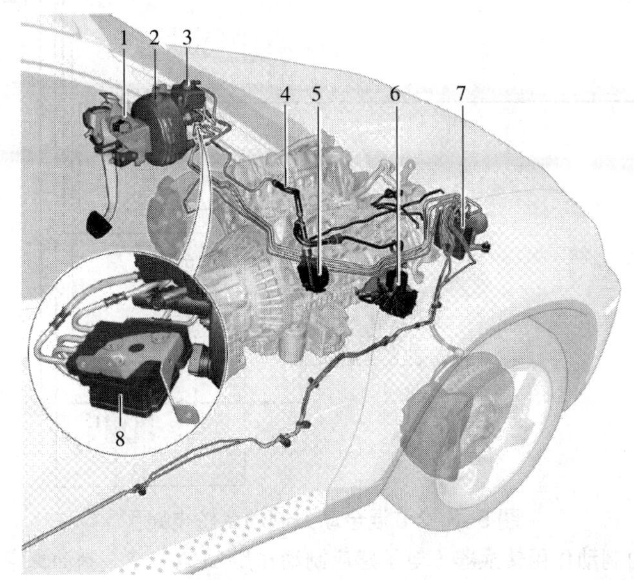

图 5-3-1 E72 混合动力制动系统

1—制动踏板 2—主动式制动助力器

3—制动液储液罐 4—真空管路 5—机械真空泵

6—电动真空泵 7—动态稳定控制系统

8—混合动力制动作用转换器（电子感应制动作用 SBA）

制动踏板与制动系统其他部分（制动助力器）之间不再永久保持机械联系。这是一种电子伺服制动控制系统，通过电子方式探测驾驶员的制动要求，随后将制动要求划分为电气部分和液压部分。电气部分通过主动变速箱的电动机转化电能并存储在动力蓄电池内，液压部分通过传统行车制动器产生减速度。划分制动要求时会考虑制动强度、行驶情况和混合动力组件状态。通过这种方式，混合动力制动系统可以以纯电动方式实现最高 3 m/s^2 的减速度，在所有行驶情况下可以回收利用的制动能量达到 80%～90%。

二、混合动力制动系统电路图

混合动力制动系统电路图如图 5-3-2 所示。

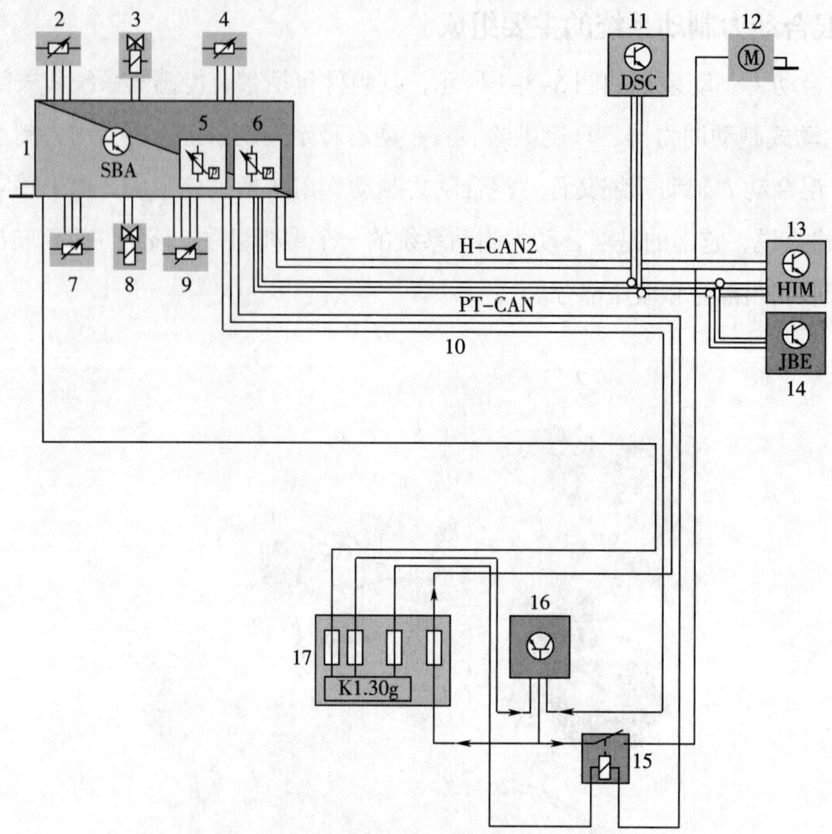

图 5-3-2 混合动力制动系统电路图

1—混合动力制动作用转换器（电子感应制动作用 SBA） 2—制动真空压力传感器
3—用于控制主动式制动助力器的电磁阀 4—隔膜行程传感器 5—压杆回路制动压力传感器
6—浮子回路制动压力传感器 7—关闭单元压力传感器 8—关闭单元内的阀门
9—制动踏板角度传感器 10—用于控制和监控电动真空泵的管路 11—动态稳定控制系统 DSC
12—电动真空泵 13—混合动力接口模块 HIM 14—接线盒电子装置
15—用于控制电动真空泵的电动机械式继电器
16—用于控制电动真空泵的半导体继电器 17—混合动力熔断器支架

三、混合动力制动系统功能

1. 分布式功能

混合动力制动系统实现制动要求的过程如图 5-3-3 所示。SBA 控制单元是混合动力制动系统的主控控制单元，它控制从探测制动要求直至控制制动系统执行机构的所有过程。能量回收式制动的执行机构是传动系统，通过供电电控箱控制电动机使其以发电机方式工作。为了使其能够产生电能，必须以机械方式对其进行驱动，因此电动机吸收作用在传动系统上的制动力矩。在减速度最高 3 m/s^2 的情况下，如果制动力矩仅作用在后桥上就会导致出现不稳定的行驶情况，因此进行能量回收式制动时，分动器内的片式离合器也会接合。随后，前桥和后桥达到相同转速从而为制动力矩在两个车桥上的平均分配创造前提条件。

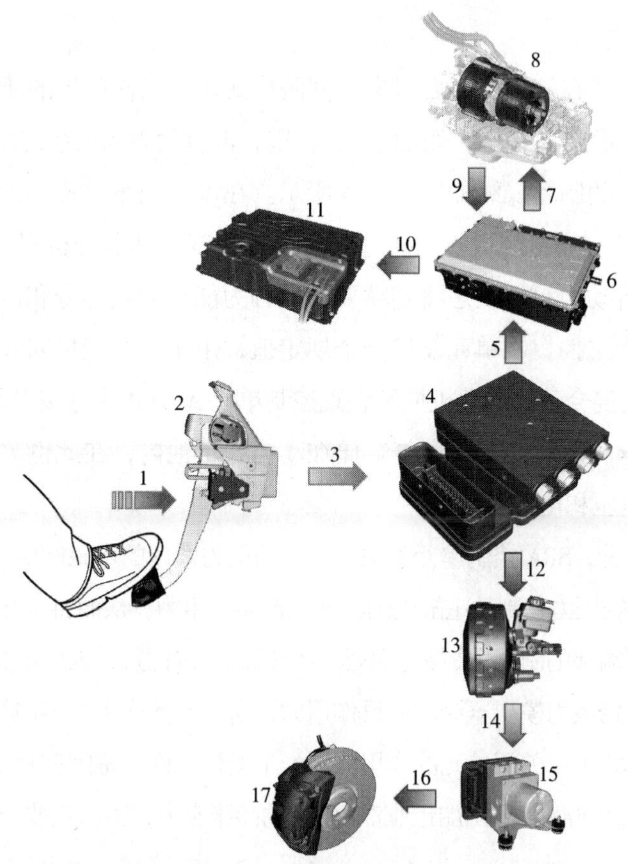

图 5-3-3 混合动力制动系统实现制动要求的过程

1—踩下制动踏板（作用力，行程） 2—制动踏板单元 3—以电动方式传输制动要求
4—混合动力制动作用转换器（电子感应制动作用 SBA） 5—能量回收部分的规定值 6—供电电控箱
7—使电动机以发电机形式受控 8—主动变速器内的电动机 9—由电动机产生的电能
10—有待存储的电能 11—高压动力蓄电池 12—对制动助力器内的电磁阀进行电气控制
13—主动式制动助力器 14—两个制动回路内的液压压力 15—动态稳定控制系统
16—传输至车轮制动器的制动管路内的液压压力 17—车轮制动器（四个）

在这种“电子伺服模式”下制动系统会尽可能地回收利用制动能量，即通过第一个电动途径输送。只有在减速度高于 3 m/s^2 或混合动力驱动装置无法转化所有制动能量时，才会针对剩余能量使用传统行车制动器。为此，SBA 控制单元控制主动式制动助力器。后者产生用于两个制动回路的制动压力，制动压力通过动态稳定控制系统传递到四个车轮制动器上。

只有在故障或特殊情况下才会提供应急功能，此时 SBA 控制单元不再执行主控功能。例如，在不稳定的行驶情况下，动态稳定控制系统会执行主控功能，从而以高优先级使车辆稳定下来，此时无法继续进行能量回收式制动。

能量回收式制动所需的某一组件失灵或供电失灵时，混合动力制动系统就会由“电子伺服模式”切换为“传统模式”。在传统模式下，混合动力制动系统会使制动踏板与行车制动器重新建立起机械连接，这样可使车辆通过传统液压制动系统实现可靠减速。

2. 电子伺服模式

混合动力制动系统在接通供电后对电子伺服模式正常工作所需的所有系统组件进行自检，顺利结束自检后就会启用电子伺服模式，否则，混合动力制动系统就会保持传统模式。

电子伺服模式下的制动操纵如图 5-3-4 所示。在电子伺服模式下，制动踏板与制动助力器的机械连接断开。SBA 控制单元通过制动踏板角度传感器分析出驾驶员的制动要求，根据行驶情况和混合动力组件状态将制动要求划分为能量回收部分和液压部分。SBA 控制单元为此向混合动力主控控制单元发送一个规定值，用于实现能量回收部分，混合动力主控控制单元随即通过混合动力电动机控制装置控制单元 A 和 B 执行该规定值。

由电动机通过这种方式产生的电能存储在动力蓄电池内，在此也需要供电电控箱控制单元的参与（改变电压和电流强度）。

为了实现液压部分，SBA 控制单元为主动式制动助力器内的电磁阀供电，这样可使空气流入工作室内并通过真空压力在制动主缸内的活塞上产生作用力，从而将压杆拉入制动助力器内。这样，插入叉形压杆端部的制动踏板销也不会碰到机械限位位置，因此不会在操作制动踏板时产生反作用力。但是踏板力模拟器会产生反作用力，所实现的作用力传递与传统制动系统基本相同。在电子伺服模式下，关闭单元的作用就像一个刚性元件，密闭在其中的制动液无法被压缩。在这种状态下，制动液也无法溢出到带有弹簧的膨胀室内，膨胀室被一个电磁阀封住。

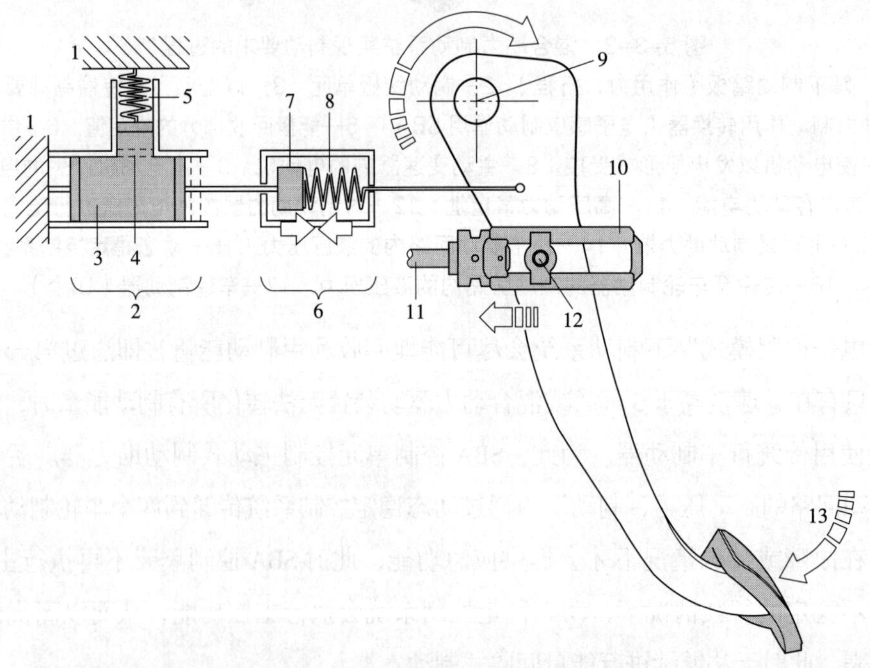

图 5-3-4 电子伺服模式下的制动操纵

1—车身支撑部件 2—关闭单元 3—制动液 4—关闭单元内的电磁阀（关闭）
5—弹簧 6—踏板力模拟器 7—用于在制动踏板上产生反作用力的弹性塑料块
8—用于在制动踏板上产生反作用力的弹簧 9—制动踏板旋转轴 10—叉形压杆端部
11—压杆（连接制动助力器） 12—销子（限位位置） 13—制动踏板

3. 传统模式

传统模式是混合动力制动系统的基本机械模式，在该模式下，系统会使制动踏板与制动助力器重新建立起机械连接，因此驾驶员可以像在带有制动助力装置的传统车辆上一样，感受到液压制动系统产生的制动压力，从而使车辆可靠减速。在传统模式下无法进行能量回收式制动，全部制动力均由液压制动系统提供。

传统模式下的制动操纵如图 5-3-5 所示。驾驶员在传统模式下操作制动踏板，主动制动助力器内的电磁阀不会受控工作，此时压杆不会移动。因此，在操作制动踏板期间，销子与压杆端部限位位置间的间隙闭合且建立起上述机械连接。这表明空行程增大，驾驶员几乎不会感觉到任何反作用力，直至销子到达限位位置。之所以出现这样的情况，是由于在传统模式下，关闭单元内的电磁阀打开，关闭单元内的制动液可以向上流动，其中的移动活塞可以克服弹簧力向上移动，关闭单元内弹簧产生的反作用力明显低于踏板力模拟器内的弹簧作用力，因此在这种情况下，踏板力模拟器内的弹簧根本不会被压缩，相当于踏板力模拟器在此不起任何作用，仅有的反作用力来源于关闭单元内的弹簧，而该作用力非常小。

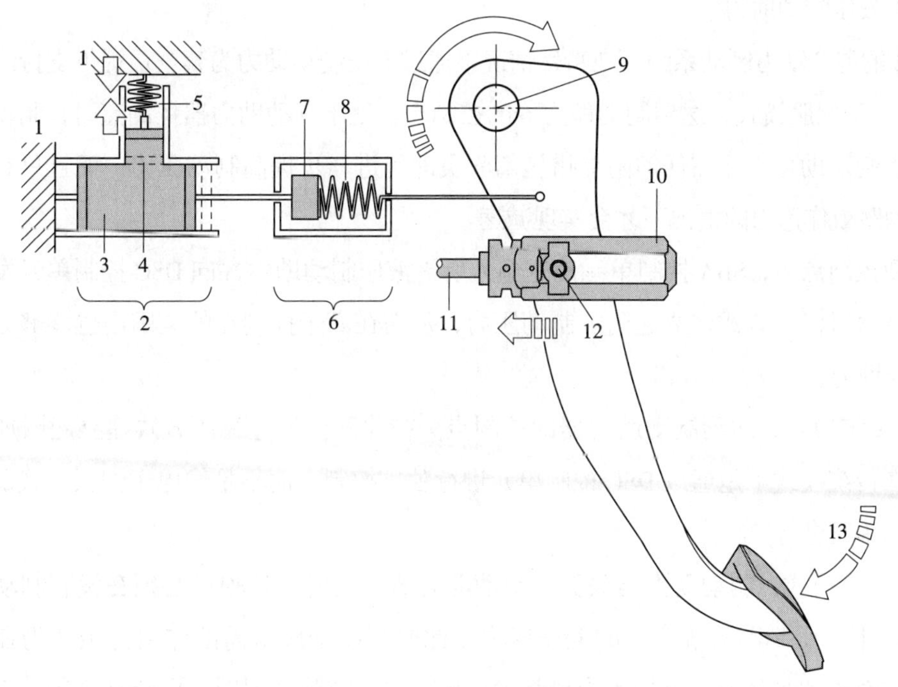

图 5-3-5 传统模式下的制动操纵

1—车身支撑部件 2—关闭单元 3—制动液 4—关闭单元内的电磁阀（打开）
5—弹簧 6—踏板力模拟器 7—用于在制动踏板上产生反作用力的弹性塑料块
8—用于在制动踏板上产生反作用力的弹簧 9—制动踏板旋转轴 10—叉形压杆端部
11—压杆（连接制动助力器） 12—销子（限位位置） 13—制动踏板

如果内部监控功能发现可导致制动系统无法继续在电子伺服模式下可靠运行的故障，就会自动启用传统模式，例如：

（1）踏板角度传感器失灵。

（2）关闭单元内的压力传感器失灵。

（3）关闭单元内的电磁阀不再正常工作。

（4）隔膜行程传感器失灵。

（5）主动式制动助力器内的电磁阀失灵。

（6）真空供给装置失灵。

（7）真空压力传感器失灵。

（8）SBA 控制单元或供电失灵。

（9）SBA 控制单元内的压力传感器失灵。

（10）SBA、DME 和 HCP 间的通信受到干扰。

如果传统模式启动，系统会点亮指示灯和发出检查控制信息告知驾驶员。

4. 特殊情况

（1）液压制动助力

E72 的混合动力制动系统可在特殊情况下通过液压制动助力为驾驶员提供支持。

1）电子伺服模式，达到制动助力器的控制点。处于制动助力器控制点时，制动助力器达到最大制动助力，无需任何附加措施驾驶员即可进一步提高制动压力，而且只有在明显提高制动踏板作用力的情况下才会实现减速。

达到控制点时，SBA 控制单元确定额外所需液压制动助力并向 DSC 控制单元发送规定值。后者通过液压方式建立起附加制动压力，从而在高于控制点的范围内也能够为驾驶员提供最佳助力。

2）传统模式，达到制动助力器的控制点。在此同样通过液压方式建立起附加制动压力。但在传统模式下是通过 DSC 控制单元进行独立控制，而不是像电子伺服模式那样通过 SBA 控制单元进行控制。

3）传统模式，制动助力器失灵。制动助力器失灵时，驾驶员必须在没有制动助力支持的情况下克服制动系统产生的液压压力，此时制动踏板所需的作用力虽然仍在规定范围内，但对于驾驶员而言该作用力异常大。出现这种故障情况时，混合动力制动系统也会为驾驶员提供支持，DSC 控制单元将根据制动主缸内的压力测量值计算出驾驶员的制动要求，并将该数值乘以增益系数后计算得出一个附加制动压力，DSC 通过液压单元建立起该附加制动压力。与前两种助力方式不同，此时注重的不是制动舒适性而是制动稳定性。

（2）制动辅助

目前，在所有宝马车型上都可以通过动态稳定控制系统的一项功能为驾驶员在紧急制动情况下提供支持，即动态制动控制系统（DBC）。“动态制动支持”（DBS）子功能根据制动压力建立速度和制动压力大小，识别出是否出现紧急制动情况，超过规定限值时，DSC 液压单元就会建立起附加制动压力直至达到最大减速度。

在 E72 上以不同方式为紧急制动情况提供支持。SBA 控制单元对制动踏板操控速度和制动要求强度进行分析，如果超过控制单元内的存储限值，SBA 控制单元就会在该紧急制动情况下开始提供支持。它计算出一个增益系数，乘以驾驶员要求的制动力值，根据计算得出的规定压力，控制主动式制动助力器内的电磁阀。由此说明，E72 制动辅助系统的工作方式并非液压式，而是气动式。

如果 SBA 控制单元计算得出的规定压力高于制动助力器的控制点，还会提供额外液压支持。

第四节 供电系统

学习目标

1. 掌握车载网络的组成。
2. 熟悉供电系统电路图。
3. 掌握 12 V 蓄电池、断路继电器、附加熔断器支架、极性接错保护的作用和工作过程。
4. 熟悉能量管理系统。

一、车载网络的组成

E72 车载网络如图 5–4–1 所示，其主要由交流高压车载网络（AC）、直流高压车载网络（DC）和 14 V 车载网络（DC）三部分组成。

交流高压车载网络（AC）包括两台电动机和供电电控箱（PEB）。电动机既可以发电机方式（能量发生器）驱动，又可以电动机方式驱动。AC/DC 变换器（连接电动驱动装置和交流高压车载网络）和 DC/DC 变换器（连接直流高压车载网络和 14 V 车载网络）作为连接元件使用，两个变换器都可进行双向驱动。

直流高压车载网络（DC）的主要元件是动力蓄电池。E72 上使用的动力蓄电池是镍氢蓄电池，该蓄电池可在车辆静止状态下或“以电动方式行驶”时确保能量供应。直流高压车载网络内的其他车载网络设备还包括电子空调压缩机 EKK 和变速器油泵 EMPI。

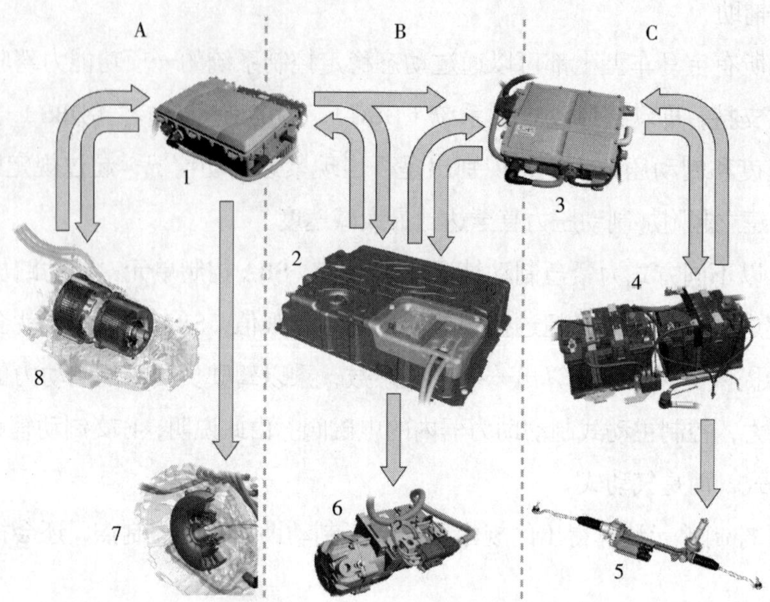

图 5–4–1　E72 车载网络

A—交流高压车载网络（AC）　B—直流高压车载网络（DC）　C—14 V 车载网络（DC）
1—供电电控箱 PEB　2—动力蓄电池　3—辅助电源模块 APM　4—两个 12 V 蓄电池
5—电子助力转向系统 EPS　6—电子空调压缩机 EKK
7—混合动力机油泵电机　8—电动机 A 和 B

14 V 车载网络（DC）与传统燃油汽车的车载网络相同，但由 DC/DC 变换器为其提供能量。DC/DC 变换器取代了传统的发电机，因此，在行驶状态下，14 V 车载网络的电能供应不再取决于发动机的转速。E72 的发动机通过一台电动机启动，取代了传统的起动机。

二、供电系统电路图

E72 供电系统电路图（14 V 车载网络）如图 5–4–2 所示。

三、12 V 蓄电池

为了确保车载网络的电压稳定和向混合动力驻车锁（DSM）冗余供电，在 E72 上装有标准蓄电池（12 V）和辅助蓄电池（12 V），如图 5–4–3 所示。与 E70 和 E71 使用的 12 V 蓄电池一样，标准蓄电池和辅助蓄电池采用并联方式连接。两个 12 V 蓄电池均为 70 A · h AGM 蓄电池。使用辅助蓄电池可使标准蓄电池内阻减小，从而实现短时较高电流输出。为了避免车辆在驻车期间产生平衡电流，行驶准备状态结束后车辆通过一个断路继电器断开两个 12 V 蓄电池。在车辆静止状态下，14 V 车载网络仅通过标准蓄电池供电。混合动力接口模块（HIM）通过辅助蓄电池正极进行电压测量，控制断路继电器并监控蓄电池状态。

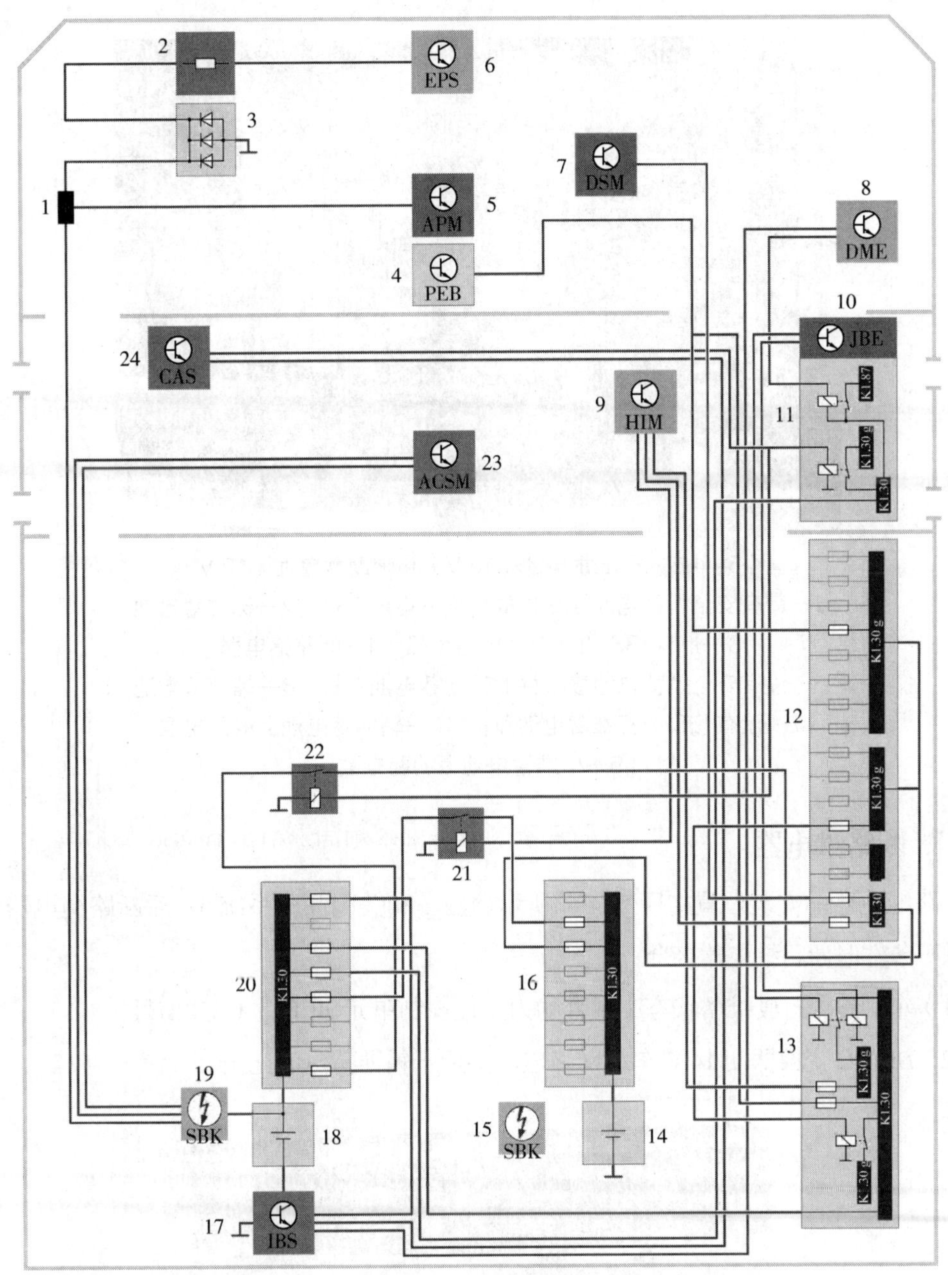

图 5-4-2 E72 供电系统电路图（14 V 车载网络）

1—跨接启动接线柱 2—发动机室内的配电盒 3—极性接错保护 4—供电电控箱
5—辅助电源模块 6—电子助力转向系统（电动机械式助力转向系统）
7—直接换挡模块 8—数字式发动机电子系统 9—混合动力接口模块
10—接线盒电子装置 11—前部熔断器支架 12—混合动力熔断器支架
13—后部熔断器支架 14—辅助蓄电池（12 V） 15—安全型蓄电池接线柱（未连接）
16—附加蓄电池上的配电盒 17—智能型蓄电池传感器 18—辅助蓄电池（12 V）
19—安全型蓄电池接线柱 20—辅助蓄电池配电盒 21—断路继电器
22—混合动力负荷继电器 23—碰撞和安全模块 24—便捷登车及起动系统

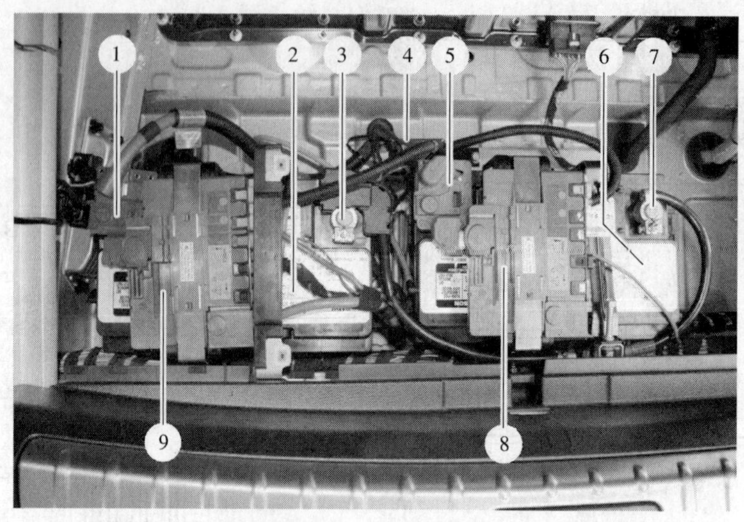

图 5-4-3　标准蓄电池（12 V）和辅助蓄电池（12 V）

1—带有安全型蓄电池接线柱的标准蓄电池正极　2—标准蓄电池
3—带有 IBS 的标准蓄电池负极　4—断路继电器
5—没有安全型蓄电池接线柱的辅助蓄电池正极　6—辅助蓄电池
7—没有 IBS 的标准蓄电池负极　8—辅助蓄电池上的配电盒
9—标准蓄电池上的配电盒

四、断路继电器

断路继电器的安装位置如图 5-4-4 所示。驻车和关闭高压系统 5 s 后断路继电器断开，满足以下条件时断路继电器接合：

（1）车辆进入行驶准备状态（混合动力主控控制单元 HCP 的 CAN 信号）。

（2）DC/DC 变换器使 14 V 车载网络电压接近于辅助蓄电池电压。

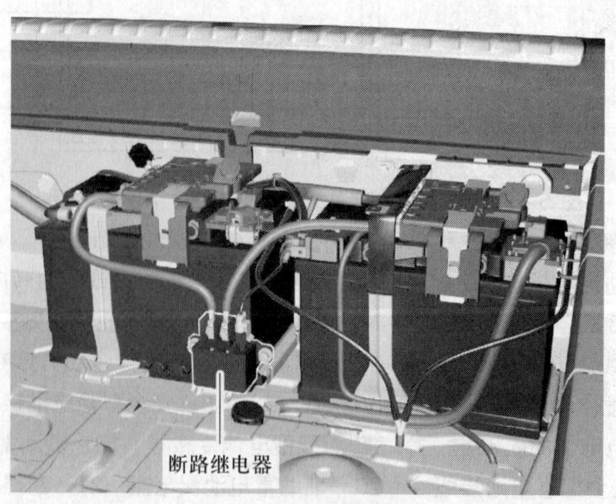

图 5-4-4　断路继电器的安装位置

（3）标准蓄电池与辅助蓄电池间的电压差小于 1.2 V（避免出现高电流，从而保护断路继电器）。

⚠ 注意：

只有将充电器连接在跨接启动接线柱上，断路继电器才会接合；为辅助蓄电池充电时，首先将充电器连接在跨接启动接线柱上，然后通过相应服务功能接合断路继电器。

通过诊断系统可实现对辅助蓄电池的充电服务功能。路径：服务功能→车身→供电→混合动力车辆→辅助蓄电池。必须通过启用服务功能为辅助蓄电池充电，以免短时关闭总线端。

五、附加熔断器支架

附加熔断器支架的安装位置如图 5–4–5 所示。带有 16 个熔断器插槽的附加熔断器支架为以下控制单元和组件提供 14 V 车载网络电压：

（1）混合动力制动作用转换系统 SBA。

（2）供电电控箱。

（3）混合动力压力燃油箱电子系统 TFE。

（4）混合动力接口模块 HIM。

（5）电动空调压缩机的电气系统 EKK。

（6）直接换挡模块 DSM。

（7）变速器控制模块 TCM。

（8）高压动力蓄电池单元的冷却液泵。

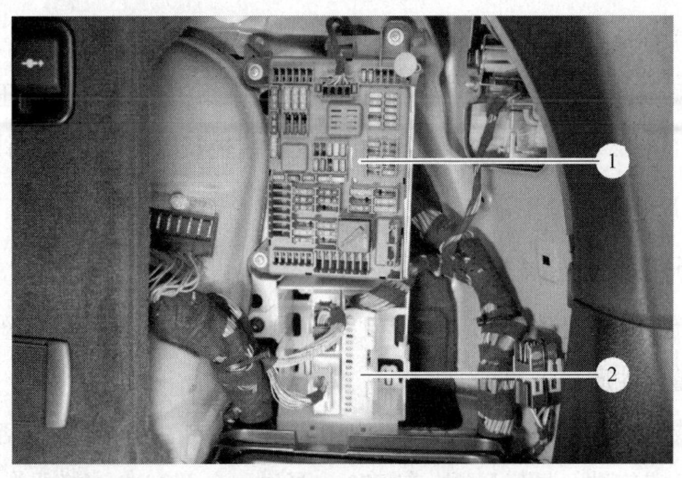

图 5–4–5　附加熔断器支架的安装位置

1—后部熔断器支架　2—附加熔断器支架

（9）电动真空泵。

（10）PEB/APM 的电动冷却液泵。

附加熔断器支架通过总线端 30 g 与混合动力负荷继电器接通，混合动力负荷继电器由便捷登车及启动系统 CAS 进行控制。

六、极性接错保护

发动机室内的 12 V 组件如图 5-4-6 所示。

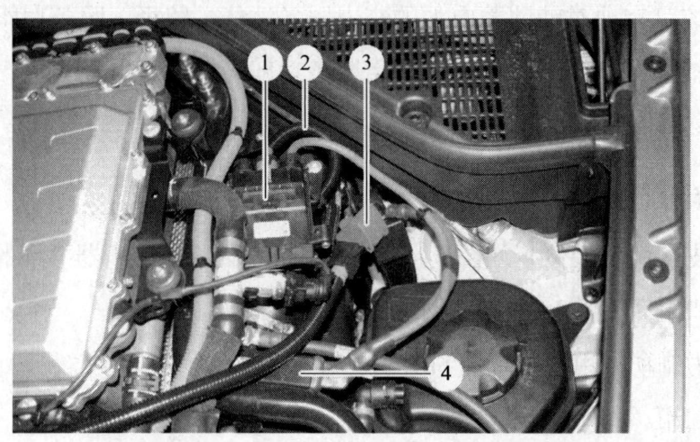

图 5-4-6　发动机室内的 12 V 组件

1—发动机舱配电盒　2—连接 EPS 的 12 V 导线

3—跨接启动接线柱　4—极性接错保护模块

极性接错保护功能的作用是防止跨接启动极性接反时对车载网络以及所连接的电气组件造成损坏。在传统燃油汽车中，这项工作由发电机内的二极管来完成。由于 E72 取消了传统发电机（变速器内的电动机），所以必须通过一个新组件（极性接错保护模块）来提供极性接错保护。

极性接错保护模块安装在发动机舱内跨接启动接线柱附近，该模块一侧与蓄电池正极导线连接，另一侧与车辆接地连接。在极性接错保护模块内部有 3 只稳压二极管，可将极性接反电压限制在 –3.2 V 以下至少 6 s。极性接反时间较长时可能会损坏模块，但不会造成相邻组件损坏。

七、能量管理系统（14 V 车载网络）

能量管理系统的作用是避免 12 V 蓄电池在行驶期间放电，从而保持车辆功能正常并在较长时间内确保蓄电池质量。

E72 采用低成本电源管理系统。只要识别出 12 V 蓄电池充电平衡状态不佳，电源管理系统就会通过相应措施进行调节干预。在 E72 上通过一个 DC/DC 变换器为 14 V 车载网络供电，DC/DC 变换器以 14.5 V 的固定电压值运行。

DME 内的电源管理系统读取发动机管理系统的一些参数，同时还与提供实际测量数据（电压、电流、温度和 SOC）的智能型蓄电池传感器（IBS）进行通信。所有配置的 E72 都装有 IBS。E72 处于“行驶准备”运行模式时，通过一个 DC/DC 变换器为 14 V 车载网络供电，从唤醒车辆和第一次总线端切换起直至车辆休眠均通过 DC/DC 变换器确保 14 V 供电，从行驶准备状态结束时起通过 12 V 蓄电池为 14 V 车载网络供电。如果 14 V 车载网络电压降至 12 V，就会重新通过 APM（DC/DC 变换器）为 14 V 车载网络提供支持，这种情况使 E72 低成本电源管理系统的功能降至以前的功能。因此，在车辆蓄电池电量较低时取消了发电机调节功能和提高怠速转速功能。

E72 最重要的电源管理系统功能是，当 12 V 蓄电池诊断和识别出危险的蓄电池充电状态时，关闭 / 减少用电器。此外，电源管理模块还能识别出车载网络故障（休眠电流过高）或在有限条件下使用老化的蓄电池并针对售后服务存储有助于解决问题的相关信息，基本上在休眠电流监控期间不允许电流超过 80 mA。电源管理系统确定蓄电池的充电状态。电源管理系统通过智能型蓄电池传感器（IBS）持续测定蓄电池充电或放电电流并计算出当前充电状态，与所有宝马 E7 系列车型一样根据相同标准关闭 / 减少用电器。

1. 车辆启动能力

与 E71 不同，E72 的发动机（VM）不再通过 12 V 蓄电池启动而是通过动力蓄电池。12 V 蓄电池在 E72 上只需确保高压系统开始运行。对 12 V 蓄电池的要求不再是确保发动机启动的最低 SOC，而是在零下温度时防止蓄电池结冰以及确保高压网络运行的最低 SOC。

通过高压运行策略确保发动机启动。动力蓄电池 SOC 必须确保车辆驻车六周后，仍能够启动发动机。如果长期驻车，动力蓄电池 SOC 较低，无法重新启动发动机，必须通过外部 14 V 充电器和 APM 为动力蓄电池充电，充电时间持续约 30 min。电量充足时（用于启动发动机），中央信息显示屏 CID 内会出现一个黄色检查控制信息及相应文字。

2. 启动辅助

“启动辅助”功能是在动力蓄电池 SOC 较低的情况下确保发动机启动。为此将 14 V 车载网络的能量传输至高压车载网络，从而使动力蓄电池 SOC 足以启动发动机。为了防止使用 14 V 车载网络的车辆蓄电池电量过低，必须通过一个外部电源来提供能量（充电器或跨接启动功能）。

外部电源的电压必须与 14 V 车载网络的电压相符，因为通过 DC/DC 变换器 12 V 输入端上的另一个电压可防止 DC/DC 变换器将 12 V 电压转换为高电压。例如，不允许通过一个使用 24 V 车载网络的车辆进行跨接启动。外部电源必须保持一定时间的连接状态，从而为高压动力蓄电池充电，即接通外部电源后不能直接启动发动机。

3. 故障代码存储器

如果没有可靠的车辆蓄电池充电状态提供给电源管理系统，电源管理系统就会进入应急运行模式。在应急运行模式下无法继续执行以下功能：

（1）在行驶模式下降低用电器功率。

（2）驻车用电器管理功能。

当出现应急运行情况时，车辆在驻车期间仍会对 12 V 蓄电池进行休眠电流监控。

低成本电源管理系统可将 12 V 蓄电池和电源管理系统的故障状态以代码形式存储在故障代码存储器内，以供维修人员维修时参考使用。

第五节 高压动力蓄电池单元

学习目标

1. 掌握高压动力蓄电池单元的组成和技术特点。

2. 掌握高压动力蓄电池单元的功能。

3. 能对高压动力蓄电池单元进行拆装、充电和启动辅助，并掌握高压系统工作的注意事项。

一、概述

1. 组成

高压动力蓄电池单元是一个完整系统，不仅包含高压动力蓄电池本身，还包括蓄电池控制模块（BCM）、电子控制单元、电动机械式接触器、高电压导线接口、高电压安全插头、冷却系统、通风装置等。

2. 主要作用

高压动力蓄电池单元的主要作用是从高压车载网络吸收、存储电能并在需要时提供使用。它还执行有助于确保高压系统安全的重要任务，例如高压接触监控。此外，高压动力蓄电池单元还能“关闭供电”和“防止重新接通”，从而确保高压系统安全工作。

3. 主要特点

宝马 X6 E72 高压动力蓄电池单元的主要特点见表 5-5-1。

表 5-5-1　宝马 X6 E72 高压动力蓄电池单元的主要特点

项目	参数
额定电压	312 V
有效电压范围	234 ~ 422 V
蓄电池电解槽	260 × 1.2 V
最佳温度范围	25 ~ 55 ℃
可存储能量	2.6 kW · h
已用能量	1.4 kW · h
最大功率（短时）	57 kW
存储技术	镍氢蓄电池
电解液	氢氧化钾
尺寸	762 mm × 560 mm × 206 mm
质量	约 85 kg
冷却系统	带有冷却液 / 空气热交换器和附加冷却液 / 制冷剂热交换器的独立冷却循环回路

4. 安装位置

高压动力蓄电池单元安装在行李舱靠近后排座椅的地板下，通过 4 个固定螺栓与行李舱地板连接在一起，如图 5-5-1 所示。

图 5-5-1　高压动力蓄电池单元的安装位置

1—高压动力蓄电池单元壳体　2—冷却液补液罐密封盖　3—低压导线接口　4—高压安全插头
5—高压导线　6—通风软管　7—固定螺栓　8—冷却液供给管路接口　9—冷却液回流管路接口

注意：

通过这些固定螺栓还能在高压蓄电池单元壳体与接地之间建立起导电连接；导电连接用于补偿电位，而且是实现绝缘监控功能的前提条件；固定螺栓、高压动力蓄电池单元壳体上的开孔和螺纹套不允许喷漆或覆盖其他绝缘层。

5. 系统电路图

高压动力蓄电池单元系统电路图如图 5–5–2 所示。

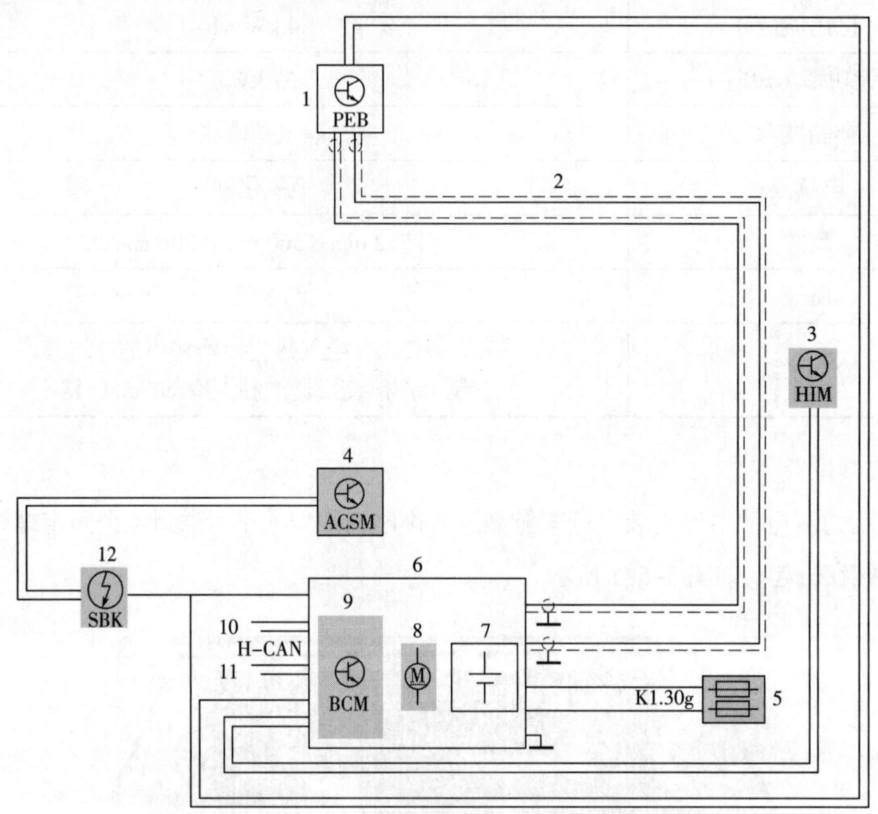

图 5–5–2 高压动力蓄电池单元系统电路图

1—供电电控箱 2—带有屏蔽层的高压导线 3—混合动力接口模块
4—碰撞和安全模块 5—混合动力熔断器支架 6—高压动力蓄电池单元
7—高压动力蓄电池 8—电动冷却液泵的电动机 9—高压动力蓄电池控制模块
10—高压接触监控导线 11—混合动力 CAN 12—安全型蓄电池接线柱

6. 电池技术

高压动力蓄电池单元实际是高压系统的蓄能器，通过串联 260 个电解槽（额定电压 1.2 V）得到 312 V 额定电压。每 10 个电解槽组成一个模块，13 个模块并排布置，构成一列；两列叠加布置，构成整个高压动力蓄电池套件。

电解槽采用镍氢蓄电池技术，使高压动力蓄电池单元具有能量密度、充电电流和放电电流较高的特点。这是在全混合动力驱动模式下实现较高电功率的主要前提条件。

采用镍氢蓄电池技术的电解槽将用水稀释的氢氧化钾溶液作为电解液，这种液态电解液具有一定危险性，因此蓄电池模块一般都要严格密封。

对高压动力蓄电池单元进行操作时，必须严格遵守高压动力蓄电池的安全数据表，必须使用规定的人员保护装备。高压动力蓄电池单元的电气结构如图 5-5-3 所示。

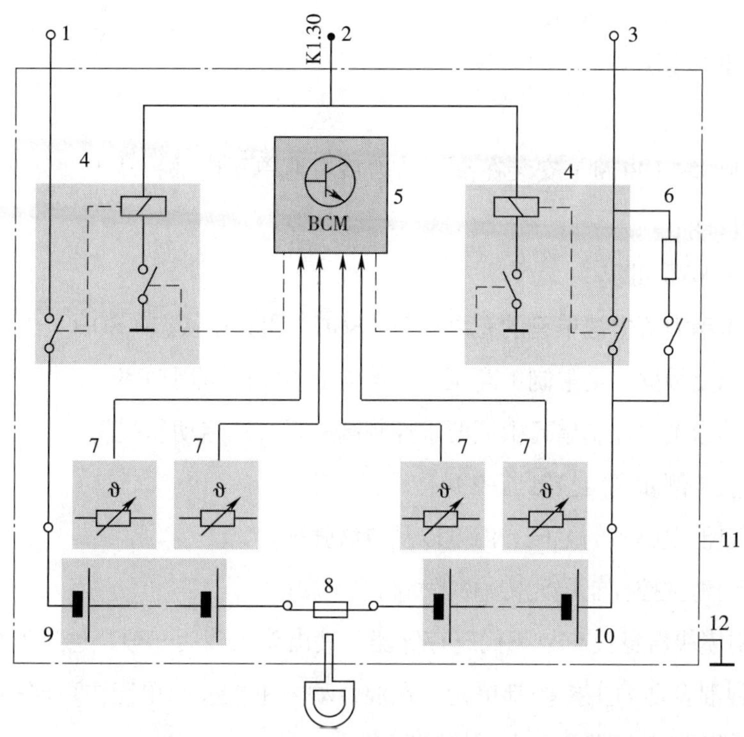

图 5-5-3　高压动力蓄电池单元的电气结构

1—高压动力蓄电池单元负极接口　2—连自安全型蓄电池接线柱的总线端 30 g
3—高压动力蓄电池单元正极接口　4—电动机械式接触器　5—蓄电池控制模块
6—切换为电压缓慢升高　7—蓄电池电解槽上的温度传感器
8—带有熔断器的高压安全插头　9—第一列蓄电池电解槽
10—第二列蓄电池电解槽　11—高压动力蓄电池单元壳体
12—通过接地连接补偿电位

每列高压动力蓄电池电解槽都装有两个温度传感器，用于监控电解槽温度并根据需要调节冷却功率。每个模块的电压也同样受到监控，从而避免各电解槽电量过低或过高。流入和流出高压动力蓄电池的电流强度通过一个电流传感器进行测量和电子监控。

在串联的蓄电池电解槽正中间接入了高压安全插头，该插头包括一个高电流熔断器。拉动高压安全插头或触发熔断器都会使串联连接中断。之后，高压动力蓄电池单元外部接口处不再存在任何电压。电动机械式接触器的触点断开时也会达到相同效果。在将高压动力蓄电池单元接口向外连接之前，这些触点在正极和负极上。电动机械式接触器由蓄电池控制模块进行控制，通过安全型蓄电池接线柱为接触器供电。

混合动力汽车对高压动力蓄电池的使用寿命要求比较严格（车辆使用寿命），必须在规定的范围内使用高压动力蓄电池，从而确保其使用寿命最大化。相关边界条件是：

（1）将电解槽温度保持在 +25～+55 ℃的最佳范围内（通过“加热”或冷却）。

（2）不允许充电电流和放电电流超过热敏规定限值。

（3）不能完全用尽蓄电池的电量。

7. 蓄电池控制模块

（1）作用

蓄电池控制模块（BCM）安装在高压动力蓄电池单元内部，从外部无法接触到。BCM 负责实现以下功能：

1）控制冷却循环回路。

2）确定高压动力蓄电池单元的充电状态（SOC）和老化状态（SOH）。

3）确定（以及根据需要限制）高压动力蓄电池单元的可用功率。

4）由混合动力主控控制单元根据要求控制高压系统的启动和关闭。

5）安全功能（例如高压接触监控）。

6）监控蓄电池电解槽的电压、温度以及电流强度。

7）向混合动力主控控制单元传输故障状态。

蓄电池控制模块自身没有故障代码存储器，其出现故障后一般是通过混合动力 CAN 将故障代码传输到混合动力主控控制单元。在混合动力主控控制单元中可储存高压动力蓄电池单元的相关故障代码，以便进行故障诊断。

（2）BCM 连接导线

高压动力蓄电池单元内部的 BCM 电气接口共有两个插头，一个用于连接低压导线，另一个用于连接高压导线。与其相关的重要信号和导线包括：

1）自身 12 V 供电导线（总线端 30 g 和总线端 31 分别用于电子控制装置和冷却液泵，连接安全型蓄电池接线柱的总线端 30 用于接触器供电）。

2）混合动力 CAN 和唤醒导线。

3）高压导线。

4）接触器状态信号（控制和读取）。

5）蓄电池电解槽温度信号（每个传感器各有两芯，共有四个温度传感器）。

6）冷却液温度信号（每个温度传感器各有两芯，针对供给和回流各有一个温度传感器）。

7）冷却液泵的供电导线。

8）高压电路的电流传感器信号。

9）高压接触监控信号和回流导线。

8. 高压接口

高压动力蓄电池单元连接高压车载网络的接口位于一个独立盖板下，对高压接口进行操作时必须先取下盖板。

取下盖板时，盖板内的跨接线断开并使高压接触监控电路断路。只要盖板处于未安装状态就不会导致误启用高压系统。高压动力蓄电池单元上的高压安全盖板和高压接口如图 5-5-4 所示。

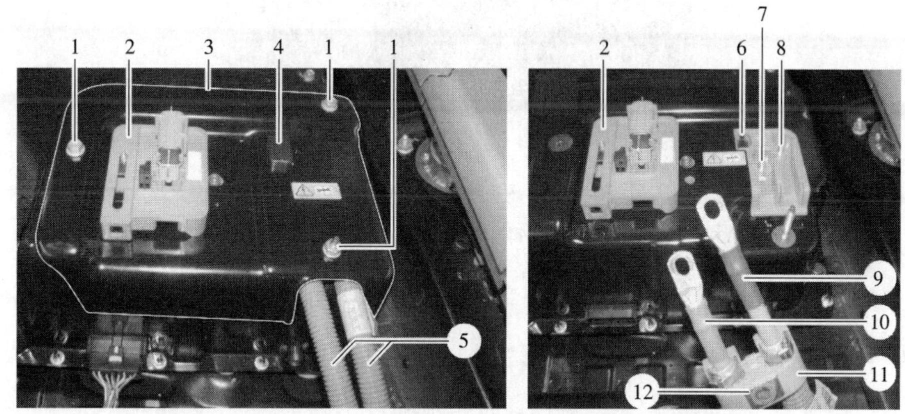

图 5-5-4　高压动力蓄电池单元上的高压安全盖板和高压接口

1—用于固定高压安全盖板的螺栓和螺母　2—高压安全插头（反向插入）
3—高压安全盖板　4—高压安全盖板上高压接触监控电路跨接线
5—高压导线　6—高压接触监控接口　7—高压动力蓄电池正极螺栓接口
8—高压动力蓄电池单元负极螺栓接口　9—高压负极导线　10—高压正极导线
11—用于连接两个高压导线的接线柱
12—用于连接屏蔽层与高压动力蓄电池单元壳体的接触部位

在对高压接口进行操作前，必须使高压系统断电并检查断电状态，为确保其在工作期间无法重新接通，在取下高压接口上方的盖板时，必须短时拔出反向插入的高压安全插头。

高压导线与高压动力蓄电池单元间的电气连接是通过一个正极螺纹端子和一个负极螺纹端子实现的，与此同时，高压导线的屏蔽层与高压动力蓄电池单元的壳体间也必须形成电气连接，这一点主要通过一个固定安装在蓄电池壳体内的带螺母的螺栓实现，该螺栓将一个金属夹压在两个高压导线的屏蔽层上，同时，该螺栓还可充当高压导线的拉力卸载装置。

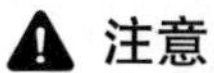

高压接口螺母必须严格按照规定的拧紧力矩拧紧。

9. 高压安全插头

E72 的高压安全插头安装在高压动力蓄电池单元壳体上侧，如图 5-5-5 所示。

图 5-5-5　E72 高压安全插头位置

1—高压动力蓄电池单元壳体　2—高压安全插头（处于插入状态）

高压安全插头内的熔断器直接插在串联连接的蓄电池电解槽之间，是一个高压部件，以橙色进行标记，如图 5-5-6 所示。

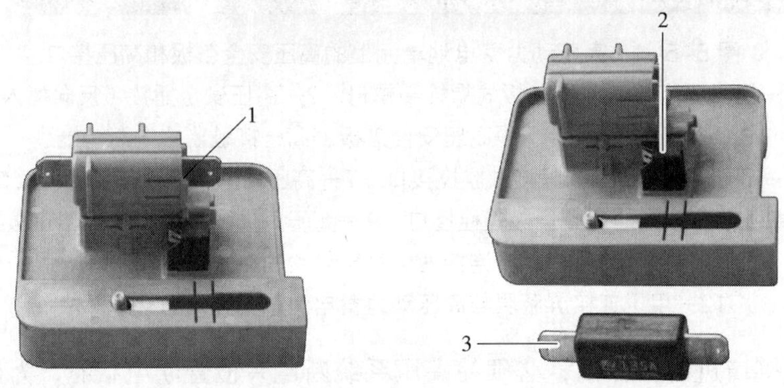

图 5-5-6　E72 高压安全插头

1—高压安全插头内的熔断器　2—高压接触监控跨接线

3—从高压安全插头内取出的熔断器（小熔断器 HEV135A）

高压安全插头的主要作用是：

（1）关闭高压系统供电。

（2）防止电路重新接通。

（3）作为高压动力蓄电池高电流熔断器的支架。

10. 冷却系统

为了尽可能延长高压动力蓄电池的使用寿命并获得最大功率，需要在规定的温度范围内使用蓄电池。高压动力蓄电池单元的冷却系统由高压动力蓄电池单元内部组件和外部组件构成。

高压动力蓄电池单元内部属于冷却系统的组件有：电动冷却液泵（功率可控，最大功率 50 W，源自 N63 发动机冷却系统）、带有液位测量装置的冷却液补液罐、冷却液管路接口、高压动力蓄电池单元内的冷却液管路和通道、冷却液温度传感器（在冷却液供给管路和回流管路内各有一个）、电解槽温度传感器（共 4 个）以及蓄电池控制模块（温度监控和冷却液泵控制）等。

高压动力蓄电池单元内的冷却系统通过两个接口与冷却液管路（供给管路和回流管路）相连，进而与高压动力蓄电池单元外部的冷却系统相连，如图 5-5-7 所示。高压动力蓄电池单元外部的冷却系统拥有与制冷剂循环回路相连的独立冷却循环回路。该回路的构成组件有：带有连接高压动力蓄电池单元的快速接头的冷却液管路、冷却循环回路内的双阀门、冷却总成（冷却液 / 制冷剂热交换器）、冷却液 / 空气热交换器等。

图 5-5-7 高压动力蓄电池单元的冷却系统接口

1—冷却液管路 2—将冷却液管路连接在高压动力蓄电池单元上的快速接头

3—回流标记 4—供给标记 5—冷却液补液罐密封盖

11. 排气

镍氢蓄电池充电和放电时可能会产生气体，其中包含少量氢气。运行策略可将该气体的产生量降至最小，但如果产生的气体超出了标准量，高压动力蓄电池单元内的通风阀就会打开，使气体通过通风软管向外排出，如图 5-5-8 所示。拆卸高压动力蓄电池单元时必须将通风软管与其断开。

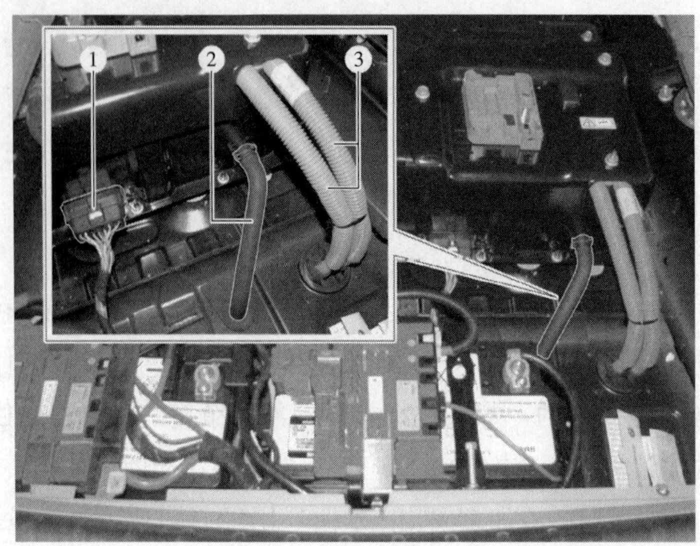

图 5–5–8　高压动力蓄电池单元内的通风装置
1—低电压导线接口　2—通风软管　3—高电压导线

注意：

安装高压动力蓄电池单元时必须按规定将通风软管重新安装在高压动力蓄电池单元上，否则，溢出气体可能会进入车内空间。

二、功能

1. 启动高压系统

（1）混合动力主控控制单元通过混合动力 CAN 上的电码以及另一个独立的信号导线（PWM 设码）要求启动高压系统，随后由蓄电池控制模块控制启动。启动过程分为以下几个步骤：

1）测试高压车载网络。

2）提高电压。

3）闭合接触器触点。

（2）只有成功完成当前步骤才会继续下一步骤。第一步测试高压车载网络，检测内容有：

1）高压管路是否连接在高压动力蓄电池单元上，是否建立起与供电电控箱的连接。

2）高压接触监控电路是否闭合。

3）高电流熔断器功能是否正常。

4）高压动力蓄电池单元是否处于准备状态。

即使已经成功完成测试，接触器触点仍有可能没有闭合。由于高压电路电容（中间电路电容器）的存在，会有很高的接通电流经过，长期下去会对电容器和接触器造成损坏，所以要使电压缓慢升高。为此首先闭合用于连接负极导线的接触器触点，通过一个脉冲控制式继电器和正极导线内的一个降压电阻器使高压系统内的电压缓慢升高。每次继电器触点闭合时都会有受到降压电阻器限制的电流经过并为高压车载网络内的电容器充电。

大约 300 ms 后，高压车载网络内的电压稍稍低于蓄电池电压，用于启动正极导线的接触器触点闭合。

如果启动成功，蓄电池控制模块会通过混合动力 CAN 与其他混合动力组件进行通信，特别是混合动力主控控制单元；如果启动失败，蓄电池控制模块也会以同样方式发出故障状态信号。

2. 关闭高压系统

关闭高压系统分为正常关闭和快速关闭两种情况。正常关闭可以保护电气部件，还可执行监控功能，对与安全有关的组件和高压系统特性进行检测。正常关闭的步骤是：

（1）总线端 15 断开。

（2）高压车载网络内的电流降为零（通过供电电控箱内的控制单元）。

（3）混合动力主控控制单元通过混合动力 CAN 上的一个总线信号和一个独立导线（PWM 信号）要求断开高压动力蓄电池单元内的接触器。

（4）蓄电池控制模块断开高压动力蓄电池单元内的接触器触点。

（5）通过蓄电池控制模块进行控制，对高压导线的绝缘电阻进行测量并监控是否超出允许范围。如果识别出绝缘电阻低于限值，就会在故障代码存储器内存储一条记录，通过一条检查控制信息提示驾驶员出现故障。但通常情况下仍可以重新启动高压系统，对人员不会造成任何直接危害。

（6）蓄电池控制模块检查接触器触点是否真正断开。由此确保高压动力蓄电池单元的高压接口不存在危险电压。如果识别出触点未正常断开，就会防止重新启动高压系统，以确保对高压系统的安全操作。

（7）检查确认接触器触点成功断开后，蓄电池控制模块会发出接触器状态信号。

（8）使高压电路主动放电并使电机绕组短路，该任务由供电电控箱控制单元进行控制。

正常关闭过程最长持续时间为 2 min，其中测量绝缘电阻和检查断开触点持续时间较长。如果期间重新启动高压系统（例如驾驶员重新接通总线端 15），就会中断关闭过程；如果出现需要快速关闭高压系统的情况，也会中断正常关闭过程。

3. 快速关闭高压系统

如果基于安全考虑必须尽快使高压系统内的电压降至安全范围，就需要快速关闭高压系统。

（1）高压接触监控

如果系统识别到高压接触监控电路断路且存在人员接触高压系统带电部件的可能，就会断开接触器触点。车辆静止或发动机舱盖 / 行李舱盖打开时，就会认为存在这种可能。在没有事先将电流降至零的情况下会立即断开接触器触点。这样会使接触器触点承受很大负荷，因此不允许随意重复这一过程，同时会使高压电路主动放电并使电机绕组断路。

（2）事故

如果碰撞和安全模块识别到有相应严重程度的事故发生，就会断开安全型蓄电池接线柱与 12 V 蓄电池正极的连接。在 E72 上，由安全型蓄电池接线柱的总线端 30 为电动机械式接触器供电，因此在断开接触器触点的同时也会断开安全型蓄电池接线柱。蓄电池控制模块和混合动力主控控制单元还会对安全型蓄电池接线柱的总线端 30 状态进行分析，如果这两个控制单元都识别出安全型蓄电池接线柱已断开，就会采取进一步措施关闭高压系统（主动放电，使电机绕组断路）。

（3）短路监控

如果通过电流传感器识别到高压导线内的电流强度过高，蓄电池控制模块也会触发快速关闭从而保护组件，在极端情况下还会触发高压安全插头内的熔断器熔断，从而强制断开高压电路。

蓄电池控制模块监控熔断器状态。如果由于短路造成关闭，蓄电池控制模块会发出状态信号，以便重新实现主动放电和电机绕组断路。

（4）高压动力蓄电池单元 12 V 供电失效

与所有其他高压组件一样，高压动力蓄电池单元也会为电子控制装置（蓄电池控制模块）供电。为了确保安全，会在 12 V 供电失效时快速关闭高压系统，此时蓄电池控制模块不再工作，会通过硬件关闭功能快速实现关闭。

4. 充电策略和运行策略

高压动力蓄电池充电策略旨在尽可能延长高压动力蓄电池的使用寿命，并针对额外能量吸收（制动能量回收利用）和能量消耗（助推功能）保证电能储备。混合动力驱动装置运行策略的目的是，在尽可能多的情况下利用混合动力驱动装置提高效率和动力。无论是助推功能、电动行驶、发动机节能启停还是制动能量回收利用等，所有这些功能都应在尽可能大的高压动力蓄电池充电状态范围内提供使用，如图 5-5-9 所示。只有在超过充电状态限值，影响高压动力蓄电池使用寿命的情况下，才需限制各项功能。

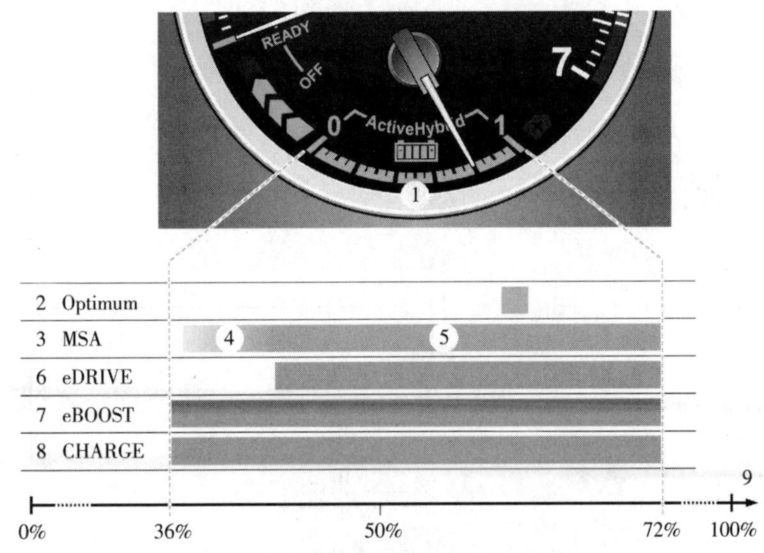

图 5-5-9 高压动力蓄电池的充电状态

1—显示充电状态 2—最佳充电状态 3—发动机节能启停功能 MSA
4—MSA 功能滞后时的充电状态范围 5—MSA 功能完全可用时的充电状态范围
6—实现电动行驶（eDRIVE）时的充电状态范围
7—使用助推功能（eBOOST）时的充电状态范围
8—回收利用制动能量时的充电状态范围 9—实际充电状态

发动机处于运转状态时（例如车速高于 60 km/h）会使高压动力蓄电池充电至最佳标记位置。处于这种充电状态时，蓄电池留出的储备量足以在诸如离开高速公路制动时将额外能量存储在高压动力蓄电池内。而这种最佳充电状态最主要的特点是其电能很大，足以通过电动驱动装置提供纯电动行驶。

发动机节能启停功能无法一直使用至充电状态下限。通常车辆减速至静止状态时，发动机在行驶期间便已关闭，而高压动力蓄电池在减速期间开始充电。车辆静止期间从高压动力蓄电池获取能量来驱动电动空调压缩机并为 14 V 车载网络供电。在到达充电状态下限前，发动机一直保持关闭状态，达到该限值时，必须启动发动机以便通过电动机重新提供电能，之后通过电动机为用电器供电并为高压动力蓄电池充电。为了避免经常启动和关闭发动机，在发动机重新关闭前必须首先达到较高的高压动力蓄电池充电状态。因此，通过滞后作用可确保发动机静止期间拥有足够大的能量储备。

5. 监控功能

在很多监控功能中，都有高压动力蓄电池单元或蓄电池控制模块参与，例如：

（1）用于确保高压系统安全的监控功能。

（2）用于确保高压动力蓄电池最佳运行条件的监控功能。高压接触监控系统的电路图如图 5-5-10 所示。

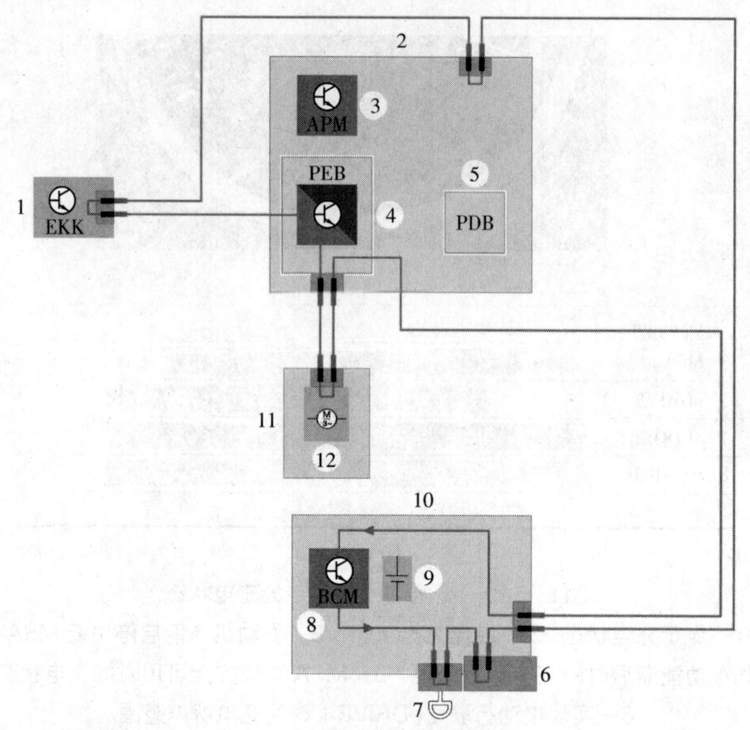

图 5-5-10　高压接触监控系统的电路图

1—电动空调压缩机 EKK　2—发动机舱内的安全盖板（也是发动机的隔音盖板）
3—辅助电源模块 APM　4—供电电控箱 PEB　5—供电配电盒 PDB
6—高压动力蓄电池单元上的安全盖板　7—高压安全插头　8—蓄电池控制模块 BCM
9—高压动力蓄电池　10—高压动力蓄电池单元
11—主动变速箱　12—变速箱油泵的电动驱动装置

用于控制和产生高压接触监控检测信号的电子系统集成在 E72 的蓄电池控制模块内。高压系统启动时开始产生检测信号，高压系统关闭时停止产生检测信号。蓄电池控制模块产生一个矩形交流电信号作为检测信号，并将其输送到检测导线上。检测导线采用环形拓扑结构（与 MOST 总线相似），在环形上的两个位置对检测导线信号进行分析：在供电电控箱内以及环形最终端的蓄电池控制模块内，该信号的电流强度必须保持在 12～35 mA 之间；如果电流强度超出该范围，就会识别为电路断路或检测导线短路；如果同时出现人员接触带电部件的情况，就会立即关闭高压系统。供电电控箱和蓄电池控制模块都可以执行关闭过程。

绝缘监控功能可确定带电高压部件（如高压导线）与车辆接地间的绝缘电阻是否高于或低于所需最低限值。如果绝缘电阻低于最低限值，就会存在车辆部件带有危险电压的可能。如果人员接触带电高压部件，就会有电击危险。因此，针对 E72 高压系统提供全自动绝缘监控功能，该功能分布在两个高压组件上。

（1）蓄电池控制模块

在两个高压导线与高压动力蓄电池单元壳体之间存在测量电阻，这些电阻可针对绝缘监控功能单独启用。以电子方式探测电阻上的电压，根据电压值可计算出高压导线与壳体之间的绝缘电阻值，由此可分辨出是一根还是两根高压导线的绝缘电阻值过小。只有在高压系统未启用的情况下才能进行该操作。

（2）供电电控箱

根据高压系统启用期间的连续电压测量值，供电电控箱也能确定高压导线与壳体间的绝缘电阻，更准确地说是可以确定绝缘电阻之间的相互关系。但供电电控箱内的绝缘监控系统只能确定一根高压导线的绝缘故障，无法识别出两根高压导线的绝缘故障。

通过测量电压进行绝缘监控时，以一个高压组件的壳体电位作为参考基准，在不采取其他措施的情况下，通过这种方式在蓄电池控制模块和供电电控箱内只能确定局部绝缘故障，但确定分布在车辆上的高压导线与车辆接地间的绝缘故障也同等重要。因此，所有高压组件导电壳体都与车辆接地导电连接，这样便可以通过在两个中央位置执行绝缘监控功能，确定整个高压车载网络内的绝缘故障。

注意：

高压组件壳体与车辆接地的正确电气连接是正常执行绝缘监控功能的一个重要前提，如果维修期间中断了该连接，维修后必须重新建立起该电气连接。

高压动力蓄电池单元内的其他监控功能负责确保蓄电池电解槽的电压、充电状态以及温度维持在能够实现高压动力蓄电池最佳功率效率和最长使用寿命的适宜范围内。

三、维修及注意事项

1. 拆卸和安装

维修时需要更换的单个部件有整个高压动力蓄电池单元、高压安全插头、高电流熔断器（高压安全插头内）、冷却液补液罐密封盖等。

如果诊断系统的检测计划允许，可以更换高压动力蓄电池单元；拆卸和安装时可以看到高压动力蓄电池单元所使用的接口数量。

注意：

拆卸和安装高压动力蓄电池单元时必须在开始工作前落实电气安全规定。

松开和重新安装高压导线时，必须取下高压安全盖板，防止重新接通并锁死的高压安全插头此时也必须短时取下，之后再重新安装并锁死。

冷却液循环回路必须排空，为此需断开冷却液管路与高压动力蓄电池单元的连接，并在回流管路接口处安装一根用于将冷却液排出的独立软管，随后必须通过一项服务功能控制冷却液泵直至储液罐完全排空或仅留少量冷却液。

将高压导线、冷却液管路、通风软管和高压插头与高压动力蓄电池单元断开后，可取下 4 个固定螺栓。取出高压动力蓄电池单元需使用专用工具，如图 5–5–11 所示。

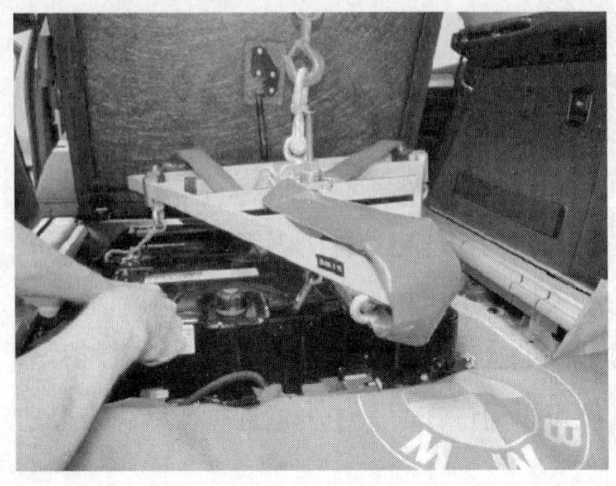

图 5–5–11　使用专用工具取出高压动力蓄电池单元

安装新的高压动力蓄电池单元后必须执行以下工作步骤：

（1）重新正确建立所有之前断开的连接，并严格遵守拧紧力矩。

（2）为蓄电池控制模块进行编程和设码。

（3）使蓄电池控制模块通过服务功能进入运行状态。

（4）为冷却系统重新加注冷却液和通风。

2. 充电和启动辅助

如果 E72 的 12 V 蓄电池电量过低，可像传统燃油汽车一样进行充电。运行策略通过控制高压动力蓄电池单元的充电状态，确保车辆长期停驶后仍能重新启动，如果由于高压动力蓄电池单元电量过低导致无法重新启动，则系统会显示相应的检查控制信息。

在此情况下，可通过 14 V 车载网络对高压动力蓄电池单元充电，用蓄电池充电器连接蓄电池正极接线柱和车辆接地，只能为 14 V 车载网络供电并为 12 V 蓄电池充电。如果要为高压动力蓄电池充电，还必须接通总线端 15，只有这样才会启动高压车载网络并闭合高压动力蓄电池单元内的接触器触点。混合动力主控控制单元使辅助电源模块内的 DC/DC 变换器作为增压变压器工作，随后电能由 14 V 车载网络流至高压车载网络并为高压动力蓄电池单元充电。

注意：

在充电过程中必须关闭车上所有不需要的用电器。根据所用蓄电池充电器，充电过程最长可持续 30 min，只有系统出现相应的检查控制信息时才允许结束充电过程。

通过这种方式只能为高压动力蓄电池单元充电到可重新启动的程度，此时系统显示的高压动力蓄电池单元检查控制符号，如图 5–5–12 所示；然后按照使用说明继续进行并将车辆处于“行驶准备”总线端状态；之后启动发动机并使电动机作为发电机工作，从而为高压动力蓄电池单元继续充电。

图 5–5–12 高压动力蓄电池单元检查控制符号

组合仪表内显示的检查控制符号对于所有与高压动力蓄电池充电状态相关的检查控制来说都是一样的。

必须对高压动力蓄电池单元电量过低的 E72 进行启动辅助时，具体过程与借助蓄电池充电器为高压动力蓄电池单元充电时相似。需要注意的是，将跨接启动车辆连接到 E72 上以后，并不能立即建立行驶准备状态，而是必须等到 E72 上显示出高压动力蓄电池单元电量已充足的检查控制信息后，才允许断开跨接启动车辆与 E72 的连接。

3. 安全进行高压系统方面的工作

> **⚠ 注意：**
>
> 对 E72 的高压组件进行操作前，必须遵守并落实电气安全规定，即高压系统必须断电，必须防止高压系统重新接通，必须确定高压系统断电。

（1）准备工作

开始工作前必须采取防止溜车的措施（挂入自动变速器的驻车挡并启用驻车制动器），必须断开总线端 15 和总线端 R，必须关闭可能连接的充电器并断开接线。

（2）使高压系统断电

借助高压动力蓄电池单元上的高压安全插头使 E72 的高压系统断电。

1）将高压安全插头的把手垂直向上翻折，如图 5–5–13 所示。这样可使高压安全插头上部相对于下部的熔断器移动。

2）将整个高压安全插头向后推，如图 5–5–14 所示。进行这步操作时，高压接触监控电路已断开。

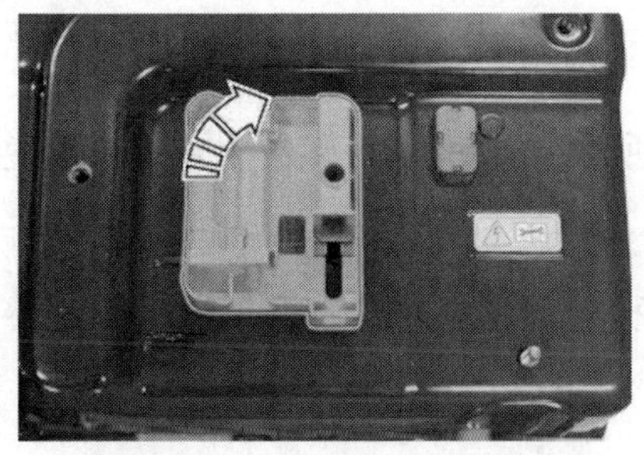
图 5–5–13 垂直向上翻折

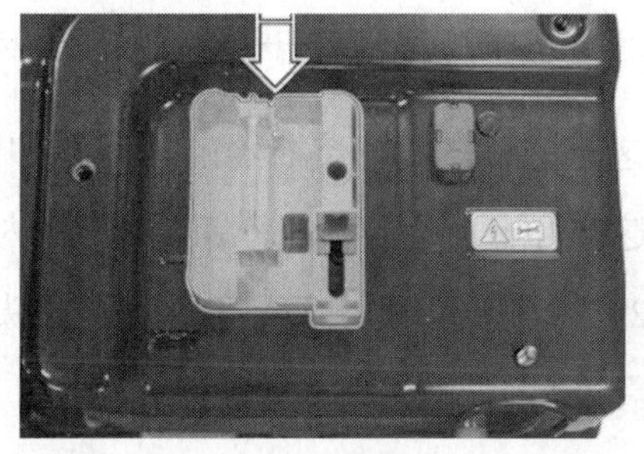
图 5–5–14 后推高压安全插头

3）推动高压安全插头时可看到开口内有一个十字槽螺栓，如图 5–5–15 所示。

4）必须松开该十字槽螺栓，并将其留在高电压安全插头内，如图 5–5–16 所示。

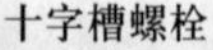

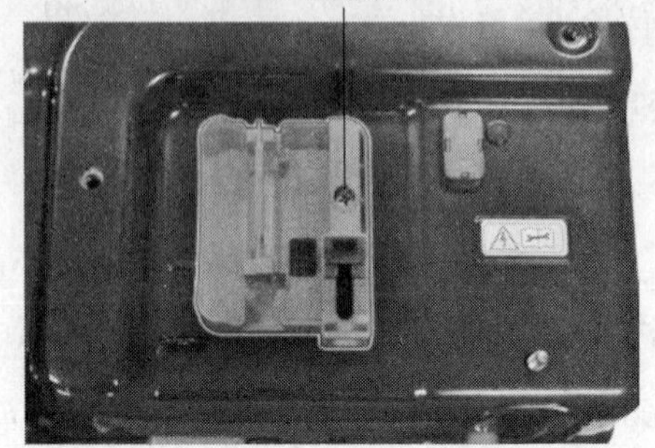

图 5–5–15　十字槽螺栓

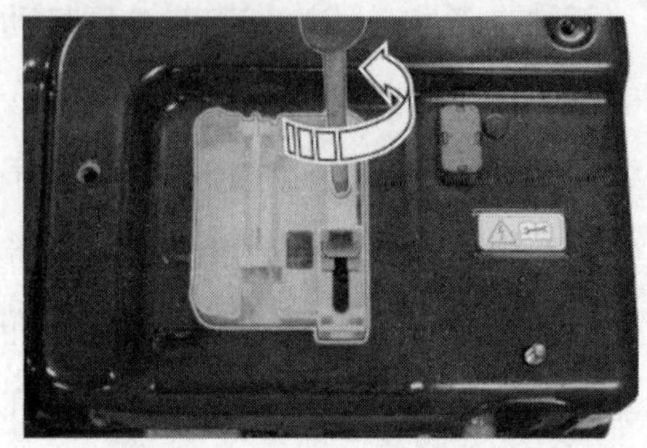

图 5–5–16　松开十字槽螺栓

5）通过拉动高压安全插头上的把手，将其从蓄电池内整个取出，包括熔断器，这样可以中断蓄电池电解槽的串联连接，如图 5–5–17 所示。

E72 的高压系统通过两种作用机制断电：高压接触监控电路断路，串联连接的蓄电池电解槽相互断开。

（3）防止高压系统重新接通

防止高压系统重新接通也由高压安全插头来实现，为此需要一个普通弓形锁（如 ABUS45/40）。

1）将高压安全插头旋转 180° 后，由反方向（使把手向下）重新安装，如图 5–5–18 所示。

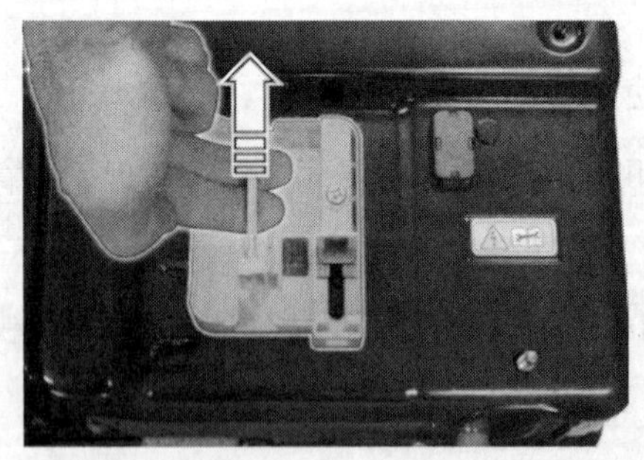

图 5–5–17　拉动高压安全插头上的把手

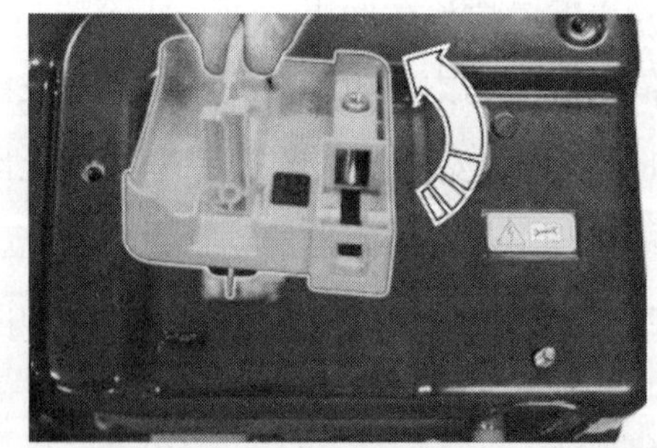

图 5–5–18　将高压安全插头旋转 180°

这时把手占用了熔断器的位置，如图 5–5–19 所示。把手采用塑料材质，具有绝缘特性，这样可防止导电物进入熔断器支座内。

2）将弓形锁锁弓穿入高压安全插头上的开口和固定环内，锁好弓形锁，如图 5–5–20 所示。拔出钥匙并在工作期间小心保管。

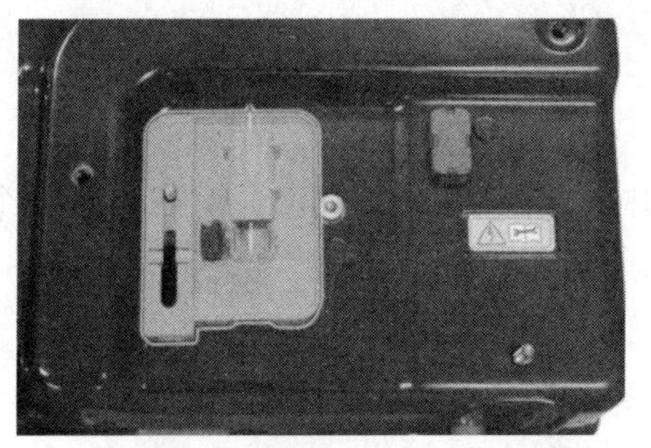

图 5-5-19 把手的位置

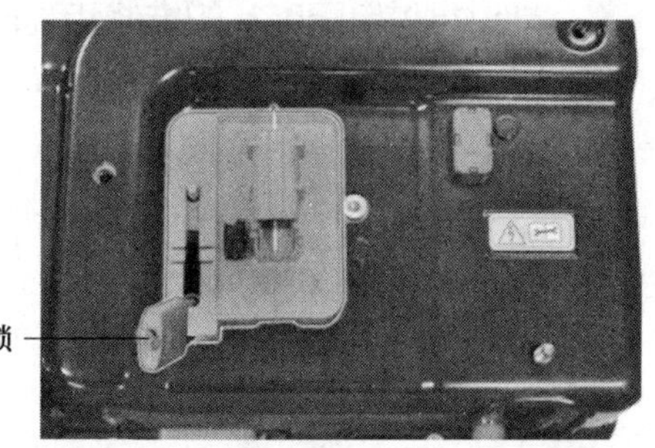

图 5-5-20 锁好弓形锁

（4）确定断电

不必通过测试仪或诊断系统确定是否断电，而是由高压组件测量自身电压并通过总线信号向组合仪表发送测量结果。只有当组合仪表从所有相关高压组件处接收到断电信号时，才会发出检查控制信息显示断电状态，如图 5-5-21 所示。

图 5-5-21 表示高压系统断电的检查控制信息

需要确定是否断电时，售后服务人员必须接通总线端 15 并等到组合仪表内出现检查控制信息和上面所示的符号之后，才能确保高压系统断电。确定高压系统断电后，必须重新断开总线端 15 和总线端 R，然后再开始进行实际工作。

如果没有显示检查控制信息，则不允许对高压组件进行操作。

4. 绝缘故障

供电电控箱和蓄电池控制模块内的控制单元测量高压导线与接地间的绝缘电阻，该项绝缘监控功能主要用于识别整个高压电路内（不仅是在供电电控箱和高压动力蓄电池内）的绝缘故障，为此需使所有高压组件壳体与接地导电连接。

绝缘监控功能仅能识别是否存在绝缘故障，无法确定具体故障原因，要想查明并最终确定具体故障位置必须借助诊断系统进行。系统内存储的检测计划对故障代码存储器记录进行分析并逐步执行定位操作。

在此过程中，需要暂时将各高压组件与高压导线断开，通过系统化排除各高压组件，使故障范围逐步缩小。

第六节 供电电子装置

学习目标

1. 熟悉供电电子装置分布情况。
2. 熟悉 APM 和供电电控箱 PEB、供电配电盒 PDB 的分布情况、功能和工作情况。

3. 能进行供电配电盒的维修和高压导线的拆装。

一、概述

E72 与混合动力有关的供电电子装置分布在辅助电源模块 APM 和供电电控箱 PEB 两个控制单元上，如图 5-6-1 所示。

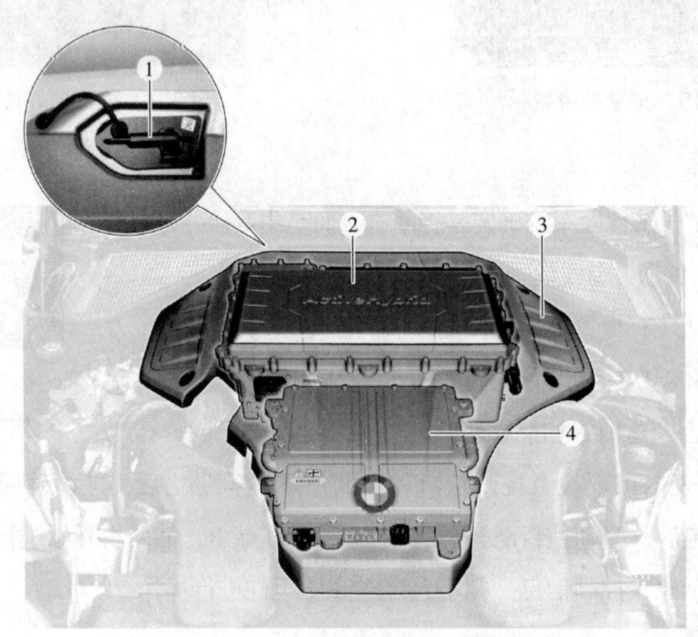

图 5-6-1　APM 和 PEB 的分布位置

1—高电压接触监控跨接线　2—供电电控箱 PEB

3—安全盖板　4—辅助电源模块 APM

两个控制单元均为高压组件，都安装在发动机舱内位于发动机上方。安全盖板可防止直接接触高压接口。

对高压组件进行操作前，必须按照安全规定关闭高压系统，然后将所有高压组件断电，从而确保操作安全。如果维修人员忘记按规定关闭系统，则通过一个附加安全措施自动关闭高压系统。

在安全盖板上装有一个用于关闭高压接触监控电路的跨接线，拆卸安全盖板时必须首先松开 4 个容易触碰的螺栓。此时，安全盖板仍被第五个（暂时看不到）螺栓固定。为了松开这个螺栓，必须使跨接线开锁并拉出跨接线，这样会使高压接触监控电路断路并使高压车载网络断电，之后才能松开第五个螺栓，并取下安全盖板。

二、APM

APM 是一个 DC/DC 变换器，负责实现混合动力车辆两个层面间的电压能量转换。其中一个层面是约 300 V 的直流高压车载网络，另一个层面是 14 V 车载网络。DC/DC 变换器取代了以前为 14 V 车载网络供应能量的发电机。因此，在行驶状态下，14 V 车载网络的电能供应不再取决于发动机的转速。

APM 控制单元仅用在 E72 上，它采用双向转换器设计，即 APM 在直流高压车载网络和 14 V 车载网络间进行双向电能传输。

1. 系统概览

APM 系统如图 5-6-2 所示。

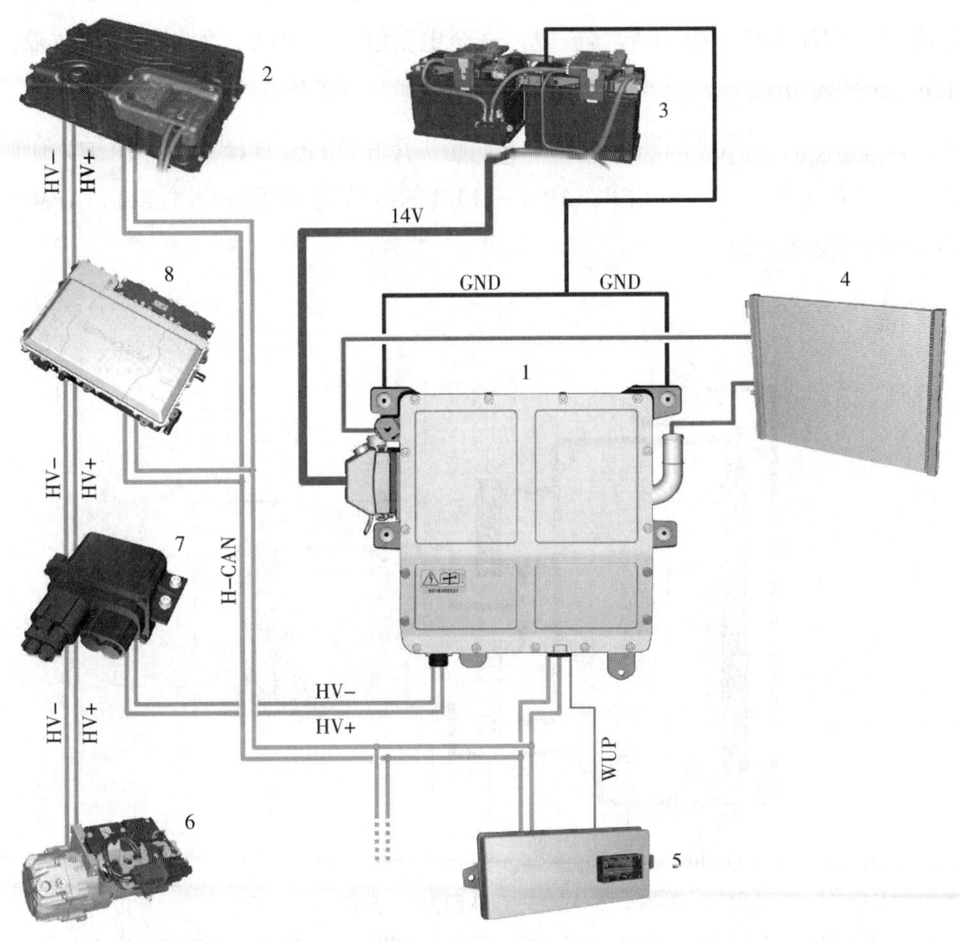

图 5-6-2 APM 系统

1—辅助电源模块 APM 2—高压动力蓄电池 3—两个 12 V 蓄电池（14 V 车载网络）
4—低温循环回路散热器 5—混合动力接口 HIM 6—电动空调压缩机 EKK
7—供电配电盒 PDB 8—供电电控箱 PEB

2. 功能说明

APM 由 HCP 进行控制，HCP 是 PEB 的一个组成部分，APM 无法独立接通电压转换功能。

HCP 向 APM 发出以下指令：

（1）接通或关闭转换功能。

（2）转换方向（高压至 14 V 或 14 V 至高压）。

（3）额定电压。

之后，APM 根据自诊断数据和自测量参数决定是否能够接通转换功能。运行期间，APM 会尝试通过将电流增大至技术允许的最大限值来调节各电压层面的额定电压。APM 无法降低车载网络内的电压，但当相关电压层面的实际电压高于 APM 的额定电压时，APM 可将电流降至 0 A，这样就不会发生任何能量转换。APM 有一个被动放电电路，它可在关闭高压供电后，5 s 内使 APM 内的电容器放电，直至电压值低于 60 V。如果识别出故障，APM 就会自动关闭转换功能。

APM 通过二次冷却循环回路（低温循环回路）进行冷却，如图 5-6-3 所示。在循环回路中也有增压空气冷却装置和 PEB。APM 和 PEB 的冷却循环回路并联连接，APM 和 PEB 内的最高冷却液温度为 75 ℃。

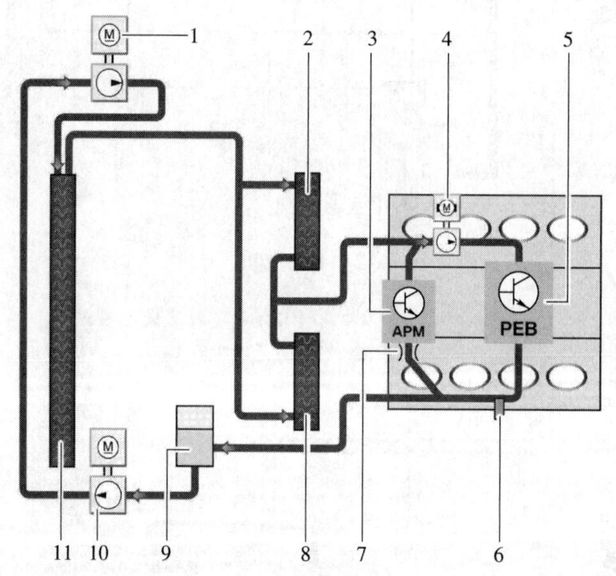

图 5-6-3　二次冷却循环回路（低温循环回路）

1—电动冷却液泵（50 W）　2—增压空气冷却器　3—辅助电源模块 APM
4—电动冷却液泵（20 W）　5—供电电控箱 PEB　6—冷却液温度传感器　7—节流阀
8—增压空气冷却器　9—补液罐　10—电动冷却液泵（50 W）　11—冷却液散热器

3. APM 的运行模式

APM 根据电压转换方向产生两种运行模式，即向下转换和向上转换，如图 5-6-4 所示。

（1）向下转换

向下转换（又称下降模式）指的是由高压层面向 14 V 层面转换。处于这种运行模式时，APM 的最大功率为 2.2 kW，这取决于最先达到哪个限值。

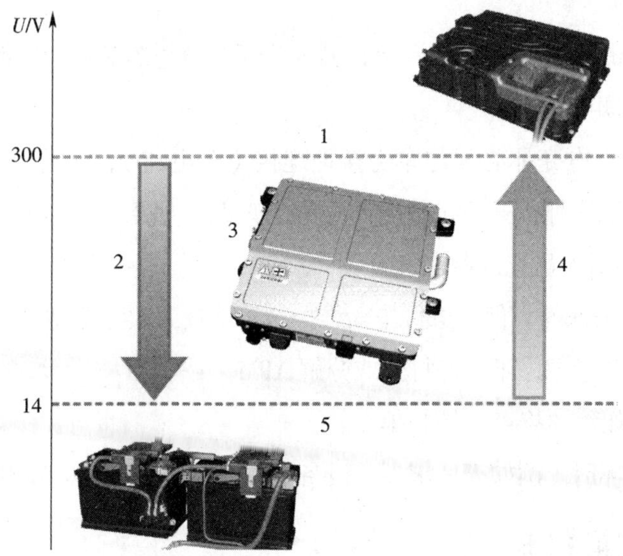

图 5-6-4　APM 的运行模式

1—300 V 电压层面　2—向下转换　3—APM　4—向上转换　5—14 V 电压层面

额定电压可通过 HCP 限定在 11.0 ~ 15.5 V 范围内。APM 以 14.5 V 的规定值驱动，只要车辆处于运行状态就会始终选择该运行模式，这样车辆就可以在运行期间通过 APM 为 14 V 车载网络提供电能。APM 取代了以前为此所用的电动机。

（2）向上转换

向上转换（又称助推模式）指的是由 14 V 层面向高压层面转换。处于这种运行模式时，APM 可传输 0.7 kW 功率，只能由 IICP 通过一个 CAN 信息要求向上转换。额定电压可通过 HCP 限定在 194 ~ 390 V 范围内。

当高压动力蓄电池单元的 SOC 值低于启动限值必须为高压动力蓄电池单元充电时，就会选择这种运行模式。

需满足的条件有：

1）未识别出 APM 故障。

2）HV 电压高于 194 V。

3）必须连接和接通外部充电器（通过 HCP 进行测试）。

4）必须接通总线端 15。

如果在向上转换期间，发现 APM 超出限值，就会自动结束向上转换；之后由 HCP 重新提出向上转换要求。

如果 APM 根据自诊断结果执行关闭过程，就会在组合仪表内通过一条检查控制信息显示故障情况，如图 5-6-5 所示。此处使用的是传统车辆的充电控制灯，因为 E72 未安装发电机。

图 5-6-5　针对 APM 的故障显示

注意事项

1. APM 由 4 个螺栓固定在中控台上，通过后部螺栓与车辆建立接地连接。必须使用正确螺栓和准确拧紧力矩。

2. 高压组件的导电壳体必须与车身接地连接（有电流），才能实现绝缘监控。例如，由供电电子装置可靠识别高压导线与壳体之间的短路。如果壳体与接地之间无导电连接，则无法识别故障，会对人员造成潜在危险。

3. APM 自身无需保养，但在进行车辆维护时需检查二次冷却循环回路的液位。

4. 出于高压安全考虑，不允许打开或分解 APM。

5. 出现故障时始终更换整个控制单元。

6. 出现较大损坏时（例如壳体破裂，设备上的插头损坏）也必须更换 APM。

三、供电电控箱 PEB

PEB 是供电电控箱的缩写，指的是 E72 上用于控制和调节混合动力专用组件的控制单元。

PEB 控制所有运行状态下的高压车载网络、电动机双向能量流动、两台电动机的转速和转矩以及电动混合动力机油泵控制系统（电动机油泵换流器）。

1. 系统概览

PEB 系统如图 5-6-6 所示，是由 4 个微控制器（控制单元）构成的中央双向高压混合动力控制单元，这 4 个控制单元分别是 HCP、MCPA、MCPB 和 EMPI。

各控制单元在诊断期间单独注册，EMPI 和 MCP 的故障代码存储在 HCP 故障代码存储器内。PEB 内的控制单元与车辆其他控制单元之间通过 CAN-H 和 CAN-L 独立通信。

2. 功能

（1）PEB 内的 4 个控制单元执行功能

1）HCP。协调混合动力系统的所有中央功能，选择挡位，计算发动机、电动机和底盘间的力矩分配，监控整个系统。

2）MCPA。根据 HCP 要求计算电动机 A 调节方式。

3）MCPB。根据 HCP 要求计算电动机 B 调节方式。

4）EMPI。控制混合动力机油泵电机。

除了这 4 个控制单元外，PEB 还包括用于控制两台电动机的两个脉冲变流器（AC/DC 转换器）的供电电子装置、用于电动控制混合动力机油泵的一个脉冲变流器（AC/DC 转换器）、作为中间电压电路的一个电容器（1 mF）和用于所有 4 个控制单元的外部硬件。

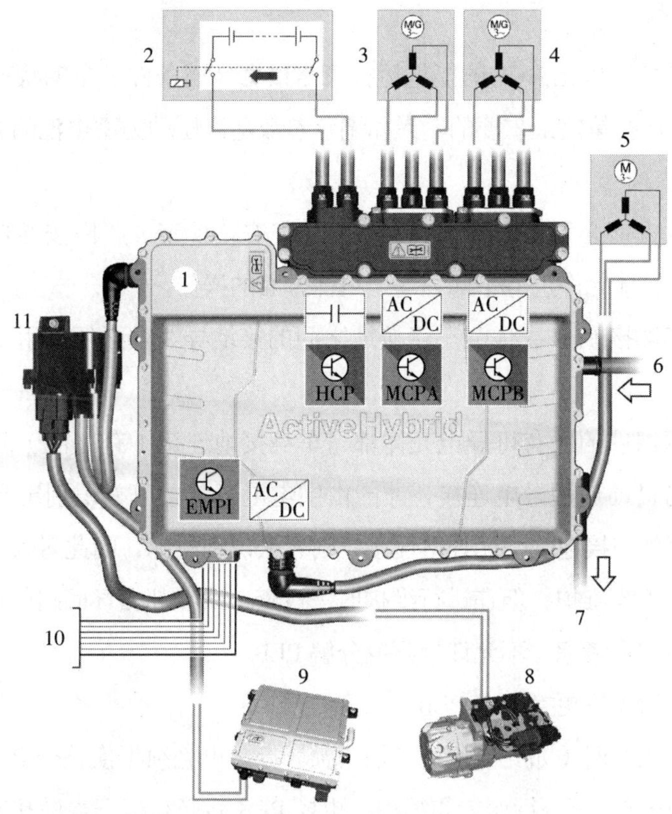

图 5-6-6 PEB 系统

1—供电电控箱 PEB 2—高压动力蓄电池 3—电动机 B 4—电动机 A 5—电动变速器油泵
6—冷却液循环回路接口 7—冷却液循环回路接口 8—电动空调压缩机 EKK
9 —辅助电源模块 APM 10—12 V 供电、HCAN、HCAN2 等接口 11—供电配电盒 PDB
HCP—混合动力控制器处理器（混合动力主控控制单元）
MCPA—电动机控制器套件 A（混合动力电动机控制装置）
MCPB—电动机控制器套件 B（混合动力电动机控制装置）
EMPI—电动机油泵换流器（混合动力机油泵控制系统）

（2）其他功能

1）调节高压车载网络。

2）在传动系统电动机和高压系统之间双向分配和传输能量。

3）使车辆高压受控放电。

4）对高压车载网络进行过滤。

5）高电压与车辆接地的绝缘和绝缘监控。

6）诊断功能和组件自保护。

7）调节电动机的转矩、转速。

8）控制和调节混合动力机油泵。

9）“预充电模式”用于启动高压系统。

3. 运行策略

混合动力主控控制单元 HCP 的能量运行策略根据环境条件、车辆状态和驾驶员要求持续调节能量分配。运行策略最重要的输入和调节参数是高压动力蓄电池的充电状态。

4. 维修注意事项

（1）维修技术人员必须具备相应的资质，遵守安全规定，严格按维修说明操作，只有满足这些前提条件，才允许进行带标记高压组件方面的操作。

（2）确保正确连接 PEB 壳体与车辆接地之间的接地导线。必须使用正确螺栓和准确拧紧力矩。

（3）只有高压组件的所有可导电壳体都与车身接地连接（有电流）时，才能实现绝缘监控。例如，只有借助这种导电连接，才能由供电电子装置可靠识别出高压导线与壳体之间的短路。如果壳体与接地之间无导电连接，则无法识别故障，因此对人有潜在危险。

（4）PEB 自身无需维护，但在进行维护时需检查二次冷却循环回路的液位。

（5）出于高压安全考虑，不允许打开或分解 PEB。

（6）出现故障时始终更换整个 PEB。

（7）出现较大损坏时（如壳体破裂、插头损坏等）也必须更换整个 PEB。

PEB 与 APM 一样，可进行诊断和编程。更换 PEB 后必须根据当前状态对所有 4 个控制单元进行编程。

四、供电配电盒 PDB

供电配电盒 PDB 的安装位置如图 5-6-7 所示，其主要用于 PEB 向 APM 以及电动空调压缩机 EKK 分配电压。

在 PDB 内装有两个高压熔断器，如图 5-6-8 所示。

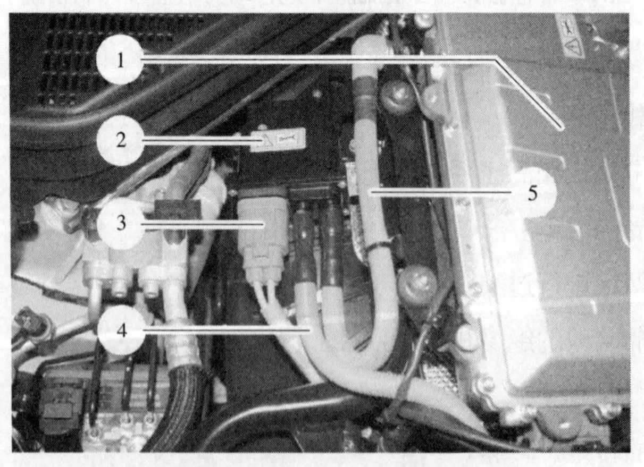

图 5-6-7　供电配电盒 PDB 的安装位置

1—供电电控箱 PEB　2—供电配电盒 PDB　3—电动空调压缩机高压导线与 PDB 的接口　4—APM 高压导线接口　5—连接 PEB 至 PDB 的高压导线

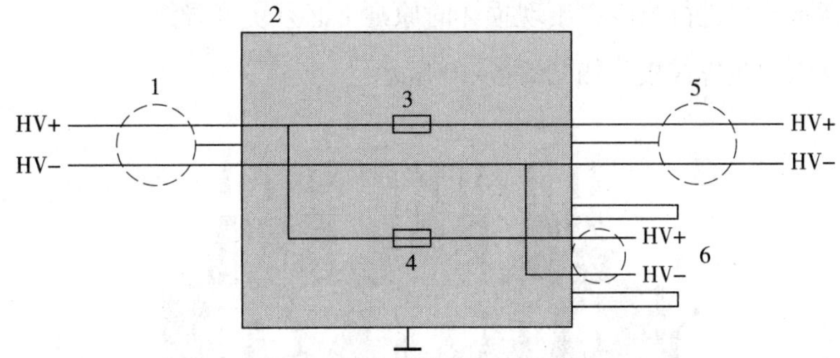

图 5-6-8 PDB 内部电路

1—导线屏蔽层 2—供电配电盒 PDB 3—APM 的高压熔断器（20 A）

4—EKK 的高压熔断器（40 A） 5—导线屏蔽层 6—EKK 连接插口

高压熔断器均用于保护高压正极导线。其中，20 A 高压熔断器用于保护连接 APM 的高压导线，40 A 高压熔断器用于保护连接 EKK 的高压导线。

维修注意事项：高压熔断器损坏时，始终更换整个 PDB；确保 PDB 壳体与车辆接地之间的导线正确连接；必须使用正确螺栓和准确拧紧力矩。

五、高压导线

混合动力车辆统一用橙色作为警告色标记高压导线。E72 的高压导线概览如图 5-6-9 所示。

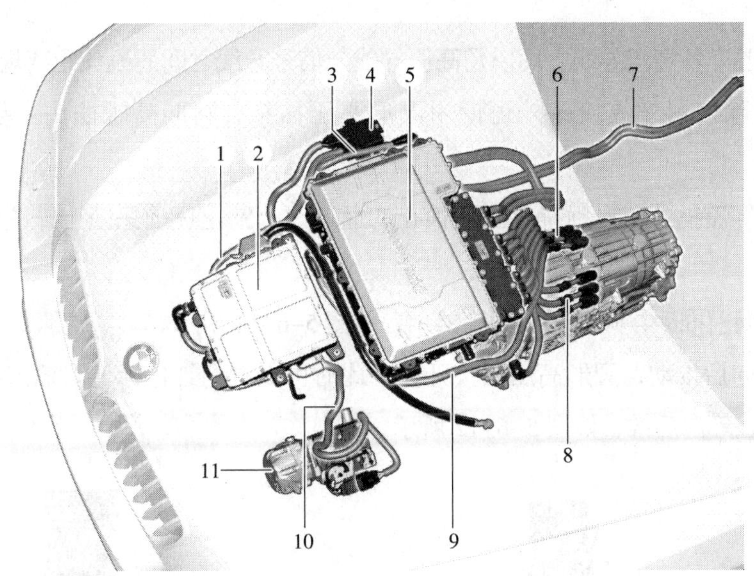

图 5-6-9 E72 的高压导线概览

1—PEB 与 APM 间的高压导线 2—辅助电源模块 APM

3—PEB 与 PDB 间的高压导线 4—供电配电盒 PDB 5—供电电控箱 PEB

6—PEB 与电动机 B 间的高压导线 7—PEB 与高压动力蓄电池间的高压导线

8—PEB 与电动机 A 间的高压导线 9—PEB 与电动变速器油泵间的高压导线

10—供电配电盒 PDB 与电动空调压缩机 EKK 间的高压导线

11—电动空调压缩机 EKK

不允许对高压导线进行维修，出现损坏时原则上必须更换导线。

PEB 上的高压导线螺纹接头如图 5-6-10 所示。

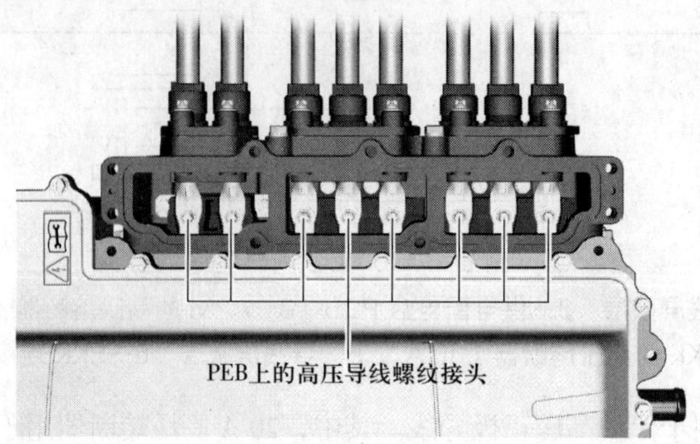

图 5-6-10　PEB 上的高压导线螺纹接头

1. 拆装注意事项

（1）将高压导线仔细地放入或卡入为此准备的固定夹内。

（2）使用现有的高压导线拉力卸载装置。

（3）用规定拧紧力矩固定高压导线的螺纹接头，将锁止件牢固地安装在高压导线的插接连接件上。

（4）必须遵守各高压导线之间以及高压导线与信号导线之间的设计距离规定。

高压导线除使用螺纹接头外还使用圆形高压插头。圆形高压插头主要用于军事方面。

连接圆形高压插头时必须确保正确锁止。通过一个锁止环确保锁止，该锁止环可向前和向后推动。

将锁止环向前推动，圆形高压插头锁止，如图 5-6-11 所示。

将锁止环向后推动，圆形高压插头开锁，此时可以看到红色标记。插入圆形高电压插头前必须将锁止环向后推，如图 5-6-12 所示。

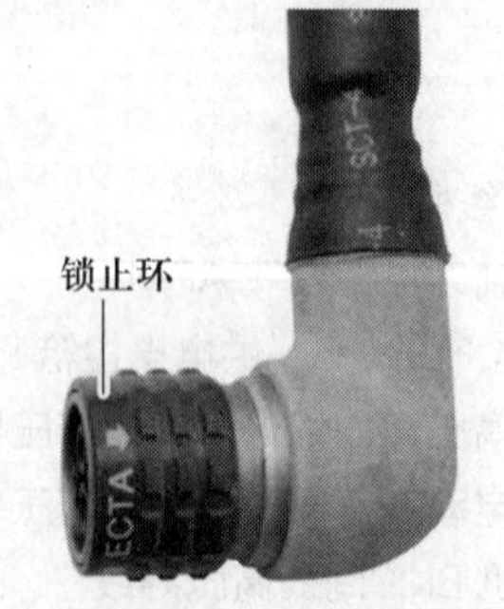

图 5-6-11　锁止环前推

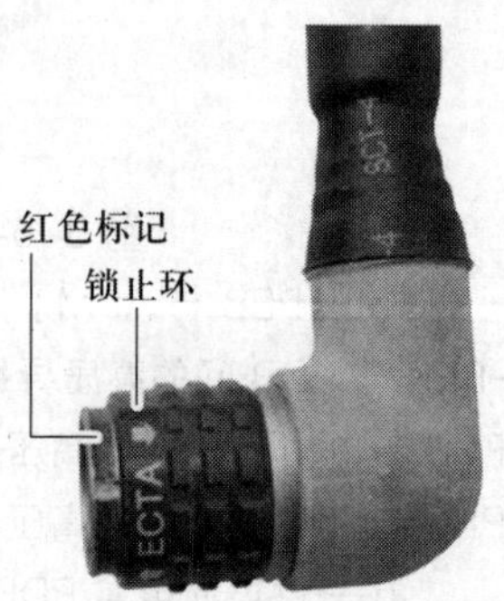

图 5-6-12　锁止环后推

2. 正确连接和锁止的方法

（1）将圆形高压插头上的锁止环向后推动（开锁）；将圆形高压插头上的标记（带有黄色标记的凹槽）与插口上的标记对齐；将高压插头插入插口内，如图 5–6–13 所示。

（2）将高压插头插入插口后，向前推动锁止环，之后将无法再看到红色标记，如图 5–6–14 所示。

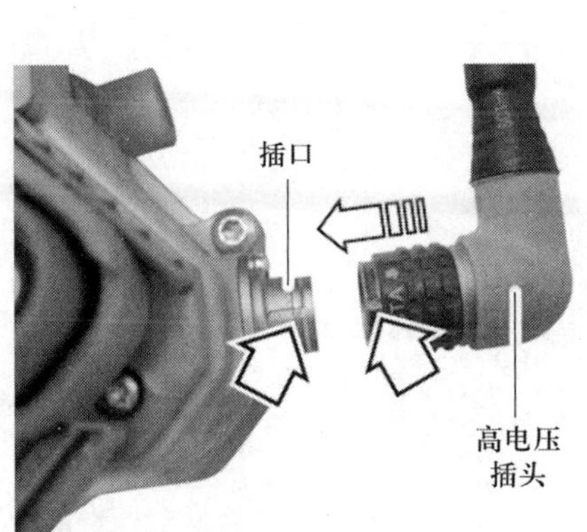

图 5–6–13　锁止环后推，对准标记

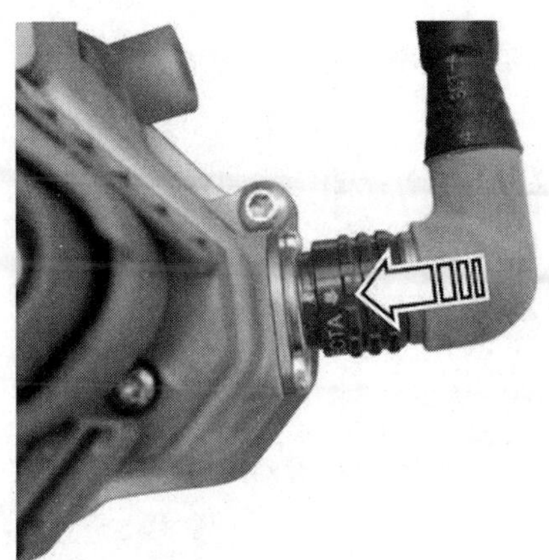
图 5–6–14　插上高电压插头

（3）拉动高压插头，检查是否正确锁止。如果锁止错误应拔出高压插头，重新连接和锁止，如图 5–6–15 所示。

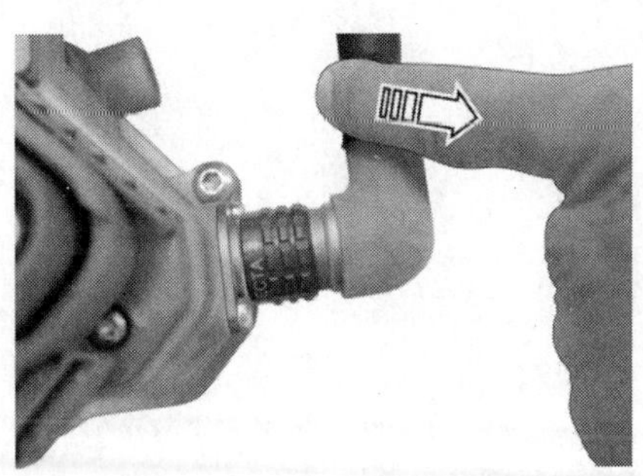
图 5–6–15　检查锁止情况